Stefan Laube

Nervöse Märkte

Qualitative Soziologie

Herausgegeben von
Jörg R. Bergmann
Stefan Hirschauer
Herbert Kalthoff

Band 22

Stefan Laube

Nervöse Märkte

Materielle und leibliche Praktiken im virtuellen Finanzhandel

DE GRUYTER
OLDENBOURG

Gedruckt mit Unterstützung durch das Land Steiermark und das DFG-Schwerpunktprogramm 1505 „Mediatisierte Welten: Kommunikation im medialen und gesellschaftlichen Wandel“.

Schwerpunktprogramm 1505
MEDIATISIERTE WELTEN

DFG Deutsche Forschungsgemeinschaft

Das Land Steiermark
Wissenschaft und Forschung

ISBN 978-3-11-048053-5
e-ISBN (PDF) 978-3-11-048368-0
e-ISBN (EPUB) 978-3-11-048134-1
ISSN 1617-0164

Library of Congress Cataloging-in-Publication Data
A CIP catalog record for this book has been applied for at the Library of Congress.

Bibliografische Information der Deutschen Nationalbibliothek
Die Deutsche Nationalbibliothek verzeichnet diese Publikation in der Deutschen Nationalbibliografie; detaillierte bibliografische Daten sind im Internet über http://dnb.dnb.de abrufbar.

Coverabbildung: BrianAJackson/iStock/Thinkstock
Satz: PTP Protago-TEX-Production GmbH, Berlin
Druck und Bindung: CPI books GmbH, Leck
♾ Gedruckt auf säurefreiem Papier
Printed in Germany

www.degruyter.com

Für Andrea Stift-Laube

Anmerkung zur Transkription und andere Hinweise

Einige der Daten in Kapitel 5 und 6 dieses Buchs wurden nach vereinfachten Konventionen der ethnomethodologischen Konversationsanalyse transkribiert (vgl. Atkinson/Heritage 2003: ix–xvi). Die Transkription ist ein Hilfsmittel, um die klanglichen, zeitlichen und sequenziellen Charakteristika von verbalen Händlerreaktionen auf bildschirmvermittelte Marktereignisse darzustellen:

DER DAX	Großbuchstaben markieren sehr laute Äußerungen.
Da : : : x	Doppelpunkte signalisieren auffällige klangliche Dehnungen der Vokale.
=	Gleichheitszeichen zeigen größere Überlappungen mehrerer Äußerungen an. Einrückungen im Transkript machen kleinere Überlappungen kenntlich.
[Preiskurve fällt]	In eckigen Klammern befinden sich Beobachtungen des Ethnografen, die Preisdarstellungen auf Finanzbildschirmen dokumentieren.
(Laube steht auf)	In runden Klammern stehen Beobachtungen des Ethnografen, die sich auf das Verhalten von Teilnehmenden beziehen.
[2.4]	Zahlen in eckigen Klammern geben Pausen in Sekunden an.

Hinweis zur geschlechtergerechten Sprache

In der vorliegenden Arbeit wird Wert auf geschlechtergerechte Sprache gelegt. Bei der Nennung konkreter Personengruppen kommen Endungen mit Binnen-I oder geschlechtsneutrale Formulierungen zur Anwendung. In Fällen, in denen Bezeichnungen für Teilnehmende des Finanzhandels oder der Wissenschaft als Funktionsbegriffe innerhalb einer Theorie oder Argumentation dienen, wird die einfache Form ohne Genussuffix gebraucht.

Danksagung

Wie die Beobachtung von Finanzmärkten ist auch das Schreiben eines Buches ein Projekt mit zahlreichen Mitwirkenden.

Mein Dank gilt allen Teilnehmenden des Finanzhandels, die mir erlaubt haben, sie in ihrer Tätigkeit beobachtend zu begleiten, und die bereit waren, meiner Neugier ihre Zeit zu opfern. Die Erhebung der Daten wurde ferner ermöglicht durch meine Mitarbeit im von der Deutschen Forschungsgemeinschaft (DFG) geförderten Projekt „Die sozio-technologische Formierung von Finanzmärkten: Finanztechnologien und ihre Konsequenzen für die Organisation und Performanz von Finanzmärkten" (DFG KN 233/26-1).

Für soziologische Feldforschung begeistert haben mich Marianne Egger de Campo und Christian Fleck. Damit haben sie die Fundamente für Späteres gelegt. Christian Fleck hat mich außerdem dazu ermuntert, auch in beruflicher Hinsicht unbekanntes und unsicheres Terrain zu betreten.

In Konstanz haben mich meine Kolleginnen und Kollegen unterstützt: Vanessa Dirksen, Barbara Grimpe, Götz Hoeppe, Hannes Krämer, Anna-Lisa Müller, Sophia Prinz, Hilmar Schäfer, Daniel Šuber, Leon Wansleben. Das von Karin Knorr Cetina geleitete Forschungskolloquium „Knowledge, Finance and Society" erweiterte mein soziologisches Universum in vielerlei Hinsicht. Sabine Hartmann vermittelte mir Strategien, auch den außerwissenschaftlichen Teil meines Lebens wertzuschätzen. Werner Reichmann zeigte mir, wie produktiv ein Tandem sein kann.

Der größte Teil dieses Buchs wurde in Wien geschrieben. Ermöglicht haben dies ein Stipendium des Instituts für Höhere Studien, Wien, und ein Fellowship des Internationalen Forschungszentrums Kulturwissenschaften, Wien. Meine Arbeit profitierte ungemein vom Austausch mit den Gästen und Fellows an diesen Instituten. Robert Schmidt kommentierte auf gewinnbringende Weise eine frühere Version des vierten Kapitels; Dvora Yanow motivierte mich durch ausführliche Anmerkungen zu einer Vorversion des zweiten Kapitels. Jonas Kolb lieferte gute Vorschläge zur Überarbeitung der Einleitung. Kommentare, Verweise auf Literatur oder gute Ideen verdanke ich auch Florian Baranyi, Verena-Cathrin Bauer, Rolf Bauer, Susanne Beiweis, David Bloor, Adele Clarke, Nacim Ghanbari, Renate Lachmann, Marianne de Laet, Helmut Lethen, Beate Littig, Martin Mauersberg, Saša Miletić, Lutz Musner, Andreas Reckwitz, Theodor Schatzki, Ulrich Schwarz und Yvonne Wübben. Katja Schönian schließlich bereicherte meine Arbeit vielfach: als Mitautorin gemeinsamer Vorträge und Rezensionen, durch ihre Gedanken und ihre Freundschaft, am Weststrand, am Brunnenmarkt, am Mexikoplatz oder im Niemandsland der Donauinsel.

Meine Arbeit profitierte auch von Kritik und Anregungen, die ich im Rahmen von Vorträgen erhielt. Diesbezüglich danke ich besonders den Teilnehmenden des Bielefelder Forschungskolloquiums von Jörg Bergmann sowie des Mainzer Forschungskolloquiums von Herbert Kalthoff. Letzterer unterstützte und betreute das Projekt auch als Mitherausgeber der Buchreihe „Qualitative Soziologie". Viel lernte ich überdies aus Lehrkooperationen, die mir Perspektiven abseits des eigentlichen Themas der Untersuchung eröffneten: Mit Christian Dayé habe ich über den Tellerrand der eigenen Disziplin hinausgehört, mit Andrea Ploder Zugänge zum Verhältnis von Theorie und Empirie erkundet.

Dieses Buch ist die überarbeitete Fassung meiner Dissertation, die am 13. Dezember 2013 an der Universität Konstanz verteidigt wurde. Karin Knorr Cetina und Alex Preda haben die Forschung in Konstanz und aus der Ferne als Betreuer und Gutachter begleitet. Beiden verdanke ich nicht nur präzise und richtungsweisende Kommentare auf Vorversionen. Viele Hinweise und Vorschläge aus ihren Gutachten sind in dieses Buch eingegangen. Danken möchte ich auch Kay Junge, der als dritter Prüfer Fragen aufwarf, die ebenfalls in das vorliegende Buch einflossen.

Den letzten Schliff erhielt das Manuskript in Frankfurt am Main. Thomas Scheffer hat mit seinen Kommentaren dabei geholfen, das Projekt zu einem Ende zu führen. Großer Dank gebührt Sarah Stadler, die als Lektorin die Fertigstellung des Manuskripts in engagierter Weise angeleitet hat.

Meinen Eltern und allen Freundinnen und Freunden danke ich von ganzem Herzen. Sie waren immer da, um mich daran zu erinnern, dass es auch jenseits der Soziologie Dinge gibt, die Freude bereiten.

Simon Stift danke ich dafür, dass er nie die Nerven verliert. David Stift danke ich dafür, dass er immer wieder bereit ist, sich auf Neues einzulassen.

Mein besonderer Dank gilt Andrea Stift-Laube, die fast die gesamte Entstehungsgeschichte dieser Arbeit hautnah miterlebt hat und die mir immer dann unter die Arme gegriffen hat, wenn es einmal eng wurde. Ihr widme ich dieses Buch.

Inhalt

1 Einleitung: Wie beobachtet der Finanzhandel den Markt?

Finanzmärkte der Gegenwart sind kein Betätigungsfeld für Computerverweigerer. Wären Sie ein Finanzhändler, bestünde das von Ihnen und Ihren HändlerkollegInnen genutzte Büro auf den ersten Blick aus nichts als Bildschirmen. Vor Ihrem Gesichtsfeld türmten sich mindestens vier Monitore auf. Auf Ihrem *Trading Desk* tummelte sich eine Vielzahl von Tastaturen und Computermäusen. Sie sollten zudem, hätten Sie diesen Beruf gewählt, nicht auf ein informationsarmes Arbeitsumfeld eingestellt sein, denn zu Ihrem Inventar gehörte ein Reuters-Cobra-Monitor. Dieser Bildschirm visualisierte laufend und in Echt-Zeit die Preisfluktuationen der Finanzprodukte, die Sie handelten. Bereits der Blick auf nur einen kleinen Ausschnitt dieses Monitors verdeutlicht die Informationsvielfalt, der sich FinanzhändlerInnen tagtäglich, minütlich und sekündlich gegenübersehen. Neben den Preisschwankungen als allgegenwärtigem rotem bzw. grünem Blinken oder als sich ständig bewegenden Kurven liefert ein eigenes Fenster Nachrichtenmeldungen im Sekundentakt: „UBS STUFT PAION<PA8G.DE> HERUNTER AUF „NEUTRAL" VON „BUY", KURSZIEL 3,80 (ZUVOR 12) EURO"[1]. Die Oberfläche des Finanzbildschirms steht nie still, sondern versorgt HändlerInnen ununterbrochen mit neuen Marktinformationen.

Digitale Informations- und Kommunikationstechnologien sind in den Finanzmärkten unserer Zeit allgegenwärtig. Deshalb betrachten einige SozialwissenschaftlerInnen Wissen, Information und Technologie als Kernelemente gegenwärtiger Finanzmärkte und plädieren für Untersuchungsansätze, die diesem gegenüber Produktionsmärkten sehr viel stärker ausgeprägten Merkmal gerecht werden (z. B. Knorr Cetina 2007). In der Tat kann man Finanzmärkte als paradigmatisches Phänomen der Wissensgesellschaft betrachten. Innerhalb der Soziologie ist man sich weitgehend einig, dass das besondere Kennzeichen von Wissensgesellschaften in einem zunehmenden Bedeutungszuwachs von Expertenwissen und Technologien besteht (Bell 1975). Demnach dringen wissenschaftliches Wissen, aber auch Expertenwissen und damit verflochtene Informations- sowie Kommunikationstechnologien immer mehr in alle Bereiche des sozialen Lebens ein (Drucker 1993; Stehr 1994). Gleichzeitig können zeitgenössische Finanzmärkte auch als Paradefall einer gesamtgesellschaftlichen Mediatisierung gelten, worunter der Prozess der steigenden Prägung von Kultur und Gesellschaft durch Medienkommunikation zu verstehen ist (Finne-

1 Diese Meldung zeigt die Einschätzung von Analysten der Investmentbank UBS, die die Aktie des deutschen Pharmakonzerns Paion zum Gegenstand hat. Ein zuvor optimistisches Kursziel und eine dementsprechende Kaufempfehlung für AnlegerInnen („BUY") wurden revidiert.

mann 2011; Krotz 2007). Soziale Welten sind infolgedessen zunehmend mediatisierte Welten, so sich in ihnen die relevanten Formen gesellschaftlicher Praktiken und kultureller Sinngebung untrennbar mit Medientechnologien verschränkt haben.

Abb. 1: Ausschnitt eines Bildschirms im Derivatehandel (eigene Darstellung).

Die vorliegende Arbeit thematisiert die Digitalisierung, Informationalisierung und Mediatisierung von Finanzmärkten im Kontext der tagtäglichen Arbeitspraktiken ihrer Teilnehmenden. Basierend auf einer ethnografischen Studie untersucht sie eine zunächst wenig komplex erscheinende Ausgangsfrage: Wie vollzieht der Finanzhandel die Beobachtung und Bearbeitung von Marktinformation unter den Bedingungen seiner fortschreitenden Mediatisierung?

Angesichts der massiven Präsenz von Bildschirmen wäre es verlockend, digitalen Technologien einen wesentlichen Anteil an der Beobachtung der Märkte zuzuschreiben. In der Tat betont ein wichtiger Strang der finanzsoziologischen Forschung die Relevanz digitaler Technologien in Finanzmärkten. Allerdings wäre es gerade aus soziologischer Sicht ebenso naheliegend, die Beobachtung und Bearbeitung digitaler Finanzmarktinformation am kognitiven Wissen von Personen festzumachen. Der auf Außenstehende chaotisch wirkenden, bildschirmvermittelten Marktrealität essenzielle Informationen zu entlocken, gelänge unter diesem Blickwinkel aufgrund der spezialisierten Wissensvorräte einzelner Finanzhändler.

In diesem Buch gehe ich entgegen vorschnellen Festlegungen davon aus, dass es eine offene und empirisch erst zu klärende Frage ist, wie digitale Finanzinformationen beobachtet und bearbeitet werden. Daher ist zunächst einmal zu prüfen, wer oder was überhaupt die Teilnehmenden dieser Praxis sind. Einen ersten Hinweis darauf, dass die Marktbeobachtungspraxis im Finanzhandel nicht nur Technologien und menschliche Kognition umfasst, liefert ein Ausschnitt aus meinen ethnografischen Feldnotizen. Im Mittelpunkt stehen Beschreibungen des Verhaltens von DerivatehändlerInnen kurz nach dem blitzartigen Absacken der Echtzeit-Preiskurve auf den Oberflächen ihrer Reuters-Monitore:

> Heute verbrachte ich den gesamten Vormittag am Desk eines Derivatehändlers. Mitten in unserem Gespräch begann er plötzlich so laut zu brüllen, dass es deutlich im ganzen Handelsraum wahrnehmbar war. „Der Dax! Der Dax!“ Nur Sekundenbruchteile später schrien auch mehrere andere Händler „Dax!“ und „Im Minus“! Auch glaube ich Ausrufe wie „Hoooooi! Hooooi!“ gehört zu haben. Der Händler an meiner Seite sprang aus seinem Stuhl und verfolgte nun stehend die Talfahrt der Preiskurve auf seinem Reuters-Schirm. Seinen Oberkörper und Kopf beugte er vornüber, bis seine Nase nur mehr zehn Zentimeter entfernt vom Bildschirm war. Zwei-, dreimal wippte er dabei mit den Knien. Nach zwei oder drei Sekunden stoppte die Minusbewegung der Preiskurve. Nun hörte ich keine Rufe mehr, der Händler setzte sich wieder auf seinen Stuhl und atmete hörbar durch.

Die Laute und Körperbewegungen, die ich an diesen und an fast allen darauffolgenden Tagen im Handelsraum beobachten konnte, sind Elemente dessen, was ich *Aufmerksamkeitsrufe* nenne. Aufmerksamkeitsrufe sind ein zentraler Bestandteil des praktischen Vermögens im Derivatehandel, denn sie sind unabdingbar zur Bewältigung der Beobachtung dieses extrem volatilen und temporeichen Finanzmarkts. Wie die Feldnotizen zeigen, sind nicht nur diverse Bildschirmtechnologien an dieser Tätigkeit beteiligt, sondern auch spezifische Laute und Rufe („Der Dax!“) sowie Körperbewegungen. In der oben beschriebenen Szene verfolgt mein Händlerinformant die Finanzpreise auf seinem Reuters-Schirm nicht nur mit seinen Augen, vielmehr beteiligt er auch seinen Körper in beträchtlichem Ausmaß an der Marktbeobachtung. Nicht nur äußert er in Reaktion auf fluktuierende Preise am Bildschirm spezifische Laute, auch seine Bewegungen spiegeln das, was sich abspielt, gestisch wider. Der Händler steht auf, beugt sich nach vorne in Richtung Bildschirm, wippt mit den Knien. Kurz: Sein ganzer Körper ist in die Darstellung des Marktereignisses involviert.

Die Beteiligung der Stimme und des Körpers von Finanzhändlern ist weder eine banale Tatsache noch eine Randerscheinung. Das Besondere am bildschirmvermittelten Finanzhandel ist vielmehr, dass er sich in Informationstechnologien und numerischen Symbolen nicht erschöpft. Die grundlegende These der vorliegenden Untersuchung ist, dass Marktbeobachtung und Informationsgewinnung in modernen Finanzmärkten ein spezifisches praktisches Wissen und Können umfassen, die über teletechnologische Preisdarstellungen hinausgehen. Besonderes Gewicht erhalten im Rahmen der Marktbeobachtungskompetenz der Körper von Finanzhändlern ebenso wie leibliche Emotionen und – nicht zu vergessen – der Markt selbst. In der natürlichen Sprache des Derivatehandels ist der Derivatemarkt eine ganz bestimmte, sich von anderen Finanzmärkten unterscheidende, „nervöse" und bisweilen „verrückte" ‚Kreatur'. Folgt man dem Handelsraumdiskurs, ist diese Kreatur jedenfalls zu wichtig, um sie als Akteur im Rahmen der Beobachtung und Bearbeitung bildschirmvermittelter Finanzpreise zu ignorieren.

1.1 Soziologie der Praktiken

Wenn ich bislang von ‚Praxis' und ‚Praktiken' gesprochen habe, so habe ich das ohne nähere Erläuterung getan. In einem praxistheoretischen Verständnis meint der Ausdruck ‚Praxis' entgegen der umgangssprachlichen Bedeutung nicht den Gegensatz von Theorie noch von behaupteten oder beschriebenen, tatsächlich aber unterbliebenen Tätigkeiten.[2] Aus der Perspektive sozialwissenschaftlicher Praxistheorien sind ‚Praktiken' habitualisierte Tätigkeiten, deren Wissen durch die Handelnden buchstäblich inkorporiert ist und die den Gebrauch materieller Artefakte und unsere Beziehungen zu Objekten fundieren. Sozialität entsteht praxistheoretisch gesehen über die Teilhabe an sozialen Praktiken, wobei letztere sowohl Personen als auch nichtmenschliche Akteure beteiligen können: Wer oder was im Rahmen sozialer Praktiken handelt, ist damit eine fall- und kontextabhängige Frage.

Aus dieser kurzen Charakterisierung ergeben sich bereits deutliche Differenzen zu anderen Sozialtheorien. Ein Verständnis des Sozialen als Praxis kann laut Reckwitz (2003: 286) abgegrenzt werden von einem sozialtheoretischen „Mentalismus", der das Soziale als kognitive Sinnschemata, als Bedeutungszuschreibungen oder als Weltbilder charakterisiert. Das Soziale als Praxis zu verstehen, unterscheidet sich auch von einem sozialtheoretischen „Textualismus", der das Soziale „auf der Ebene von Texten, von Diskursen, von öffentlichen Symbolen und schließlich von Kommunikation (im Sinne von Luhmann)" (Reckwitz 2003: 286) begreift. Im Fokus eines pra-

---

2 Ein derartiges Verständnis von Praxis ist wohlgemerkt nicht auf außerwissenschaftliche Kreise beschränkt. Im „Dictionary of the Social Sciences" heißt es im Eintrag zu „Practice and Practice Theory": „*Practice* is what people do, as distinct from what they say they do, or what the larger societal norms or structures identified by social scientists imply they usually do" (Calhoun 2002: 379; H. i. O.).

xistheoretischen Verständnisses des Sozialen stehen hingegen soziale Praktiken, die von einem praktischen Wissen und Können (einem *Know-how*) und der Mitwirkung von materiellen Artefakten und Objekten getragen werden.

Theorien sozialer Praktiken bilden keine einheitliche Sozialtheorie, sondern „eher ein Bündel von Theorien mit Familienähnlichkeit" (Reckwitz 2003: 283). Gerade ihre Vielfalt und Heterogenität sind eines ihrer identitätsstiftenden Merkmale (vgl. Laube/Schönian 2013). Zum einen sind die historischen Wurzeln der Praxistheorien vielfältig und lassen sich nicht auf einzelne Gründerfiguren zurückführen.[3] Zum anderen besteht (noch) keine Einigkeit, welche Theorien in der Soziologie praxistheoretische Merkmale im Sinn der oben gegebenen Charakterisierung aufweisen. Bislang wurden als soziologische Praxistheorien v. a. die Ansätze von Bourdieu, Giddens, Foucault, Latour, Garfinkel und Goffman rezipiert (vgl. Reckwitz 2003; Schäfer 2013; Schmidt 2012).

Ihre Heterogenität sowie die enge Verschränkung mit empirischen Forschungsinteressen[4] sind Besonderheiten, die nahelegen, Theorien sozialer Praktiken in erster Linie als spezifische Forschungshaltung und nicht (nur) als Theorieangebot zu begreifen (vgl. Schmidt 2012: 31). Im Folgenden umreiße ich daher vier Schwerpunkte einer praxistheoretischen Forschungshaltung und skizziere ihre jeweilige Relevanz für die vorliegende Untersuchung:

(a) Der praktische Vollzug sozialen Handelns und seine impliziten Grundlagen sind soziologisch mindestens ebenso aufschlussreich wie die Intentionen der Handelnden oder die expliziten Regeln sozialen Handelns. Dieser erste Schwerpunkt ergibt sich aus der Einsicht, dass Handlungen nicht vollständig von ausdrücklichen Regeln oder ausdrückbarem Wissen bestimmt werden, sondern von impliziten Handlungslogiken. Solche routinisierten „doings and sayings" (Schatzki 1996: 89) sind nicht das Ergebnis der individuellen Leistungen von Akteuren (z. B. von Finanzhändlern), sondern werden in Relation zu konkreten Situationen und spezifischen Handlungskontexten gleichsam unwillkürlich bzw. ohne strategische Planung vollzogen. Die Art und Weise dieses Vollzugs ist soziologisch aufschlussreich und keine Restgröße von Handlungen. Auf welche Weise Praktiken ausgeführt werden, kann Gegenstand sozialer Konflikte und historischer Transformationen (Pinch/Bijker 1989; Shove et al. 2012) oder Mittelpunkt divergierender soziokultureller Klassifizierungen (vgl. Schmidt

---

3 Gleichwohl können als wichtige ideengeschichtliche Impulse die Spätphilosophie Ludwig Wittgensteins gelten, insbesondere dessen Theorie der „Sprachspiele" und dessen Konzeption von Wissen als Können und von impliziten Regeln des Handelns, sowie Heideggers Begriff des „Daseins" als praktisch agierendes und verstehendes „In-der-Welt-Sein" (Reckwitz 2003: 283; Schatzki 1996, 2002).

4 Die enge Verschränkung von empirischer Analyse und konzeptioneller Theoriearbeit in praxistheoretischen Forschungen bemerkt auch Reckwitz (2003: 284 ff). Er zieht daraus aber nicht den Schluss, Praxistheorien primär als methodologische Forschungshaltung zu begreifen, sondern verortet sie als Sozialtheorie „[i]m Feld der Sozialtheorien" (Reckwitz 2003: 286) bzw. als „Theoriebewegung im kulturtheoretischen Feld" (Reckwitz 2000: 51).

2008) sein. Macht beispielsweise ein gesellschaftlicher Bereich wie der Finanzhandel implizit, aber erheblich von den Körpern seiner Akteure Gebrauch, bildet dies ein Spezifikum, das nicht in den Blick gerät, wenn die soziologische Analyse nur auf dem Handeln vorgelagerte Wissensbestände, Intentionen, Deutungsschemata, soziale Regeln usw. gerichtet ist.

(b) Soziale Welten beherbergen nicht nur menschliche Teilnehmer, sondern auch Objekte, Artefakte und Leiber. Einzelne SozialwissenschaftlerInnen stellten die Annahme, wonach die Sozialwelt nur von menschlichen Teilnehmern bevölkert wird, vergleichsweise früh infrage (Luckmann 1970: 93). Empirische Analysen und konzeptuelle Studien der Bedeutung von nichtmenschlichen Akteuren und Artefakten in sozialen Zusammenhängen verdanken sich bislang insbesondere praxistheoretisch inspirierten Untersuchungen in den *Science and Technology Studies* (Knorr Cetina 1984; Latour/Woolgar 1986; Traweek 1988). Nimmt man diese Ergebnisse ernst, ist Sozialität jedenfalls als Aktivität mit verschiedenartigen „Partizipanden" (Hirschauer 2004) zu begreifen: Dazu zählen nicht nur Personen, sondern auch (ihre) Objekte und Körper. Dabei ist zu beachten, dass die Teilnehmenden von Praktiken nicht nur über einen materiellen Körper verfügen, den sie als Handlungsträger mobilisieren können, sondern auch über einen Leib. Aus diesem Grund erweitert die vorliegende Untersuchung die Körpersensibilität der Praxistheorien mit der Unterscheidung zwischen materiellen und leiblichen Praktiken. Leibliche Praktiken beziehen sich nicht auf die physisch-tätige Seite von Handlungsvollzügen, sondern auf die sinnlichen und affektiven Komponenten körperlichen Erlebens (vgl. Katz 1999). Für die Untersuchung der Marktbeobachtungspraxis ist es in diesem Sinn wichtig, den Kreis der relevanten Akteure nicht von vornherein einzuschränken. Es bedarf der Sensibilität für die Beteiligung von Finanzbildschirmen, des Körpers und des Leibs von Finanzhändlern oder auch von Finanzmärkten als quasi-sozialen Akteuren. Ob und inwieweit diese verschiedenartigen Partizipanden im Rahmen des Finanzhandels maßgeblich werden, ob und inwiefern ihnen Handlungsträgerschaft zugeschrieben wird, ist eine zentrale Forschungsfrage der vorliegenden Studie.

(c) Die symbolische Dimension des Sozialen ist verknüpft mit der materiellen und leiblichen Dimension des Sozialen. Ein Verständnis von Kultur als Praxis konzipiert Kultur nicht als Wissen, das die Interpretation von Erfahrungen und die Ausführung von Handlungen oder Entscheidungen anleitet. Es beschreibt hingegen Wissen als einen dem Handeln eingelagerten Prozess und wendet sich gegen eine Marginalisierung der praktischen Ausführung von Handlungen als einer ihnen nachgelagerten Endstufe. So werden Wissen, Symbole und Bedeutungen nicht als getrennt von der materiellen Dimension von Praktiken begriffen, sondern auf vielfältige Weisen mit ihr verknüpft (vgl. Knorr Cetina 2002: 22). Praxistheorien sind damit keineswegs, wie ihnen bisweilen vorgehalten wurde, behavioristisch, indem sie sich nur für äußerlich beobachtbare Verhaltensroutinen interessieren (Schulz-Schaeffer 2010). Vielmehr bieten gerade Praxistheorien Möglichkeiten der Integration von symbolischen und materiellen sowie leiblichen Dimensionen des Sozialen. Für die vorliegende Arbeit stimuliert ein praxistheoretisches Kulturverständnis die Hypothese, dass die im Finanzhandel präsenten symbolischen Klassifikationen von Finanzmärkten spezifische materielle und leibliche Praktiken der Beobachtung dieser Märkte implizieren. Diese Hypothese zu untermauern erfordert, dass das Wissen des Finanzhandels nicht nur auf der Ebene kognitiver Wahrnehmungs- und Deutungsweisen, sondern auch in Relation zu materiellen und leiblichen Dimensionen des Finanzhandels untersucht wird.

(d) Teilnehmerwissen und Teilnehmerkönnerschaft entfalten sich in situierten und kontextspezifischen Praktiken. An die Praxistheorie als Forschungsverfahren wird ein doppelter Anspruch gestellt: zum einen die Kultivierung einer Methode der empirischen Sozialforschung, die geeignet ist, die Situiertheit und Kontextgebundenheit von Praktiken zu erfassen, ohne deren Berücksichtigung die Gefahr von „intellektualistischen Projektionen“ (Schmidt 2006: 316) besteht; zum anderen die Reflexion der Konstruktionsleistung der eigenen wissenschaftlichen Forschungsmethoden. Praxistheoretisches Denken richtet sich gegen eine Konzeption von Wissenschaft, die die Körper, Kontexte und Situiertheiten von Wissenschaftlern ausklammert und so tut, als entstünden wissenschaftliche Erkenntnisse aus einer Vogelperspektive, einem „gaze from nowhere“ (Haraway 1988: 581). Um nicht dieser Idealisierung des wissenschaftlichen Subjekts aufzusitzen, reflektiert Kapitel 2 die der vorliegende Studie zugrunde liegende ethnografische Feldforschung selbst als situierte und kontextgebundene soziale Praxis.

1.2 Finanzmärkte als Gegenstand der Soziologie

Abgesehen von sehr frühen Arbeiten (Weber 2000 [1894]) sind Finanzmärkte erst in jüngster Vergangenheit wieder ein Thema soziologischer Forschung. Davon zeugen einschlägige Handbuchpublikationen (Knorr Cetina/Preda 2012), Herausgeberbände in englischer Sprache (Callon et al. 2007; Knorr Cetina/Preda 2005) und in deutscher (Kalthoff/Vormbusch 2012; Kraemer/Nessel 2012; Langenohl/Wetzel 2014) sowie Rezensionen finanzsoziologischer Forschung (Arminen 2010; Carruthers/Kim 2011, Preda 2007a). Daneben zeigen Lehrveranstaltungen[5] und Professuren, die explizit der Soziologie der Finanzmärkte gewidmet sind, dass die Beschäftigung mit Finanzmärkten innerhalb der Disziplin erste Institutionalisierungserfolge erzielt.

---

5 Ein einschlägiges Beispiel findet sich unter folgendem Link: http://www.wiwi.uni-rostock.de/fileadmin/Institute/ISD/Lehrstuhl_Makrosoziologie/Lehrmaterialien/Prof._Berger/Seminare_SoSe_09/Berger_Scheps_Finanzmarktkrise_Seminar_SoSe_2009.pdf (Zugriff am 5.8.2015).

Sowohl Fremd- als auch Selbstzuordnungen der wissenschaftlichen Akteure lassen eine Differenzierung der Finanzsoziologie in zwei Richtungen erkennen: einerseits die *Social Studies of Finance* und andererseits eine dezidiert wirtschaftssoziologische Finanzmarktforschung. Bei den *Social Studies of Finance* handelt es sich um ein multidisziplinäres Forschungsgebiet, das beeinflusst von den *Science and Technology Studies* wissensbezogene Prozesse und Praktiken in Finanzbereichen untersucht. Kontinuitäten zwischen den beiden Feldern ergeben sich hierbei nicht nur durch einzelne Personen (u. a. Michel Callon, Donald MacKenzie, Karin Knorr Cetina), sondern insbesondere durch die praxistheoretische Fundierung der Forschung. Neben den *Social Studies of Finance* haben in den letzten Jahren aber auch Forschungsarbeiten, die Finanzmärkte explizit mit konzeptionellen und theoretischen Mitteln der (neueren) Wirtschaftssoziologie untersuchen, zum Feld der Finanzsoziologie beigetragen (vgl. Beckert 2011; Beckert/Deutschmann 2009; Carruthers/Kim 2011).

Wo liegen die Gemeinsamkeiten, wo die Differenzen dieser zwei Spielarten der gegenwärtigen Finanzsoziologie? Als kleinster gemeinsamer Nenner kann das Interesse an der Erarbeitung von solchen Deutungs- und Erklärungsangeboten gelten, die Finanzmärkte als sozial und kulturell bestimmtes Phänomen in den Blick rücken. Wesentliche Differenzen bestehen in der sozialtheoretischen und methodologischen Fundierung ihrer Konzepte: Vertreter der *Social Studies of Finance* betonen im Sinne der Praxistheorien als methodologischer Forschungshaltung die Eigenlogiken sowie kontextuellen Besonderheiten von Finanzmärkten und Finanzbereichen gegenüber anderen Arten von Märkten und Wirtschaftsbereichen. Hier reicht die Bandbreite von der Verknüpfung von Wissen, Information und Technologie als besonders zu berücksichtigendes Merkmal von Finanzmärkten (Knorr Cetina 2007) bis zu „diskrete[r] Kritik an der Tendenz wirtschaftssoziologischer Forschung“ (Kalthoff 2004: 62), bestimmte Forschungsprobleme zu „ontologisieren, das heißt in eine abstrakte Entität zu verwandeln, die unabhängig von den (menschlichen oder nichtmenschlichen) Akteuren und ihren Handlungen besteht“ (Kalthoff 2004: 62). Eine solche Ontologisierung vollzieht beispielsweise die wirtschaftssoziologische Diskussion rund um das Problem der Ungewissheit ökonomischen Handelns, und zwar dann, wenn jedwede Bezugnahme auf konkrete Aktivitäten von Finanzmarktteilnehmern fehlt. Ungewissheit, beispielsweise über die zukünftige Kursentwicklung eines Wertpapiers, erscheint dann als ontologisiertes Problem, wenn die Untersuchungen ausblenden, auf welche Weisen sich Ungewissheit in verschiedenen Finanzbereichen stellt und wie die feldspezifischen Praktiken ihrer Bewältigung aussehen.

Umgekehrt werfen WirtschaftssoziologInnen den *Social Studies of Finance* vor, mit ihrer Betonung der Eigenlogiken von Finanzmärkten eine „Selbstreferentialitätsthese“ (Kraemer 2010: 186) zu formulieren und so die Einbettung (Granovetter 1985) von Finanzmärkten in andere wirtschaftliche und gesellschaftliche Bereiche, etwa in

Produktionsmärkte oder die Politik, außer Acht zu lassen.[6] Der vorgeworfenen Selbstreferenzialität der *Social Studies of Finance* stellt die wirtschaftssoziologische Finanzforschung eine Einbettungsthese gegenüber, die die Wechselwirkungen zwischen Finanzmärkten und anderen wirtschaftlichen sowie gesellschaftlichen Bereichen beleuchtet. Hier ist hinzuzufügen, dass die Einbettungsthese im Zuge der wirtschaftssoziologischen Erforschung nicht von Finanzmärkten, sondern von Produktionsmärkten entwickelt wurde. Wirtschaftssoziologische Finanzmarktuntersuchungen kennzeichnet also eine explizite Orientierung an kanonisierten Theoriekonzepten der allgemeinen Wirtschaftssoziologie. „Like economic sociology more broadly", so Carruthers und Kim (2011) in ihrer wirtschaftssoziologisch gefärbten Charakterisierung der Finanzsoziologie, „the sociology of finance attends to the institutional foundations for financial markets (Dobbin 2005: 33 ff), including law (Swedberg 2003: 189 ff; Halliday/Carruthers 2009), and considers the embeddedness of financial transactions in social networks (Smith-Doerr/Powell 2005, Uzzi 1999)" (Carruthers/Kim 2011: 241).

Die vorliegende Studie versteht sich als Beitrag zu einem kommunikativen Austausch zwischen verschiedenen Richtungen der soziologischen Finanzmarktforschung. Sie folgt dabei dem Vorschlag, dass eine Vertiefung, Betonung und Weiterentwicklung von disziplininternen Gegenpositionen der Profilbildung und der Interdisziplinaritätsfähigkeit einer Gesamtdisziplin dienen (Scheffer/Schmidt 2009). Finanzmärkte stellen nämlich ein interdisziplinäres „boundary object" (Star und Griesmer 1989 zit. bei Scheffer/Schmidt 2009: 289) dar, an dem Spannungen und Differenzen zwischen *Social Studies of Finance* und Wirtschaftssoziologie artikuliert werden können. In diesem Sinne setzt die vorliegende Arbeit die Analyse von Finanzhandelspraktiken auch in Relation zu Problemen und Ansätzen der Wirtschaftssoziologie, etwa zur Ungewissheit wirtschaftlichen Handelns (siehe Kapitel 3) und zur sozialen Bedingtheit von Preisen (siehe Kapitel 5). Die Ergebnisse der vorliegenden Studie werden aber auch in Beziehung zum Forschungsfeld der *Behavioral Finance* gesetzt, einer neueren Richtung der ökonomischen Finanzmarktforschung, die sich insbesondere mit der Rolle von Emotionen für finanzökonomische Entscheidungen auseinandersetzt (siehe Kapitel 6).

Inspiration für die Bearbeitung der Frage nach dem Vollzug von Marktbeobachtung im Finanzhandel bezieht die vorliegende Arbeit aus Untersuchungen zu Informations- sowie Kommunikationstechnologien und ihrem Gebrauch in Finanzmärkten (vgl. Knorr Cetina/Bruegger 2002; Knorr Cetina/Preda 2007; Muniesa 2008, Preda 2009a; Zaloom 2003, 2006). Anstatt sie als gegeben zu setzen, thematisieren diese

---

6 Diese in Ansätzen geführte Debatte zwischen den *Social Studies of Finance* und der wirtschaftssoziologischen Finanzsoziologie erinnert an die Debatte, die in den 1980er- und 1990er-Jahren in und über die Wissenschaftsforschung geführt wurde. Auch damals war von einer internalistischen und einer externalistischen Richtung die Rede.

den *Social Studies of Finance* nahestehenden Untersuchungen die Beobachtung von Märkten als voraussetzungsvolle und folgenreiche soziotechnische Praktiken.[7]

Zwei analytische Aspekte sind dabei für die vorliegende Untersuchung besonders aufschlussreich: Zum einen ist die Berücksichtigung des Aufstiegs computerisierter und digitaler Preisdarstellungsmedien in Finanzmärkten wichtig, ein Trend, den die Wirtschaftssoziologie, aber auch die Finanzökonomie bislang eher vernachlässigt haben. Während der letzten Jahrzehnte haben Börsen, Banken und Finanzhandelsunternehmen große Summen in die Entwicklung von Finanzmedientechnologie investiert. Ein großer Teil dieser Gelder diente der Förderung bildschirmbasierter Technologien zur Speicherung, Übermittlung und Darstellung von Preisen. Dass der Zugang zu Finanzmarkttransaktionen nun von der dauerhaften Beobachtung bildschirmvermittelter Echtzeit-Preisströme abhängt, folgt aus dieser technologischen Umstrukturierung. Heute sind Finanzhändler sogar die allermeiste Zeit mit der Beobachtung von Preisbewegungen befasst, wohingegen spekulative Transaktionen einen vergleichsweise kleinen Teil ihrer Tätigkeit ausmachen. Ein diesbezüglich aufschlussreiches Konzept ist das der „skopischen Medien" (Knorr Cetina 2003; Knorr Cetina/ Preda 2007). Dieser Begriff bezeichnet eine Koordinationsform, die technisch-visuell vermittelt ist und Netzwerkstrukturen ablöst oder ergänzt. In Finanzmärkten ermöglicht der massive Einsatz von Informations- und Kommunikationstechnologien „skopische" Koordination. Für die Teilnehmer relevante Finanzinformationen (Preise, Gewinne, Verluste etc.) werden über Bildschirme visualisiert, dadurch werden Face-to-Face-Beziehungen im Finanzhandel abgelöst. Die vorliegende Studie nimmt die mit skopischer Mediatisierung verbundene Transformation von Finanzmärkten ernst. Sie fragt nach den mit „skopischen Medien" zusammenhängenden Praktiken der Informationsgewinnung im Finanzhandel. Dabei interessieren die Mitwirkung des materiellen Inneren des Handelsraums ebenso wie symbolische, körperliche und emotionale Dimensionen der Marktbeobachtung.

Der zweite für meine Untersuchung wesentliche Aspekt ist die Beachtung des fallspezifischen praktischen Wissens, das die Beobachtung und Prozessierung von Finanzpreisen bestimmt. Untersuchungen zur Informations- und Kommunikationstechnologie in Finanzmärkten legen nahe, Preise nicht nur im Sinn der Finanzökonomie als Serien von Informationssignalen zu betrachten. Sie fragen danach, welches praktische Wissen und Können die Bearbeitung von medientechnisch vermittelten Preissignalen ermöglichen. Mit anderen Worten: Preiswissen setzt eine Gemeinschaft entsprechender Praktiker voraus (Preda 2009b: 82 f). Dementsprechend betrachte ich den hier untersuchten Finanzhandel als eine solche Praxisgemeinschaft und frage nach den Marktbeobachtungskompetenzen, die diese Praxisgemeinschaft auszeichnen.

---

7 Preda (2012: 23) charakterisiert diesen Aspekt von STS-inspirierten Finanzmarktstudien folgendermaßen: „If you want, this is another way of questioning rationality assumptions in financial markets (...), which take observation as an individualized and atomized, unproblematic activity".

1.3 Zur Methode der Ethnografie

Die Betonung der Eigenlogik, Kontextgebundenheit und Situiertheit von Praktiken verweist auf die Frage, wie über praxissoziologische Zugänge Empirie und Theorie miteinander in Beziehung gesetzt werden können. Nach einem praxissoziologischen Verständnis wird Empirie jedenfalls nicht betrieben, um Theorien zu prüfen oder einzelne Hypothesen zu testen. Auch geht es einer Soziologie der Praktiken nicht darum, Theorien anhand empirischer Daten zu illustrieren. Zwar sensibilisiert die Auffassung von Kultur als Praxis für bestimmte analytische Herangehensweisen, wie etwa die Erfassung nicht nur der symbolischen, sondern insbesondere der materiellen und körperlichen Dimensionen sozialer Aktivität. Doch bedeutet dies nicht, dass theoretische Konzepte aus der Fachliteratur gleichsam blind, d. h. ohne Berücksichtigung der Eigenlogik, Kontextgebundenheit und Situiertheit von Praktiken, auf den hier untersuchten Finanzhandel übertragen werden können. Die vorliegende Untersuchung orientiert sich daher an folgendem methodologischen Vorschlag: „to generate theory that grows out of or is directly relevant to activities occurring in the setting under study“ (Emerson et al. 1995: 167). Ein Forschungsverfahren, das diese Maxime aufnimmt, ist die Ethnografie.

Ursprünglich im Kontext der Kulturanthropologie entwickelt, hat sich die Ethnografie mit Aufkommen der sogenannten Chicagoer Schule seit den 1920er-Jahren innerhalb der angloamerikanischen und in den letzten 20 Jahren auch zunehmend innerhalb der deutschsprachigen Soziologie (Amann/Hirschauer 1997) als Methode der Erforschung der eigenen Gesellschaft etabliert. Im Kontrast zu anderen Methoden der empirischen Sozialforschung, seien es qualitative (z. B. Diskursanalyse) oder quantitative (z. B. Regressionsanalyse), besteht die Besonderheit ethnografischer Forschung in der Teilnahme des Forschers an der untersuchten Praktik.

So stammt das Datenmaterial, das die Grundlage dieser Studie bildet, aus mehreren ethnografischen Feldforschungsaufenthalten in einem deutschen Finanzhandelsunternehmen, das ich im Folgenden Trade X nenne. Die Feldforschung begann im Mai 2006 und bestand zum einen in drei zusammenhängenden Aufenthaltsperioden im Finanzhandelsraum von Trade X. Die erste dauerte drei Wochen, die zweite (Juni 2007) sowie die dritte Aufenthaltsperiode (September 2008) waren je zwei Wochen lang. Zum anderen umfasste die Feldforschung in Summe neun eintägige Feldbesuche, die fokussierten Beobachtungen und insgesamt neun ausführlichen formalen (d. h. geplanten) Interviews mit HändlerInnen dienten. Den letzten dieser Tagesbesuche absolvierte ich im Februar 2009. Die Datengenerierung basierte auf einer für ethnografische Forschungen typischen Kombination verschiedener Erhebungsmethoden (Hirschauer 2001: 431). Ich machte einerseits Feldnotizen zur Beobachtung des Verhaltens von HändlerInnen (Emerson et al. 1995) sowie zur Fixierung ethnografischer Interviews mit ihnen (Agar 1980; Spradley 1980). Die Feldnotizen enthalten außerdem Beschreibungen des materiellen Arrangements und der Artefakte im Handelsraum. Andererseits wurden ergänzend Audioaufnahmen durchgeführt. Aufgezeichnet wurde zusätzlich zu allen formalen Interviews, die ich meist außerhalb des Handelsraums führte, ein Teil der ethnografischen Händlerinterviews, die in spontanerer Weise direkt an den Arbeitsplätzen stattfanden. Auf diesem Wege hielt ich auch verbale und lautliche Reaktionen auf Marktereignisse fest, die die jeweils interviewten HändlerInnen, aber auch andere im Handelsraum anwesende Teilnehmende äußerten. Einige dieser Reaktionen wurden später unter Zuhilfenahme einer vereinfachten Version der Transkriptionskonventionen der Konversationsanalyse (Atkinson/Heritage 2003: ix ff) in Textform überführt.[8]

Die Erstellung von Forschungstexten auf der Basis ethnografischen Datenmaterials blieb nicht ohne Kritik. Einerseits richteten sich die Einwände gegen die mangelnde Explikation und kommunikative Vermittlung der methodologischen Fundamente ethnografischen Forschens. Eine Folge dessen ist, dass SozialforscherInnen aus anderen Forschungstraditionen „usually have little understanding of what ethnografy is and how it is done" (Agar 1980: 10). Einen weiteren Kritikpunkt thematisierte die sogenannte Writing-Culture-Debatte in der Anthropologie. Sie adressierte ethnografische Texte selbst als Produkte einer spezifischen Kultur – der Kultur der Ethnografen – und analysierte Ethnografie als eine Form von Literatur (Berg/Fuchs 1999; Clifford/Marcus 1986; Geertz 1988). Man kam damals zu dem Schluss, dass ethnografische Forschungstexte nicht als objektive Repräsentationen der untersuchten Wirklichkeiten gelten können, sondern als analytische Verfahren und Konstruktionen gesehen werden müssen.

Beide Kritikpunkte sind zu gewichtig, um sie zu ignorieren. Zur Beurteilung ethnografischer (im Grunde aber: jeder) Forschung ist es wichtig, nicht nur ihren konstruktiven Charakter anzuerkennen, sondern auch ihre spezifischen Konstruktionsleistungen zu reflektieren. Deshalb betrachtet Kapitel 2 die dieser Untersuchung zugrunde liegende ethnografische Forschung selbst als soziale Praktik. Im Sinne einer Soziologie der Praktiken gehe ich dabei davon aus, dass die Methoden der Datengenerierung und Datenanalyse, die die Basis dieser Untersuchung darstellen, nicht oder zumindest nicht zur Gänze das Ergebnis der Befolgung expliziter Regeln sind, die die wissenschaftliche Methodik vorsieht. Ethnografie als soziale Praktik zu verstehen, lenkt den Blick gerade auf die impliziten und kontextspezifischen Beiträge und Partizipanden: Artefakte, wie etwa die Kleidung des Ethnografen, oder die Weisen, in denen die Handelsraumteilnehmenden die Person des Ethnografen und seine Präsenz deuteten und damit die ethnografische Datenerhebung ermöglichten, erleichterten oder auch erschwerten.

---

8 Neben Trade X besuchte ich im Februar 2007 den Handelsraum einer österreichischen Investmentbank, wo ich in einem Zeitraum von fünf Tagen Beobachtungen und ethnografische Interviews durchführte. Diese Beobachtungen lieferten aufschlussreiche Kontextinformationen über das Feld des Finanzhandels. Die Daten der vorliegenden Studie beziehen sich aber, sofern nicht eigens angemerkt, auf Trade X.

1.4 Erste Einblicke in den untersuchten Finanzhandel

Das Kerngeschäft von Trade X besteht zum einen in der Ausführung von Kundenordern, d. h. Trade-X-HändlerInnen fungieren als Vermittler zwischen privaten und institutionellen Finanzmarktteilnehmenden. Möchten Privatpersonen in Deutschland börslich gehandelte Finanzprodukte kaufen oder verkaufen, geben sie eine entsprechende Order bei ihrer Bank oder ihrer Vermögensberatung auf, die an Trade X weitergeleitet wird. Die dortigen FinanzhändlerInnen führen den Auftrag der Kunden aus. Das bedeutet, sie finden eine Gegenseite für das gewünschte Geschäft, welche von sogenannten „Market-Makern" gestellt wird. Als solche agieren Investmentbanken, die jene von Trade X gehandelten Wertpapiere emittieren. Zum anderen betreibt Trade X einen spekulativen Eigenhandel. HändlerInnen gehen eigene Handelspositionen mit dem Ziel ein, diese zu einem späteren Zeitpunkt mit Gewinn wieder zu schließen. Eine offene Handelsposition ist ein Risiko, je nach Preisentwicklung stellen sich Gewinne oder Verluste ein.

Trade X betreibt insgesamt drei Handelsabteilungen, die je einem bestimmten Typ von Finanzprodukten zugeordnet sind: Aktien, Anleihen und Derivate. Im Mittelpunkt der vorliegenden Studie steht der Derivatehandel. Derivate ermöglichen Anlegern, von der Wertentwicklung eines Werts, etwa eines Rohstoffs, zu profitieren, ohne diesen selbst kaufen zu müssen. Dieser andere Wert wird „Basiswert" genannt. Basiswerte, die für Trade-X-HändlerInnen eine Rolle spielen, sind beispielsweise der „Brent Crude Oil Future Index" (ein Index für Rohöl), der „Deutsche Aktien Index" (DAX) oder einzelne im DAX gelistete Aktien wie die des Stahlkonzerns „Salzgitter".

Im Gegensatz zu traditionellen Aktien weisen Derivate zwei besondere Merkmale auf. Das erste ist das Potential zu hoher Komplexität: Dieses ergibt sich aus der Anzahl und der Verknüpfung von Bedingungen, an die die Wertentwicklung des Derivats, man könnte auch sagen: die Wette auf Gewinn, gebunden ist. Am einfachsten konstruiert ist das sogenannte „Index-Zertifikat". Da es dem Verlauf nur eines einzigen Index folgt und jederzeit gekauft sowie verkauft werden kann, ist seine eigene Wertentwicklung an keine besondere Voraussetzung geknüpft. Die Auszahlung eines sogenannten „Discountzertifikats" hingegen ist an zumindest eine Bedingung geknüpft. Wenn der Basiswert am Ende einer vorweg vereinbarten Laufzeit über einer festgesetzten Höchstgrenze liegt, bekommt der Anleger diesen Höchstwert plus Bonus. Wenn die Höchstgrenze nicht erreicht wird, erhält der Anleger bloß den Gegenwert des Basiswerts. Eine zweite Bedingung des Discountzertifikats kann ein sich mit dem Preis des Basiswerts veränderndes, proportionales Bezugsverhältnis zum Derivat sein. Steigt der Basiswert beispielsweise um einen Euro, steigt das Discountzertifikat um zwei Euro, fällt der Basiswert um einen Euro, fällt das Discountzertifikat um zwei Euro. Kombinationen aus Basiswerten, aus mehreren zu beachtenden Kursschwellen oder variierenden Bezugsverhältnissen ergeben, gemessen am Index- oder am Discountzertifikat, rasch ein Vielfaches an Komplexität.

Das zweite Merkmal von Derivaten ist die im Vergleich zu anderen Finanzmärkten hohe Volatilität, d. h. ein beträchtliches Ausmaß an Preisschwankungen, das sich zum Teil aus der Koppelung an mehrere Basiswerte und variierenden Bezugsverhältnissen erklärt. Im Unterschied zur Situation anderer Märkte ergibt sich nicht nur das Problem der Unkenntnis zukünftiger Preisentwicklungen, im Derivatemarkt existiert aufgrund der hohen Volatilität auch ein größeres Gewinn- oder Verlustrisiko.

Zusammengenommen machen die beiden erläuterten Merkmale den Derivatehandel zu einem hervorragenden Untersuchungsfall für die Frage nach der Beobachtung und Bearbeitung von Finanzmarktinformation in einer hoch digitalisierten Finanzwelt. Gerade die Komplexität von Derivaten als Finanzinstrumenten erfordert, neben den Derivaten selbst die zugrunde liegenden Basiswerte im Blick zu behalten. Zu diesem Zweck spielen Bildschirme wie der zu Beginn erwähnte Reuters Cobra eine wichtige Rolle, da sie die multiplen Bedingungen von spekulativen Derivategeschäften visuell darzustellen in der Lage sind. Die hohe Volatilität von Derivatemärkten macht im Vergleich zu langsameren, weniger preisdynamischen Finanzmärkten besonders aufmerksame und reaktionsschnelle Formate der Beobachtung notwendig.

Im Gegensatz zu privaten *Day Tradern* (Preda 2009a) handelt es sich bei Trade X um einen Fall institutionalisierter Marktteilnahme in einem professionellen und hochtechnisierten Kontext. Die Professionalisierung der Händler erfolgt einerseits in spezifischen Ausbildungen (Bankhandelslehre oder Wirtschaftsstudium) sowie in der Absolvierung einer sechsmonatigen internen Ausbildung im Handel von Trade X. Über die umfassende Technologisierung des Finanzhandels gibt in beeindruckender Weise die teletechnologische Ausstattung der Arbeitsplätze im Handelsraum Aufschluss.

Der Handelsraum von Trade X nimmt das gesamte Erdgeschoss des Unternehmensgebäudes ein. Er erinnert an ein gewaltig dimensioniertes, saalartiges Großraumbüro. Die Allgegenwart von Technologie zeigt sich bereits beim ersten Feldbesuch im Handelsraum. Um ihn betreten zu können, müssen die Teilnehmenden eine Sicherheitsschleuse passieren, die sich nur dann automatisch öffnet, wenn ein dort installiertes elektronisches Lesegerät einen entsprechenden Mitarbeiterausweis erkennt. Als zunächst fremder Besucher des Handelsraums muss ich mich am Empfangspult in einer angrenzenden Empfangshalle anmelden. Das Personal dort informiert daraufhin einen mich erwartenden Mitarbeiter, der mich mithilfe seines Ausweises durch die Sicherheitsschleuse hinein in den Handelsraum führt. Drei Handelsabteilungen (Derivate, Aktien, Anleihen) mit insgesamt 60 Händlern verteilen sich auf insgesamt acht Reihen mit Händlerarbeitsplätzen, über durchgehende, etwa 15 Meter lange Tischplatten miteinander verbunden, die so den gesamten Handelsraum einnehmen (mehr dazu in Kapitel 5.3). Vier dieser Tischreihen besetzen ununterbrochen DerivatehändlerInnen, jeweils zwei der Tischreihen werden von Aktien- und AnleihenhändlerInnen in Beschlag genommen. Alle Händlerarbeitsplätze sind als Face-to-Screen-Arbeitsplätze konzipiert, wobei sich im unmittelbaren Gesichtsfeld jedes Teilnehmenden mindestens vier, manchmal sogar sechs Bildschirme befinden. Im Laufe des Feldaufenthalts zeigt sich mir, dass der Handelsraum nicht nur daraufhin ausgerichtet ist, ständig Marktinformationen über Bildschirme zu liefern, sondern er transformiert auch die HändlerInnen selbst und ihr Verhalten zu Quellen der Marktinformationen. Man kann sagen, er fungiert als Verdichter und Vervielfältiger, als nicht nur technologisch, sondern auch körperlich und materiell optimierte Arbeitsumgebung zur Beobachtung und Bearbeitung von Finanzmarktinformation. Diese Multiplikation von Informationen geschieht in drei Dimensionen: auf den Bildschirmen, an den Arbeitstischen (*trading desks*) und innerhalb interner Händlerhierarchien.

Bildschirme. Die Zusammensetzung und die visuelle Gestaltung der Bildschirmoberflächen variieren je nach Finanzmarkttyp. Während die AnleihenhändlerInnen beispielsweise keine Echtzeit-Preiskurven auf ihren Bloomberg-Monitoren verfolgen, sondern nur numerische Preisdarstellungen, zeigt jeder Reuters-Bildschirm der Derivate-Abteilung eine grafische Echtzeit-Darstellung des F-DAX, des für Trade-X-DerivatehändlerInnen wichtigsten Basiswerts. Ein typisches, im Derivatehandel bei Trade X verwendetes Bildschirmensemble umfasst vier Monitore.

Zentral vor den Augen des Teilnehmenden befindet sich das „Orderbuch". Es beinhaltet zu jedem Wertpapier Kauf- oder Verkaufsaufträge und weist diese anonymisiert aus. Im Prinzip können die HändlerInnen in diesem Programm blättern wie in einem Buch. Es informiert darüber, wie viele Stücke eines Papiers die jeweiligen Auftraggeber handeln wollen und zu welchem Preis im schlechtesten Fall („Stopp-Loss-Limit"); auch scheint der letzte Kurs auf, zu dem das Papier gehandelt wurde. Um einen Überblick darüber zu gewinnen, wie sich das Geschäft mit einem Papier wahrscheinlich entwickeln wird, ist die Sichtung des Orderbuchs das Erste, was HändlerInnen morgens erledigen.

Ein zweiter Schirm zeigt die Oberflächen eines Programms, das zur Ausführung von Kundenordern sowie zum „Glattstellen" (Teilnehmerausdruck) der eigenen Handelspositionen dient, also zur Realisierung eines Gewinns oder eines Verlusts. Händler nennen dieses System umgangssprachlich „Handelsmaschine". Es verbindet die Teilnehmenden mit den Emittenten der Wertpapiere, den Market-Makern, die verpflichtet sind, ihnen jederzeit handelbare Preise anzubieten.

Ein dritter Bildschirm weist ein tabellenartiges Fenster auf, das Händler ihr „eigenes Buch" oder „Handelsticker" nennen. Der Handelsticker liefert eine detaillierte Übersicht über alle Wertpapiere, in die die Händler einer Gruppe im Moment investiert haben. So zeigt der Handelsticker verschiedene Spalten, die, von links beginnend, folgende Überschriften tragen: „Zeit" (Zeitpunkt des Geschäfts), „WKN" (Wertpapierkennnummer), „Basiswert" (z. B. eine Aktie oder ein Index), „Art" (Kauf- oder Verkaufsoption auf den Basiswert), „Nominale" (Stückzahl; bei vorangestelltem Minus: Leerverkauf, *short-position*), „Einstand" (Kurs, zu dem der Kauf oder Leerverkauf getätigt wurde), „akt.Kurs" (Kurs, zu dem das Wertpapier im Moment gekauft oder verkauft werden kann) und „GuV“ (Gewinn und Verlust)[9]. Jede Zeile zeigt eine „Position“ im Markt. Mit ihren Positionen können Händler einerseits „schief zum Markt liegen“ (Teilnehmerausdruck). In diesem Fall steht vor der Zahl in der mit „GuV“ überschriebenen Spalte ein Minus. Wenn Händler mit ihrer Position „richtig zum Markt liegen“ (Teilnehmerausdruck), zeigt die entsprechende GuV-Spalte kein Minuszeichen.

Die Software und die Hardware des vierten Bildschirms produziert die Finanznachrichtenagentur Reuters. Reuters liefert Wertpapierpreise und aktuelle Wirtschaftsnachrichten aus aller Welt in Echtzeit und bietet außerdem verschiedene Varianten der Preisdarstellung: Neben der Ausgabe als Zahlen ermöglicht Reuters die grafische Form der Preiskurve (*chart*). So zeigt jeder Reuters-Bildschirm in der Derivate-Abteilung den DAX Future Index als „Tageschart“, der laufend den Preisverlauf des jeweiligen Tages abbildet und sich dabei wie von selbst weiter fortschreibt. Wirtschaftsmeldungen hingegen erscheinen im Sekundentakt als Textschlagzeilen. Über das zusätzlich an jedem Desk befindliche Fernsehgerät laufen Wirtschaftsnachrichten, aber rein zur Unterhaltung auch Übertragungen von Sportveranstaltungen wie Pokerturnieren oder Skirennen.

Desks. Neben den Bildschirmoberflächen stehen Handelsraumteilnehmern weitere Lieferanten von Marktinformation zur Verfügung. Die materielle Organisation des Handelsraums transformiert Händler selbst in Informationsquellen für andere Handelsraumteilnehmer. An langen, sich quer über die Grundfläche des Handelsraums erstreckenden Deskreihen sitzen die Händler in unmittelbarer Hör- und Rufweite zueinander. Ihre Gesichtsfelder sind *Face-to-Screen* nach den Bildschirmen ausgerichtet. Im Rücken liegt jeweils ein circa ein Meter schmaler Gang, der Platz zum Durchschreiten oder auch Durchlaufen der Deskreihen bietet – einer Möglichkeit, von der insbesondere pausierende DerivatehändlerInnen, die aufgrund schneller, unvorhergesehener Preisbewegungen zu ihrem Arbeitsplatz eilen müssen, regelmäßig Gebrauch machen. In einer Deskreihe befinden sich acht bis zehn Arbeitsplätze, wobei all jene, die dieselben Wertpapiere handeln, zu Gruppen von drei bis sechs Individuen zusammengefasst werden, sodass sie Schulter an Schulter an den dafür konzipierten *Trading Desks* arbeiten. Obwohl Händler durch die Face-to-Screen-Ausrichtung ihrer Körper relativ wenig direkten Blickkontakt miteinander eingehen, begünstigt die Anordnung der Tische mitunter eine sehr kommunikative Atmosphäre. Parallel an den Bildschirmen beobachtete Marktereignisse können derart, ohne dass die Teilnehmenden einander das Gesicht zuwenden müssen, Anlass für lauthals geäußerte Kommentare und Unterhaltungen geben. Die materielle Gestaltung der Desks schafft, wie dieses Buch an verschiedenen Stellen verdeutlichen wird, Formen verkörperter sowie leiblicher Darstellung und Bearbeitung bildschirmvermittelter Marktinformation.

9 „GuV“ gibt die Differenz zwischen Einstandskurs und aktuellem Kurs als Geldbetrag in Euro aus: Ein Minus vor der Zahl steht für einen Verlust, kein Minus steht für einen Gewinn.

Händlerhierachien. Wie bereits erwähnt unterteilen sich die einzelnen Handelsabteilungen bei Trade X nochmals in einzelne Gruppen zu drei bis sechs HändlerInnen. Da jede Gruppe der Derivate-Abteilung nur Wertpapiere bestimmter Emittenten handelt, folgt auch die interne Bezeichnung der Gruppen dieser Logik: Die „Deutsche-Bank-Gruppe" handelt nur Derivate, die von der Deutschen Bank ausgegeben wurden, die „Commerzbank-Gruppe" nur Derivate des Emittenten Commerzbank, die „Nebenwerte-Gruppe" nur Derivate, deren Basiswert jene Aktien darstellen, die im DAX als Nebenwerte geführt werden. Relevant hinsichtlich der Produktion von Marktinformation sind die Hierarchien innerhalb der Derivatabteilung als solcher sowie diejenigen in den einzelnen Händlergruppen. Sowohl der Chefhändler der gesamten Derivate-Abteilung als auch die hauptverantwortlichen HändlerInnen der einzelnen Gruppen übernehmen bei der Bearbeitung bildschirmvermittelter Preise immer wieder die Funktion von ‚Leitwölfen'. Diese Führungsrolle zeigt sich an besonders schnell und expressiv geäußerten Kommentaren und körperlichen Reaktionen auf neue Marktinformationen sowie an Ansagen oder Anweisungen an andere Gruppenmitglieder (z. B. „Die Öl-Positionen übernehme ich."). Den hohen Status des Chefhändlers der Derivate-Abteilung lässt auch das herausragende Design seines Händlersessels erkennen: Dieser ‚Chefsessel' unterscheidet sich von der restlichen Bestuhlung im Handelsraum durch eine breite Sitzfläche, seitlich angebrachte imposante Armlehnen sowie eine massive Rückenlehne, die sich weit über die Scheitellinie des Kopfes erstreckt.

1.5 Aufbau des Buches

Dieses Buch untersucht die Beobachtung und Bearbeitung von bildschirmvermittelter Marktinformation im Bereich des Finanzhandels.[10] Dabei interessieren zum einen im Sinne einer praxistheoretischen Perspektive auf das Soziale die Mitwirkung des räumlichen Arrangements des Handelsraums ebenso, wie die Präsenz des Marktes als Akteur sowie die körperlich-materielle Dimension der Marktteilnahme. Zum anderen erweitert die vorliegende Untersuchung die praxistheoretische Perspektive mit der Unterscheidung von materiellen und leiblichen Praktiken der Marktteilnahme. Leibliche Praktiken beziehen sich nicht auf die physisch-tätige Dimension, sondern auf die sinnliche und affektive Seite körperlichen Erlebens.

Kapitel 2 reflektiert zunächst die methodischen Praktiken der Untersuchung. Ausgangspunkt des Kapitels sind die erwähnte Kritik an ethnografischen Forschungsverfahren sowie die Forderung nach expliziter methodologischer Reflexivität in der Ethnografie. Der Versuch, die Feldforschung als spezifische soziale Praxis zu begreifen, soll LeserInnen erlauben, die forschungspraktische Herstellung der Befunde

10 Kapitel 3 und Kapitel 4 dieses Buchs basieren auf früheren Fassungen, die ich bereits für Veröffentlichungen verwendet habe (Laube 2012a, 2012b). Für die vorliegende Arbeit habe ich diese Vorfassungen grundlegend überarbeitet, teilweise revidiert und erweitert.

und Ergebnisse der Untersuchung, die in den restlichen Kapiteln dargestellt werden, besser einzuschätzen.

Kapitel 3 widmet sich einer erklärungsbedürftigen Variante der symbolischen Bestimmung eines Finanzmarkts. Im Mittelpunkt steht ein Vokabular, das den Markt nicht nach finanzökonomischen Gesichtspunkten klassifiziert, etwa als einen Mechanismus zur Koordination von Angebot und Nachfrage, sondern mittels außerökonomischer Referenzen, beispielsweise auf die „Stimmung" des Marktes. Die symbolische Bestimmung des Derivatemarkts als verrückte, gefährliche und nervöse Kreatur ist keine bloß metaphorische Redeweise im Handelsraum, sondern stellt eine Form der Bearbeitung eines Problems dar, das die Wirtschaftssoziologie als Ungewissheit wirtschaftlichen Handelns thematisiert. Das Kapitel wird zeigen, dass die Klassifikation des Marktes als Kreatur eine Variante der Kompensation dieser Ungewissheit ist. Für diesen Zusammenhang führe ich den Begriff des *Aufmerksamkeitsregimes* ein, den die Untersuchung an verschiedenen Stellen wieder aufgreifen wird: Aufgrund seines wechselhaften und sprunghaften Charakters kann der Derivatemarkt nicht unbeobachtet bleiben. Das Aufmerksamkeitsregime des Handelsraums maximiert die Möglichkeiten seiner ständigen Überwachung durch spezielle, auf seine Volatilität abgestimmte Praktiken der konzentrierten und achtsamen Beobachtung.

Eine dieser Praktiken analysiert Kapitel 4: den Einsatz des Körpers als Träger von Marktbeobachtung. Die Physis der Händler, die sich üblicherweise durch die Bedürfnisse nach Nahrung, Schlaf oder Erleichterung bemerkbar macht, wird so weit diszipliniert, dass sie als Instrument zur Beobachtung des extrem volatilen Derivatemarktes dienen kann. Damit sind die Körper der Händler in mehrerlei Hinsicht von Bedeutung für den Vollzug der Marktbeobachtung: als disziplinierte Körper, die die Stillstellung der physischen Ansprüche vor den Bildschirmen leisten; als handelnde Körper, die als Träger sekundenschneller Einschätzungen und Entscheidungen zum Einsatz kommen; als technologisch erweiterte Körper, deren Sehsinn durch Finanzbildschirme erweitert und modifiziert wird; als sensorische Körper, die die Marktbeobachtung nicht nur mit dem Seh-, sondern auch mit dem Hörsinn betreiben.

Eine weitere Praktik der Aufmerksamkeit und Beobachtung im untersuchten Finanzhandel behandelt Kapitel 5: Aufmerksamkeitsrufe. Es soll verdeutlicht werden, dass die Überwachung von Preisen im Derivatemarkt nicht nur eine Sache ihrer technologischen Darstellung auf Bildschirmen ist, sondern auch ihrer Darstellung mit Worten, Lauten und Klängen im Handelsraum. Als „Ethnomethode" (Garfinkel 1967) bearbeiten Aufmerksamkeitsrufe basale Unsicherheiten der Marktentwicklung: Wann fluktuieren Preise? In welche Richtung entwickeln sie sich? Wie groß ist der Preissprung? Das Kapitel beschreibt drei verschiedene Varianten von Aufmerksamkeitsrufen – das Indizieren, das Typisieren, das klangliche Charakterisieren von Marktübergängen – und greift zwei ihrer Implikationen auf. So viel sei im Voraus gesagt: Erstens stimulieren Aufmerksamkeitsrufe Ad-hoc-Einschätzungen der eigenen, unsicheren Situation im Markt. Händler reflektieren diese Ungewissheit durch Rekapitulation des Marktgeschehens, z. T. in Form von Flüchen und Beschimpfungen des Marktes.

Zweitens fungieren Aufmerksamkeitsrufe als ritualisierte Darstellung von Wachsamkeit, die das Risiko falscher oder verpasster Entscheidungen kompensieren soll.

Kapitel 6 thematisiert die Rolle von emotionalen Markteinverleibungen für den spekulativen Derivatehandel. Es geht dabei um vier Punkte: Erstens untersuche ich, wie die HändlerInnen selbst die Tätigkeit des Spekulierens sprachlich begleiten, und zeige, dass die Teilnahme am Marktgeschehen mit einem Vokabular des Seins, d. h. des leiblichen Existierens im Markt zum Ausdruck gebracht wird. Diese sprachlichen Register rahmen das Spekulieren als leibliche Koppelung an das Marktgeschehen und die gehaltenen Wertpapiere als Teile des eigenen Leibes. Zweitens führe ich aus, wie „embodied emotions" (Katz 1999) die leibliche Bindung an den Markt reflektieren und wie diese Emotionen von den Händlern für die Identifikation von Chancen unter hohem Zeitdruck genutzt werden. Drittens veranschauliche ich die Relevanz, die leibliche Emotionen für das Aufmerksamkeitsregime des Derivatehandels haben. Die Äußerung von Leibemotionen macht schwierige, d. h. risikoreiche Entscheidungen von Händlern zum handelsraumöffentlichen Thema, sodass jene vom Umfeld bestätigt, bejubelt oder kritisiert werden können. Viertens stelle ich eine Teilnehmertheorie des Derivatehandels vor, die eine möglichst hohe Ähnlichkeit der zugeschriebenen emotionalen Persönlichkeit von Händlern mit jenem dem Derivatemarkt attestierten nervösen und wechselhaften Charakter postuliert: Je ähnlicher der beigemessene emotionale Habitus des Marktes und der des Händlers sind, desto bessere Voraussetzungen liegen für den erfolgreichen Vollzug der Marktbeobachtung und des Spekulierens vor. Ich verhandle diese Teilnehmertheorie als *nervöse Paarungen.*

Das Schlusskapitel skizziert weiterführende gesellschaftstheoretische Implikationen der Untersuchung. Implikationen, die die Studie über das untersuchte ethnografische Feld hinaus bietet. Diese betreffen das (finanz-)soziologische Verständnis von Finanzmärkten, die Debatte zu „Wissensarbeit" und eine Alternative zur Tendenz, Finanzmärkte zu homogenisieren und dabei Komplexitäten, Variationen und Brüche auszublenden.

2 Im Handelsraum, am Schreibtisch und wieder zurück

Berichte über den Ablauf ethnografischer Feldforschung konzentrieren sich üblicherweise auf harte Fakten. Beispielhaft ist die Einleitung der vorliegenden Arbeit selbst (vgl. Kapitel 1.3): Mit der Hervorhebung von Zeitpunkt, Dauer und Ort des Feldaufenthalts sowie der Nennung kanonisierter Erhebungsmethoden (z. B. teilnehmende Beobachtung) vermittelt sie den Eindruck, dass der Ethnograf wirklich dort, sprich: im Feld war (vgl. Geertz 1988: 4). Die spezifischen sozialen und materiellen Umstände der Feldforschung spart sie hingegen aus.

Diese Aussparung ist insbesondere aus praxistheoretischer Perspektive problematisch. Ihr zufolge lassen sich Handlungen nicht hinreichend durch die Rekonstruktion expliziter Regeln erklären, beruhen sie doch vielfach auf implizitem Wissen und Können unter situativen Umständen (Schatzki 1996, 2003). Da es keinen Grund für die Annahme gibt, dass sich wissenschaftliche Praktiken (Laborexperimente, Sozialtheorie, ethnografisches Forschen usw.) in dieser Hinsicht von anderen, nichtwissenschaftlichen Praktiken unterscheiden (vgl. dazu Lynch 2011: 935 f), folgt daraus: Die im Rahmen der vorliegenden Studie durchgeführte Datenerhebung und Datenanalyse gehorchten nicht – oder zumindest nicht nur – expliziten Regeln wissenschaftlicher Methodik. Vielmehr muss man vom (erheblichen) Einfluss stillschweigender Normen und kontextspezifischer Gegebenheiten ausgehen.

Aufgrund dieser Einsicht versuche ich im Folgenden, die impliziten Routinen und situativen Bedingungen der Feldforschung zu reflektieren. Ziel ist es zu explizieren, was die Darstellung harter Fakten ethnografischen Forschens ungesagt lässt. Das führt zum einen zu einem Bericht über den situativen Vollzug der dieser Untersuchung zugrunde liegenden Forschungsmethoden; zum anderen lässt sich dieses Kapitel auch als Beitrag zu einer reflexiven Fundierung der Methodologie ethnografischer Forschung lesen. Reflexivität dient hier nicht dazu, etwaige methodische ‚Verzerrungen' zu identifizieren, sondern die methodologischen Besonderheiten und Stärken der Ethnografie herauszuarbeiten.[1]

Zwei Aspekte stehen im Zentrum des Kapitels: zum einen die Rolle des Ethnografen im Handelsraum und ihr Einfluss auf die Erhebung sowie Auswertung der Daten (2.1); zum anderen die Verflechtung von ‚Datenerhebung' und ‚Datenauswertung'. Die strenge Chronologie, die so manche Lehrbuchdarstellung qualitativer Forschungsmethoden nahelegt, indem sie diese beiden Aktivitäten scharf separiert, mag eine gewisse theoretische Berechtigung haben. In der Praxis ethnografischen Forschens indessen verschwimmen die Grenzen zwischen Erhebung und Auswertung (Yanow 1996: 35). Die Abschnitte (2.2) und (2.3) reflektieren dieses Merkmal ethnogra-

---

1 Vgl. dazu u. a. Agar (1980), Amann und Hirschauer (1997: 7 ff), Becker (1993, 1998), Burrawoy (1998), Emerson et al. (1995), Kalthoff (1997), Yanow (1996: 34 ff), Monahan und Fisher (2010).

fischen Forschens und verdeutlichen seine Konsequenzen für die vorliegende Untersuchung.

2.1 Im Handelsraum, (...)

You are close to them while they are responding to what life does to them.
(Goffman 1989: 125)

2.1.1 Changing Costume

In seinem Vortrag „On Fieldwork" weist Goffman (1989) darauf hin, dass die ethnografische Tätigkeit Nähe zwischen Forschern und Beforschten über einen längeren Zeitraum verlangt. In der Feldarbeit, auf der die vorliegende Studie basiert, war es nicht einfach, Distanz abzubauen. Trade X war wohlgemerkt nicht die erste Organisation, bei der ich mich um Zugang bemühte. Meine Feldnotizen berichten von mindestens sechs anderen Investmentbanken oder Finanzhandelsunternehmen, die meine Bitte aber ablehnten oder, was noch öfter vorkam, einfach ignorierten. Zuerst frustrierten mich diese Absagen und Verweigerungen, aber mit der Zeit erkannte ich, dass sie mich etwas über das Feld des Finanzhandels lehren können. Offensichtlich verabsäumte ich, Formate der vorübergehenden Teilnahme zu adressieren, die das Feld für Außenseiter, Fremde oder Besucher bereithält. Meine Anschreiben bezeichneten mich als „Mitglied einer sozialwissenschaftlichen Forschungsgruppe", die sich der „Erforschung des Zusammenspiels von Informationstechnologien und Finanzhandelspraxis" widmet. Ich bat um einen Aufenthalt, gerne in Form eines Praktikums, um „Wissen aus erster Hand über die Arbeit des Finanzhandels" zu erhalten. Rückblickend scheint mir, dass meine Charakterisierung als Forscher einerseits und als potenzieller Praktikant andererseits nicht dazu geeignet war, das nötige Vertrauen und Interesse zu wecken, um als Ethnograf einen Fuß in die Tür zu bekommen (siehe auch Kalthoff 1997: 243).

Trade X hob sich in dieser Hinsicht von den Organisationen, die ich zuvor kontaktiert hatte, in einem entscheidenden Punkt ab: Das Unternehmen bot eine viel größere Schnittmenge zwischen den vorübergehenden Teilnahmeformaten, auf die ich abzielte, und jenen, die im Finanzhandel gebräuchlich sind. So kennt Trade X neben einem standardisierten längerfristigen Teilnahmeformat für Außenseiter (dem sechsmonatigen Praktikum) ein kurzfristigeres Besucherformat, nämlich ein „Schnupperpraktikum". Letzteres stellt eine institutionalisierte Form des *Shadowing* von Finanzhändlern dar: Eine Woche lang blickt der Schnupperpraktikant den Teilnehmenden bei deren Arbeit über die Schulter. Trade X ermöglichte mir also, im Rahmen solcher Schnuppertage einen ersten Einblick zu gewinnen. Darüber hinaus gelang es mir, den Zeitraum um zwei zusätzliche Wochen zu erweitern und als Einstiegsmöglichkeit für spätere *Revisits* zu nutzen.

Um in den Genuss des Schnupperpraktikums zu kommen, war jedoch zuerst eine andere Aufgabe zu bewältigen: Ich musste mich in einer Weise präsentieren, die Trade X dazu brachte, mir überhaupt den Eintritt in den Handelsraum zu gewähren. Mit anderen Worten: Das Unternehmen sollte überzeugt werden, dass ich ein ernsthafter Wissenschaftler war und nicht (zum Beispiel) ein Journalist auf der Jagd nach einer Story über die Gier der Finanzbranche. Aus diesem Grund setzte ich mich mit zwei Wissensproblemen (Kalthoff 1997: 245 ff) auseinander. Das erste der beiden betrifft den Ethnografen und den Mangel an Wissen aus erster Hand über die kulturellen Standards der Teilnahme. Vor der Feldarbeit bei Trade X waren meine diesbezüglichen Quellen limitiert auf die (überblickbare) ethnografische Forschungsliteratur zu *Trading Rooms* (z. B. Heath et al. 1994; Knorr Cetina/Bruegger 2002), Spielfilme (siehe Kapitel 4) und Insider-Romane (z. B. Lewis 1990). Folglich kam ich über ungefähre Einschätzungen nicht hinaus. In erster Linie ahnte ich die Notwendigkeit, meine äußere Erscheinung strategisch anzupassen. „So you have", rät Goffman (1989: 127) ethnografisch Forschenden, „to get a mix of changing costume, which the native will accept as a reasonable thing, that isn't complete mimicry on the one hand, and that isn't completely retaining your own identity either".

Abb. 2: Vor der Feldforschung (eigene Darstellung).

Zu beachten ist, dass Goffman davon abrät, sich so zu verkleiden, dass die eigene feldfremde Identität unsichtbar wird. Goffman empfiehlt, die äußere Erscheinung („costume“) den vermuteten kulturellen Standards des Feldes zu unterwerfen, gleichwohl aber als Außenstehender erkennbar zu bleiben. Hätte ich das erste Kontaktgespräch bei Trade X in der Kleidung und mit dem Haar- sowie Bartschnitt geführt, die ich vor meiner Feldforschung zu tragen pflegte, hätte man mir sehr wahrscheinlich nicht das notwendige Vertrauen, mich einzulassen, entgegengebracht. Die Abbildungen 2 und 3 zeigen mein Aussehen vor und während der Feldforschung. Ohne Goffmans Hinweis zu kennen (die Lektüre erfolgte erst während der Feldstudie), folgte ich doch seinem Vorschlag, ein „costume“ zu wählen „which the native will accept as a reasonable thing“ (Goffmann 1989: 127). Nach der Anpassung blieben dennoch deutliche äußere Unterschiede zwischen den HändlerInnen und mir bestehen, sodass meine Identität nicht völlig verdeckt war. Im Gegensatz zu den meisten Teilnehmenden verzichtete ich auf Haargel, trug ich einen Dreitagebart und keine Krawatte. Im Handelsraum unterließ ich natürlich auch das Grinsen, wie es Abbildung 3 zeigt.

Zusätzlich zu den kulturellen Standards der Finanzwelt (angemessene Kleidung etc.), die ich zu antizipieren hatte, beschäftigte mich ein zweites Wissensproblem:

Abb. 3: Während der Feldforschung (eigene Darstellung).

Die Aushandlung meines Teilnahmeformats erfolgte auf der Basis von Vorannahmen der FinanzhändlerInnen über sozialwissenschaftliche Methodik. Bereits das Erstgespräch zeigte, dass der ausgedehnte zeitliche Rahmen ethnografischer Feldarbeit der Welt der Finanzmärkte überaus fremd ist. Die Teilnehmenden verstanden zunächst nicht, warum zwei oder bestenfalls drei Tage im *Trading Room* nicht ausreichend für meine Untersuchung waren. Ich versuchte, mich durch einen Vergleich zu erklären: Ich parallelisierte Ethnografen mit Praktikanten, mit Schülern oder Auszubildenden, die durch Zusehen, Nachfragen und Mitarbeit (Erfahrungs-)Wissen aus erster Hand erwerben. Damit war ich zumindest insoweit erfolgreich, als ein Kompromiss zustande kam. Einige Tage nach dem Kontaktgespräch erhielt ich eine Nachricht, in der mir Trade X ein ausgedehntes Schnupperpraktikum mit einer Dauer von drei Wochen anbot. Auch wenn ich damit noch nicht ganz glücklich war, hatte ich nun zumindest einen Fuß in der Tür.

2.1.2 Die Präsenz des Ethnografen und ihr Einfluss auf die Daten

Ethnografische Arbeit unterscheidet sich von quantitativen, aber auch von anderen qualitativen Forschungsverfahren in zweifacher Hinsicht: erstens durch die Teilnahme des Forschenden an der untersuchten Praxis, zweitens durch die Erstellung einer Studie auf Grundlage der Erfahrungen und Beobachtungen während dieser Teilnahme. Auf die Abfassung der Studie komme ich etwas weiter unten im Abschnitt „am Schreibtisch (...)“ zu sprechen. Im Folgenden wende ich mich den Modalitäten meiner Teilnahme im Feld zu. Dabei steht eine Frage im Mittelpunkt: Wie deuteten die Teilnehmenden meine Präsenz (d. h. die Präsenz des Ethnografen) und wie beeinflussten die Interpretationen meiner Person und meiner Tätigkeit die Produktion der ethnografischen Daten?

G., ein Mitarbeiter von Trade X, prägte entscheidend das Bild, das die HändlerInnen zu Beginn meines Aufenthalts von mir hatten. G.s Position bei Trade X lässt sich gut als „professional stranger-handler“ (Agar 1980: 85 ff) umschreiben: Als solcher sollte er u. a. herausfinden, welche Interessen ich als Besucher mit meiner ethnografischen Studie im Unternehmen verfolgte, des Weiteren war seine Aufgabe: „to improvise some information that satisfies him [den Besucher] without representing anything potentially harmful to the group“ (Agar 1980: 85). Aus diesem Grund war es sehr wichtig für mich, nicht für eine potenziell gefährliche Person gehalten zu werden. Wie ich bereits oben berichtete, sollte meine Selbstpräsentation diesen Eindruck vermeiden. Als ich von G. einen offiziellen Besucherausweis erhielt, mit dem ich den Handelsraum selbstständig durch die elektronische Sicherheitsschleuse betreten durfte, wusste ich, dass ich das erstrebte Vertrauen erworben hatte. In seiner Funktion als *Stranger-Handler* stellte mich G. den HändlerInnen vor und lieferte so die Basis dafür, wie meine Anwesenheit und meine Person im *Trading Room* gedeutet wurden. Während der ersten Tage passierte ich morgens die Sicherheitsschleuse, brachte meinen Mantel in die Garderobe und ging dann in G.s Büro, das sich am Ende des Handelsraums befand. G. nannte mir dann die *Trading Desks*, an denen ich am jeweiligen Tag sitzen sollte. Dort angekommen, stellte er mich in der ersten Woche immer jeweils ungefähr mit den Worten vor: „He, Leute, das ist Stefan, er ist ein Doktorand an der Uni Konstanz und wird die nächsten paar Wochen bei uns ein ‚Schnupperpraktikum' machen". Bald war ich für alle DerivatehändlerInnen schlicht der „Typ von der Uni". Wollten Teilnehmende mehr über mich und mein Forschungsinteresse erfahren, erwiderte ich, den Zusammenhang von „Technologie und Kommunikation im Handelsraum" zu untersuchen. Diese meine Formel erwies sich als gut geeignet, um ins Gespräch mit neuen Informanten zu kommen, so sie die HändlerInnen animierte, auf mein angegebenes Forschungsthema einzugehen. Allerdings – darauf werde ich noch zurückkommen – hatte ich zu diesem Zeitpunkt meine genaue Untersuchungsfrage noch gar nicht festgelegt, was charakteristisch für den Anfang und die frühe Phase ethnografischer Projekte ist.

An dieser Stelle formulieren manche LeserInnen möglicherweise einen Einwand: Veränderte meine Anwesenheit, d. h. die Anwesenheit des Forschers, nicht das Verhalten der HändlerInnen? Wäre es deshalb nicht wissenschaftlicher gewesen, meine Zugehörigkeit zur Wissenschaft zu verbergen, um eine derartige Beeinflussung zu unterbinden? Die Antwort auf die erste Frage lautet selbstverständlich: ja. Daraus auch auf die Bejahung im zweiten Fall zu schließen, resultierte jedoch aus einer missverstandenen Methodologie ethnografischen Arbeitens. Neben der Erfüllung ethischer Standards stellte sich die Offenlegung meiner Identität als Soziologe nämlich auch in forschungsstrategischer Hinsicht als vorteilhaft heraus.

Im Einzelnen waren es drei Vorteile. Erstens führten die Versuche, dezidiert als Sozialwissenschaftler Zugang zur Welt des Finanzhandels zu bekommen, zu frühen, richtungweisenden Beobachtungen und Einsichten über das Feld: So erfuhr ich u. a., dass sich Angehörige der Finanzbranche sozialwissenschaftliche Forschungsmethoden in erster Linie wenig zeitaufwendig und wenig invasiv vorstellten. Während des ersten Pilotgesprächs mit Trade X meinte mein Gesprächspartner, dass ich acht Interviews, eine spontan von mir gewählte Zahl, ja gut in zwei Tagen erledigen könne. Bereits hier bekam ich einen Vorgeschmack von den rigiden zeitlichen Standards der Branche. Besonders der schnelle Derivatehandel erlaubt keine ausgedehnten und wohlüberlegten Phasen der Reflexion, sondern verlangt schnelles, reflexartiges Handeln im wahrsten Sinn. Diese frühe Einsicht sensibilisierte mich für die später getätigte Beobachtung, dass die Überwachung der Preise im Derivatehandel sehr viel mit der Anpassung der Händler an den stürmischen Takt des Marktes zu tun hat.

Der zweite Vorteil der Teilnahme am Handelsraumgeschehen als ausgewiesener Soziologe war, dass sie eine Strategie ermöglichte, die man mit Howard Becker

(1954: 32) „playing dumb" nennen kann.[2] „Playing dumb" erlaubt dem Feldforscher, die Teilnehmenden zur Explikation von für sie selbstverständlichen Wissensbeständen zu bewegen. Diese Chance ergibt sich daraus, dass er als (zunächst) Feldfremder tatsächlich unvertraut mit den Selbstverständlichkeiten des Feldes ist und diesen Status der Unkenntnis explizit ins Treffen führen kann. Mag sein, dass die Teilnehmenden den Ethnografen dann wie einen völlig Ahnungslosen oder zeitweise vielleicht sogar wie ein Kind behandeln (Agar 1980: 69 ff). Jedoch werden unter dieser Voraussetzung seine Möglichkeiten maximiert, unhinterfragtes, scheinbar nicht der Rede wertes oder auch tabuisiertes Wissen zu thematisieren. Vor allem zu Beginn der Feldforschung war mir „playing dumb" eine reichhaltige Ressource, um Auskunft über Selbstverständlichkeiten des Finanzhandels zu bekommen. Beispielsweise bekannten die Teilnehmenden, den Handel mit anderen Finanzinstrumenten, speziell den mit Anleihen, als „langweilig" und als Bereich, wo „tote Hose" herrscht, zu empfinden. Mir schien das interessant, aber ich konnte mir zunächst keinen Reim darauf machen, weshalb denn ausgerechnet der Derivatehandel hier anders war. Also stellte ich eine Frage, die aus der Perspektive von feldzugehörigen Personen naiv, ja überflüssig ist, da die Antwort für sie auf der Hand liegt: „Weshalb sind Anleihen tote Hose?". Aus den Erklärungen lernte ich, dass „Action" und die „Aufregung", mit der die Teilnehmenden den Derivatehandel verbinden, grundlegend mit den kreatürlichen Eigenschaften des Derivatemarkts zu tun haben, insbesondere mit seiner volatilen und wechselhaften Dynamik. Ich lernte, dass die zeitbezogenen Charakteristika und Anforderungen von Finanzbereich zu Finanzbereich variieren und, dass diese Abweichungen in der symbolischen Bestimmung des Derivatemarkts als „nervöser", „gefährlicher" Kreatur veranschaulicht werden.

Eine grundlegende Bedingung für „playing dumb" besteht allerdings darin, dass die Teilnehmer den Ethnografen und seine Präsenz entsprechend konzeptualisieren. Betrachtet man die Spitznamen, die ich von den HändlerInnen erhielt, scheint sie erfüllt gewesen zu sein: „der Uni-Heini", „Psychologe" oder „Columbo". Der letzte (zugegeben entlarvende) Spitzname wurde nicht zufällig ausgewählt. Columbo, der Polizeikommissar in einer TV-Serie, erlangte seine weltweite Berühmtheit nicht zuletzt aufgrund der Angewohnheit, „playing dumb" als Strategie zur Einvernahme von Verdächtigen zu kultivieren.

„Playing dumb" erleichterte es, die anfangs überwältigende Komplexität des Feldes zu bearbeiten. Zu Beginn der Arbeit erschienen mir Technologie und Terminologie des Finanzhandels überaus fremd und geradezu ‚esoterisch'. Indem ich mich unwissend stellte, konnte ich vieles und nach – zumindest aus Sicht der HändlerInnen – nebensächlichen Details fragen, etwa danach, was es mit den in Kapitel 4 erläuterten Aufmerksamkeitsrufen auf sich hat: Obwohl ich bereits relativ früh Auf-

2 In der deutschsprachigen ethnografischen Soziologie wurde diese Strategie erst sehr viel später und ohne Bezugnahme auf Howard Becker unter dem Titel „Dummheit als Methode" (Hitzler 1991) diskutiert.

merksamkeitsrufe als eine ritualisierte Form der Beobachtung eines hochvolatilen Marktgeschehens erwog, hielt ich mich mit diesem Gedanken gegenüber den HändlerInnen zurück. Stattdessen sagte ich Sätze wie: „Ich verstehe nicht, weshalb ihr ständig ‚Dax!' brüllt. Ihr habt die Kursänderung ja ohnehin am Bildschirm. Gibt es eine Vorschrift, das zu tun?". Solches Nachhaken regte manche HändlerInnen dazu an, über eine Verhaltensweise nachzudenken, die sich im Rahmen dieser Untersuchung als eine überaus relevante Teilnahmekompetenz des Derivatehandels entpuppte.

Es gab auch noch einen dritten epistemischen Vorteil der offenen Feldforschung. Die Teilnehmenden unternahmen es, mich als Sozialwissenschaftler, sprich: als feldfremde Person, schrittweise zu integrieren. Nach einer Weile unterzogen sie mich zu diesem Zweck informellen Prüfungen, sodass ich zeigen konnte, nicht in der Rolle eines naiven, etwas dummen Besuchers steckengeblieben zu sein. Anders formuliert: Während „playing dumb" eine Strategie war, die besonders während der ersten Feldforschungsphase einzusetzen nützlich war, musste ich später gegenüber den Teilnehmenden Zeugnis davon abzulegen, dass ich über das Stadium des absoluten Anfängers, das ihnen als Vergleichsfolie galt, hinausgekommen war. Die folgenden Feldnotizen geben Auskunft über einen dieser (außergewöhnlichen) Tests und darüber, wie ich mich dabei anstellte:

> Heute saß ich bei H., dem Chefhändler der gesamten Derivateabteilung. H. gilt unter allen als sehr erfahren. Sein sozialer Status zeigt sich an seinem Stuhl: Dieser ist nicht nur doppelt so groß wie die Stühle seiner Untergebenen, sondern sieht auch doppelt so komfortabel aus, mit großer, breiter Rückenlehne und ausladenden Armstützen. H. erklärte mir detailreich die Funktionen seiner fünf verschiedenen Monitore, er sprach von „Preisen", „Kursen", „Hebeln", „Omegas" und einigen anderen Dingen, auf die ich mir nur zum Teil einen Reim machen konnte. Dazu kam, dass H. außerordentlich schnell sprach, sodass ich kaum folgen konnte, während er von einem Monitor zum nächsten sprang. Nach etwa 15 Minuten unterbrach er plötzlich seinen Vortrag und fragte mich unvermittelt: „Wer hat gerade das Ski-Rennen gewonnen?" Während H.s Vortrag hatte ich das Fernsehgerät nur am Rande bemerkt, das auch an seinem Desk stand und die Übertragung eines Damen-Slaloms zeigte. Ich musste raten und erzielte einen Glückstreffer, indem ich sagte: „Marlies Schild [österreichische Skirennläuferin]?". „Nicht übel", meinte H., „nicht übel".

Das Bestehen dieser mehr auf eine Praktik des aufmerksamen Beobachtens denn auf Sachwissen abzielenden Prüfung hatte Folgen: Von nun an nahm H. meine Forschungsinteressen ernster und erkundigte sich zuweilen darüber. Er unterbreitete mir im Gegenzug manche neue Aspekte des Derivatehandels, von denen er annahm, sie könnten mich interessieren. Im Großen und Ganzen führte die Absolvierung der internen Tests dazu, dass meine Präsenz im Handelsraum zunehmend (als normal) akzeptiert wurde. In Momenten, in denen das Marktgeschehen ihre gesamte Aufmerksamkeit beanspruchte, schienen die HändlerInnen mich sogar ganz vergessen zu haben. Sie wechselten dann für zwei bis drei Stunden kaum ein Wort mit mir, während sie auf die visualisierten Preisänderungen unaufhörlich mit Schreien und Rufen reagierten.

Solange die Turbulenzen andauerten, schien es tatsächlich keinen Unterschied zu machen, ob der Ethnograf im Handelsraum anwesend war oder nicht. Wandelt man Goffmans Bemerkung, die diesem Abschnitt als Motto dient, geringfügig ab, kann man sagen: In solchen Zeiten war es mir möglich, den Teilnehmenden nahe zu sein, während sie selbst darauf reagierten, was der Markt ihnen abforderte.

2.1.3 Detailliertes zum Datenmaterial

Die Umstände meiner Feldforschung ermöglichten bestimmte ethnografische Perspektiven und verunmöglichten andere. Da mein Interesse dem Finanzhandel galt, verbrachte ich keine Zeit in den verschiedenen anderen Unternehmensabteilungen von Trade X. Beispielsweise heftete ich mich nicht an die Fersen der Mitglieder des Technischen Supports, die ab und an im Handelsraum auftauchten, um fehlerhafte Software zu reparieren. Auch andere Bereiche, wie etwa die Risikokontrolle oder die Marketing- und Public-Relations-Abteilung, sparte ich aus. Zwar begegnete ich den dort Angestellten und konnte deren Aktivitäten verfolgen, wann immer sie den Handelsraum aufsuchten. Allerdings beobachtete ich sie nicht systematisch, da ich mich auf den Finanzhandel konzentrieren wollte und es zudem kein Format der Teilnahme (etwa ein Praktikum) in jenen Sparten gab.[3] Meine Feldforschung fand vorwiegend im *Trading Room* statt und rückte die Arbeitspraktiken des Finanzhandels in den Mittelpunkt. Damit einhergehend verbrachte ich den Arbeitstag annähernd so, wie die professionistischen Teilnehmenden: am Desk sitzen, auf die Bildschirme starren, die angezeigten Ereignisse wahrnehmen und evaluieren.

Diese Ausrichtung der Feldforschung ermöglichte die Produktion verschiedenster Datenformate. Grob lassen sich drei Kategorien unterscheiden: Erstens führte ich ethnografische, d. h. informelle Interviews direkt an den Arbeitsdesks der HändlerInnen. Zweitens nahm ich ethnografische Beobachtungen vor, die sich auf verbale und nonverbale Aspekte der Handelsraumaktivität sowie auf die materielle Ausstattung und Innenarchitektur des Handelsraums bezogen. Ergänzt wurden diese Erhebungen durch Audioaufnahmen. Drittens gab es an einem thematischen Leitfaden orientiert Interviews mit HändlerInnen, die jeweils 40 bis 90 Minuten dauerten und die ich im Gegensatz zu den ethnografischen Interviews zuvor explizit geplant und vereinbart hatte.

Die ethnografischen Interviews stützten sich auf die Position: „Ethnografy without questions would be impossible" (Agar 1980: 45). Obwohl ich nicht der Ansicht bin, dass dies notwendigerweise auf alle Felder ethnografischer Forschung zutrifft, kann ich bestätigen, dass sie besonders für meine Studie im Finanzhandel Gültigkeit hat. Wie bereits erwähnt, ist die Welt der Finanzmärkte für einen Feldfremden auf

---

3 Dieser Umstand ist erwähnenswert, da ein *Cross-Organizational Hopping* vermutlich andere Einsichten befördert hätte.

verwirrende Weise komplex. Mit HändlerInnen über Marktereignisse zu sprechen, die sowohl sie selbst als auch ich erlebten, war enorm hilfreich. Nicht nur, dass ich so unmittelbar prüfen konnte, wie die Experten bestimmte Marktsituationen verstanden, der Austausch gab mir auch Themen in die Hand, die sich in den ethnografischen Interviews mit den Teilnehmenden vertiefen ließen.

Ein weiteres Mittel, die Komplexität, mit der mich der Handelsraum konfrontierte, zu reduzieren, war die Audioaufzeichnung. Mit ihrer Hilfe konnte ich das Teilnehmervokabular im Nachhinein recherchieren und mit der Praktikerliteratur des Finanzhandels abgleichen. Ein unbeabsichtigtes Nebenprodukt der aufgezeichneten Interviews mit HändlerInnen bestand in der Erfassung der akustischen Handelsraumkulisse, also der expressiven Äußerungen, Rufe und Lautreaktionen aller anwesenden HändlerInnen. Die Aufnahmen ergänzen und erweitern die Feldnotizen auf ganz grundlegende Weise, denn sie fügen den Beschreibungen der nonverbalen, körperlichen und kontextuellen Aspekte den genauen Wortlaut, die Sequenzialität und die Lautcharakteristika hinzu. Zur Transkription der aufgezeichneten verbalen und lautmalerischen Äußerungen verwendete ich, wie erläutert, eine vereinfachte Form der von Atkinson und Heritage (2003: ix ff) vorgeschlagenen Transkribierkonventionen.

Formale Interviews dienten der Vertiefung meines Verständnisses des Finanzhandels, wobei die Interviewten aus allen drei Handelsabteilungen stammten (Derivate, Aktien und Anleihen). Ich nutzte die Möglichkeit von *Revisits*, um gezielt Gesprächspartner zu gewinnen und Themen, die im Zuge vorhergehender Beobachtungen und Gespräche mein analytisches Interesse geweckt hatten, weiterzuentwickeln. Beispielsweise fasste ich, nachdem ich beinahe mit allen HändlerInnen der Derivateabteilung gesprochen und dabei Kontraste zwischen den einzelnen Subgruppen bemerkt hatte, den Entschluss, formale Interviews mit AnleihenhändlerInnen durchzuführen, um gezielt einem weiteren Kontrast eine Ebene darüber nachzugehen: dem zwischen Derivatehandel und Anleihenhandel.

2.2 am Schreibtisch (...)

> *In the fall of 1955, I moved to Kansas City to begin fieldwork at the University of Kansas Medical School (...). We were going to study medical students and medical education but, to be truthful, I had very little idea of what I was going to do.*
> (Becker 1993: 28)

2.2.1 Zwischen Daten und Theorien hin- und herspringen

Bislang haben Sie erfahren, dass die vorliegende Studie das Thema „Marktbeobachtung im Finanzhandel" behandelt und dabei bestimmte analytische Desiderate und Konzepte im Vordergrund stehen, etwa die Rolle des Körpers und die des Leibes. Wie gelangte ich von den verschiedensten Daten der Feldforschung zu den Konzepten, die den Kern der einzelnen Kapitel bilden? Selbstverständlich musste ich Entscheidungen treffen, da ich einige Themen im Laufe des Forschungsprozesses gezielt vertiefte, andere nicht weiterverfolgte. So hatte neben anderen die ohne Zweifel bedeutende Fragestellung Undoing/Doing Gender im Handelsraum das Nachsehen. Meine Feldnotizen beinhalten einige Passagen, die festhalten, wie weibliche Teilnehmende ihr Vokabular sowie ihre Kleidung an die männlichen Normen und Standards des Handelsraums anpassen. Die Themen, die zu vertiefen ich mich entschied, waren indes andere, etwa der Körper als Marktbeobachtungsinstrument (siehe Kapitel 4) oder Aufmerksamkeitsrufe als Teilnehmermethode der Preisbeobachtung (siehe Kapitel 5).

Wie kamen meine Entscheidungen zustande? An dieser Stelle möchte ich an Howard Beckers treffende Beschreibung der typischen Erfahrung erinnern, zu Beginn der ethnografischen Feldforschung nicht genau zu wissen, wovon das Projekt handelt. Die analytischen Themen der Studie konnten also nicht im Vornherein festgelegt werden. Daraus folgt allerdings nicht, dass ich das Feld gänzlich ohne analytische und theoretische Interessen betreten hatte. Sich vom selbst erhobenen empirischen Datenmaterial anstatt von Theorien leiten zu lassen wird bekanntlich von der Grounded-Theory-Methodologie empfohlen. Gleichwohl es durchaus nützlich sein kann, der Entdeckung und Entwicklung von Konzepten aus den eigenen Daten Priorität gegenüber dem Testen oder Überprüfen bestehender Gedankengebäude zu geben, idealisiert dieser Vorschlag ethnografisches Forschen. In der meiner Studie zugrunde liegenden Feldarbeit und in anderen Ethnografien (z. B. Yanow 1996) bildeten sich die analytischen Themen jedenfalls nicht nur anhand von Daten. Wäre dies der Fall gewesen, hätte es kein Kriterium zur Auswahl meiner Schwerpunkte geben können. Mit anderen Worten: Wenn nur die Daten bestimmt hätten, was am Finanzhandel soziologisch interessant ist, hätte ich auch das Thema Undoing/Doing Gender im Handelsraum integrieren müssen.

Ich habe diesen Punkt jedoch nicht (weiter-)verfolgt, da ich eben doch mit bestimmten theoretischen Interessen an meine Feldnotizen, Interviews und Transkripte des akustischen Handelsraumgeschehens heranging. Zum einen behandelte das Forschungsprojekt, in dem ich während der Feldforschung angestellt war, explizit den Zusammenhang von Finanztechnologien und der Performanz des Finanzhandels.[4] Deshalb legte ich besonders zu Beginn der Arbeit das Augenmerk auf die Monitore und die Teletechnologie der Finanzbranche. Zum anderen näherte ich mich im Verlauf der Studie Theorien der Praxis als methodologischer Forschungshaltung an (vgl. Kapitel 1.1). Diese unterscheiden sich von anderen sozialwissenschaftlichen Ansätzen u. a. darin, dass sie den praktischen Vollzug von Handlungen, die dabei entscheidenden Kompetenzen sowie die beteiligten menschlichen und nichtmenschlichen „Partizipanden“ (Hirschauer 2004) in den Vordergrund der Forschung rücken.

---

4 Siehe dazu die Danksagung dieses Buchs.

Alles in allem wurden also die analytischen Themen und Kategorien dieser Studie in einem fortwährenden Prozess des Hin- und Herspringens zwischen den Daten und Theorien entwickelt. Keine der beiden Pole hatte das ausschließliche und alleinige Sagen. Entscheidend war ihr Zusammenspiel, dessen treibender Motor (mein) beständiges Generieren von Fragen und Versuchen ihrer Beantwortung waren. Die Analyse war damit „at once inductive and deductive, like someone who is simultaneously creating and solving a puzzle, or like a carpenter alternately changing the shape of a door and then the shape of the door frame to obtain a better fit" (Emerson et al. 1995: 144).

2.2.2 Ethnografische Rätsel

Das Wechseln zwischen den Daten und der Forschungsliteratur war ein wichtiger, aber kein hinreichender Baustein der diese Studie fundierenden Analyse. Hinzu kam eine zweite Form des Hin- und Herspringens, deren Basis das darstellt, was Yanow (1996: 45) „living in two worlds" nennt. Ethnografen bewohnen simultan zwei Welten, nämlich ihre eigene soziale Welt und die der Organisation bzw. Gemeinschaft, die sie untersuchen. Aus dem Kontrast zwischen dem, was Ethnografen im Feld zu beobachten, zu hören und zu erleben erwarten, und dem, was sie dort tatsächlich (an Normen und Standards) erfahren, entstehen fruchtbare ethnografische Rätsel. Voraussetzung ist, dass man sich der eigenen Vorannahmen, ja Vorurteile, bewusst wird und diese als Kontrastfolie expliziert.

Ich betrieb zwei Formen des Umgangs mit ethnografischen Rätseln: Die erste bestand in der Verarbeitung von Überraschungen, die sich aus dem Kontrast von mitgebrachten Vorannahmen und getätigten Beobachtungen ergaben. So wurzelt das Kapitel über Aufmerksamkeitsrufe in meiner Verwunderung angesichts expressiver Lautreaktionen der Teilnehmenden auf fluktuierende Preise. Im Vorfeld ging ich davon aus, dass Handelsräume hoch technologisierte Welten sind, in denen Teilnehmende konzentriert, still und individualisiert an ihren Monitoren arbeiten. Entgegen dieser Erwartung produzierten die HändlerInnen, zumindest diejenigen im Derivatehandel, laute lexikalische oder nichtlexikalische Schreie und Rufe, wann immer die Preise sich änderten. Mit der Fortdauer der Feldforschung begann ich zu begreifen, dass es sich nicht um eine idiosynkratische Ausdrucksweise jenes Kreises von Teilnehmenden handelte, sondern um eine aufmerksamkeitsfördernde Darstellung und Beobachtbarmachung von Marktbewegungen, um ein Repertoire an Praktiken, das den HändlerInnen half, mit dem volatilen Rhythmus des Marktes Schritt zu halten.

Ebenso wurde mein analytisches Konzept vom Markt als Kreatur nicht aus sozialtheoretischen Ideen über nichtmenschliche Handlungsträgerschaft geboren, die ich mithilfe von Feldforschung überprüfen wollte. Der Ausgangspunkt war vielmehr ein ethnografisches Rätsel: Weshalb verwendet der Derivatehandel ein Vokabular, das den Markt mit quasimenschlichen und quasianimalischen Kategorien beschreibt? Verdankt es sich nur einer gruppenspezifischen Kommunikationsweise oder verweist es auch darauf, wie dieser Markt zu beobachten ist? Um diese im Feld aufgeworfene Frage zu beantworten, konsultierte ich im zweiten Schritt Forschungsliteratur, die andere Fälle von symbolischer Übertragung einer Handlungsträgerschaft auf Gegenstände und Objekte behandelt, insbesondere in Expertenbereichen. Die Lektüre ließ mich in Betracht ziehen, dass diese feldspezifische Metaphorik Implikationen für die soziale Organisation der Beobachtung und Beobachtbarmachung eines hochvolatilen, unvorhersehbaren Marktgeschehens aufweist. Nicht nur bietet sie eine symbolische Alternativheuristik für das Verständnis dessen, was der Markt ist, sondern sie legt auch spezialisierte Praktiken der Aufmerksamkeit nahe.

Eine dieser Praktiken sorgte für eine weitere Überraschung: Die Körper der Teilnehmenden fungierten als Marktbeobachtungsinstrument. Im Gegensatz zu meinen ursprünglichen Erwartungen und ersten Eindrücken erwies sich die Technologie nicht als das einzige oder das entscheidende Element der Beobachtung und Verarbeitung von Marktinformationen. Schnell verdeutlichten meine Beobachtungen, dass HändlerInnen ihre Arbeitsplätze oft für mehrere Stunden nicht verlassen können, da die Einnahme von Positionen im Markt ungebrochene Marktbeobachtung erfordert. Besonders der Fall eines Praktikanten im Derivatehandel, der seinen Harndrang nicht annähernd so lange unterdrücken konnte wie die erfahrenen Teilnehmenden, zog meine Aufmerksamkeit auf sich. Die anderen machten sich über seine Schwäche lustig, und diese Form der Sanktionierung deutete darauf hin, dass der Neuling eine selbstverständliche Norm des Derivatehandels verletzte. An diese Feststellung knüpften sich wiederum weitere Beobachtungen über die Schnelligkeit, mit der Transaktionsentscheidungen erfolgen müssen, und darüber, dass die HändlerInnen intensives Nachdenken als kontraproduktiv für diese Anforderung beschrieben. Das Hin- und Herspringen zwischen meinen Beobachtungen, meinen ins Feld mitgebrachten Vorannahmen und der Forschungsliteratur über den Körper als Handlungs- bzw. Erkenntnisträger führten sukzessive zur Erwägung, dass der Derivatehandel von der Disziplinierung des Händlerkörpers als eines Marktbeobachtungsinstruments abhängt.

Die analytische Bearbeitung ethnografischer Überraschungen wurde durch eine zweite Strategie erweitert, die mindestens genauso wichtig war: Die „Befremdung" (Amann/Hirschauer 1997) von zunächst als ‚normal' oder ‚unauffällig' eingestuften Beobachtungen und damit deren Transformierung in Gegenstände der soziologischen Analyse. Ein gutes Beispiel bietet das Konzept, das Kapitel 4.4 unter dem Titel „Erweiterte Körper" verhandelt. Eine Händleräußerung, die Finanzbildschirme als „unser Auge zum Markt" beschrieb, erschien mir zu dem Zeitpunkt, an dem sie das erste Mal fiel, nicht besonders auffällig. Als jedoch weitere Beobachtungen die Frage der Erweiterung menschlicher Körper durch Technologie nahelegten, wurde diese zunächst unspektakuläre Händleräußerung zum relevanten und soziologisch spannenden Datum. Sie verhalf mir zu neuen und gezielten Beobachtungen und damit zur Grundlage für die Anreicherung und Verdichtung des Themas.

2.3 und wieder zurück

> *The distinction between data 'collection' activities (observation, interviews, participation) and data 'analysis' (making sense of what has been 'collected') may have some temporal reality (I am 'in the field' before I am at my desk) but is conceptually artificial.*
> (Yanow 1996: 35)

Der Forschungsprozess für diese Arbeit verlief nicht linear, sondern zyklisch. Das gezielte Hin- und Herspringen zwischen Daten (Beobachtungen, Interviews, Aufnahmen) und der analytischen Auswertung stimulierte die Untersuchung sowohl im Handelsraum als auch am Schreibtisch. Darüber hinaus hatte das, was da wie dort passierte, jeweils Konsequenzen für die nächsten Schritte der Untersuchung. Datenproduktion und Datenanalyse waren innerhalb dieses nichtlinearen Vorgehens untrennbar miteinander verwoben. Dies ermöglichte zwei Strategien, von denen ich erheblichen Gebrauch machte: *Revisits* im Feld und die Differenzierung zwischen zwei Phasen des Codierens von Datenmaterial.

2.3.1 Revisits als ethnografischer Opportunismus

Die Feldforschung bestand nicht in einer geschlossenen, sondern aus mehreren Perioden, und zwar drei jeweils mehrwöchigen Aufenthalten sowie Besuchen auf täglicher Basis, die vor allem der Durchführung formaler Interviews mit HändlerInnen dienten. Die zeitliche Fragmentierung der Feldforschung ist zunächst der von Trade X nur schrittweise gewährten Ausdehnung des Praktikums geschuldet. Außerdem entdeckte ich mit der Zeit, dass die wiederholte Unterbrechung auch Vorteile bot: Sie verlieh meiner Arbeit einen produktiven Takt zwischen Nähe und Distanz zum Feld, nicht nur in zeitlicher, sondern auch in analytischer Hinsicht.

Allerdings muss noch einmal betont werden, dass diese Einsicht bzw. Wertschätzung erst nach und nach kam. Die Ablehnung meiner Bewerbung um ein sechsmonatiges Praktikum im Handel von Trade X, das mit der Feldforschung kombiniert werden sollte, rief zunächst Enttäuschung hervor. Mir war damals noch nicht klar, dass sich die Praxis ethnografischen Forschens nicht formalen Regeln wie „der Feldaufenthalt muss mindestens aus einem durchgehenden Jahr bestehen" gehorcht. Kurzum: In meinen Erwartungen orientierte ich mich eher an den Standards anderer Disziplinen, die sich ebenfalls der ethnografischen Methode bedienen.[5] Die zeitliche Gestaltung von Feldarbeit, insbesondere in der Soziologie, scheint einem Kriterium zu folgen, das die Wissenschafts- und Technikforschung als opportunistische Selektion (Knorr Cetina 1981; siehe auch Latour/Woolgar 1986) beschreibt. Demnach sind wissenschaftliche Entscheidungen (Selektionen) in erster Linie an Gelegenheiten gebunden und nicht an formale Regeln der wissenschaftlichen Methode. Solche Gelegenheiten schließen zum Beispiel die zur Verfügung stehende Finanzierung, Instrumente, Informationen oder Karrieremöglichkeiten ein. Man betrachte dazu die folgende von Knorr Cetina (1981: 35) geschilderte Episode aus dem Alltag mikrobiologischer Laborforschung:

> [A microbiologist] working on protein had come across a paper which mentioned the use of ferric chloride as an effective method of precipitating proteins from waste water at low temperature. In the context of an energy shortage, the use of ferric chloride struck the scientist as an excellent alternative to heat coagulation, which [...] consumed a disproportionate amount of energy.

Die Selektion durch den Forscher, hier die Verwendung der Information, dass sich Chloride zur Gewinnung von Proteinen eignen, wird nicht von formalen Regeln und Normen der Wissenschaft geleitet, etwa dem Ideal der Falsifikation. Die Information über Eisenchloride schafft eine unerwartete Gelegenheit, genau das Protein zu erhalten, das der Wissenschaftler für sein Experiment benötigt, das sich aber aufgrund einer Energieknappheit im Labor nicht mit dem dafür vorgesehenen Verfahren herstellen lässt. Es findet eine Selektion gemäß der opportunistischen Wahrnehmung einer Gelegenheit statt, die die wissenschaftliche Arbeit des Forschers weiterbringt und gleichzeitig in eine neue Richtung lenkt.

Diese Erkenntnis der frühen Laborstudien in der Wissenschaftsforschung ist zutiefst praxistheoretisch. Sie besagt eben nicht „nothing extraordinary and nothing ‚scientific' was happening inside the sacred halls of these temples" (Latour 1983: 141). Vielmehr zeigt sie den Kontrast zwischen der Praxis naturwissenschaftlicher Laborarbeit und deren formalisierter, idealisierter (Selbst-)Darstellung. Daraus muss man nicht folgern, dass die Aktivität in Laboratorien und anderen Arbeitsbereichen der Forschung gar nicht so wissenschaftlich ist, wie sie zu sein vorgibt. Im Gegenteil: Gerade der implizite und kontextgebundene Charakter der Wissenschaftspraxis bildet einen grundlegenden Mechanismus wissenschaftlicher Innovation und Kreativität. Ohne opportunistische Selektion wären die Forschenden nicht in der Lage, jenes Wissen zu produzieren und jene technologische Entwicklung voranzutreiben, die die Wissensgesellschaft ausmachen.

5 In der Kulturanthropologie herrschen bezüglich der zeitlichen Strukturierung ethnografischer Feldforschung vergleichsweise rigide Konventionen. Von NachwuchswissenschaftlerInnen (besonders von DoktorandInnen) wird erwartet, dass sie mindestens ein Jahr ununterbrochen im Feld verbringen, wie mir der Anthropologe Götz Hoeppe in einem persönlichen Gespräch (Oktober 2009) erklärte.

Mein Vorschlag ist die Methodologie ethnografischen Forschens mithilfe dieser Einsicht der Wissenschaftsforschung zu reflektieren. Demzufolge betrachte ich (meine) Ethnografie als charakterisiert durch das, was man ethnografischen Opportunismus nennen kann. Meine Prägung dieses Begriffs hat Ähnlichkeiten mit Hirschauers und Amanns Überlegungen, geht aber über diese hinaus. In ihrem Versuch, die Ethnografie als Methodologie in der Soziologie zu positionieren, sprechen Hirschauer und Amann (1997: 38) von ihr auch als einer opportunistischen Forschungsstrategie. Damit meinen sie vor allem die Weisen, in denen sozialwissenschaftliche Ethnografien ihr empirisches Datenmaterial in Verbindung mit Theorien bringen. Ethnografischer Opportunismus in dem Sinn, in dem ich den Begriff verwende, umfasst aber mehr als das zyklische (nichtlineare) Verweben von Daten und Konzepten.

Ethnografischer Opportunismus zeichnet sich besonders durch einen Aspekt aus: die ausgehandelte und daher nicht planbare Beziehung zwischen Untersuchenden und Teilnehmenden. Worüber Feldforscher ethnografische Daten produzieren können, ist zu einem sehr hohen Grad davon abhängig, welche Formen die Beziehung zu den Feldangehörigen annimmt, was beispielsweise in der sozial- und kulturwissenschaftlichen Archivforschung keine Rolle spielt. Daher reflektierte ich zu Beginn dieses Kapitels, in welcher Weise meine Präsenz im Handelsraum mitbestimmte, oder besser: mitselektierte, was mir beobachtbar gemacht wurde.

Eine andere wichtige opportunistische Selektion ergab sich in Hinblick auf die zeitliche Strukturierung der Feldforschung: Ich erhielt die Gelegenheit zu einem Rhythmus von *Visits* und *Revisits*. Meine anfängliche Frustration über die Verweigerung eines ausgedehnten, durchgehenden Feldaufenthalts verwandelte sich in die Erkenntnis, dass *Revisits* in der Tat eine sehr effektive Alternative waren. Die Arbeitsperioden am Schreibtisch im Wechsel mit denen im Handelsraum erlaubten immer wieder, Abstand vom Geschehen im Feld zu nehmen, und begünstigten so die Datenanalyse. Hätte ich ein geschlossenes sechsmonatiges Praktikum gemacht, wäre meine Tätigkeit nicht nur die Produktion und Analyse von ethnografischen Daten, sondern auch die intensive, zeitaufwendige Mitarbeit im Handel von Trade X gewesen – eine Konstellation, die wahrscheinlich dazu geführt hätte, dass ich keine der Aufgaben hinreichend gut erledigen hätte können.

In welcher Weise haben die *Revisits* die Datenanalyse beeinflusst? Sie ermöglichten eine grundlegende Distanzierung, und zwar in geografischer, zeitlicher und analytischer Hinsicht, und halfen damit, die Komplexitäten des Finanzhandels besser zu bewältigen. Letztere zeigten sich ja nicht nur auf den Bildschirmen der HändlerInnen, die mit Marktinformation überladen waren, sondern auch in der Spezialsprache des Finanzhandels, durchzogen von Fachjargon und Expertenvokabular. Der geografische und zeitliche Abstand zwischen meinen Feldaufenthalten verschaffte mir Raum, meine Feldnotizen sorgfältig zu überarbeiten, die Audioaufnahmen der Interviews und des Handelsraumgeschehens zu transkribieren und mich auf diese Weise mit den Teilnehmerausdrücken vertraut zu machen. Tauchten Termini wie „Volatilität“ oder „Leverage“ in meinem Datenmaterial auf, ermöglichte mir die Arbeit am Schreibtisch in finanzökonomischer Fach- und Praktikerliteratur nachzuschlagen. Auf diese Weise konnte ich außerdem vergleichen, wie einerseits die einschlägige Literatur die gesuchten Bezeichnungen darstellte und wie andererseits die Teilnehmenden im Feld diese verwendeten. Ebendies war, wie ich vermute, mitverantwortlich für meine spätere Entdeckung, dass die natürliche Sprache des Handelsraums bei Weitem nicht nur aus finanztechnischem Vokabular besteht. Ich bemerkte so, dass im Derivatehandel Klassifikationen des Marktes zirkulieren, die sich nicht aus der Finanzökonomie speisen (vgl. Kapitel 3). Darüberhinaus wurde die Komplexität des Feldes in der Entdeckung von Differenzen zwischen verschiedenen Finanzhandelsbereichen sowie innerhalb des Derivatehandels deutlich. Diese Differenzen stehen nicht im Mittelpunkt der Untersuchung, dennoch werden sie ernst genommen. Sie werden im Laufe der Untersuchung immer wieder aufgegriffen und münden in Kapitel 7.4 in einem begrifflichen Vorschlag zur Erfassung der Komplexitäten, Variationen und Brüche innerhalb von Finanzmärkten.

Die Distanzierung vom Feld durch *Visits* und *Revisits* erlaubte mir des Weiteren, über meine Forschung nachzudenken, während ich sie ausführte (Becker 1998), und damit die künstliche Trennung zwischen der anfänglichen Datenerhebung und der anschließenden Datenanalyse aufzuheben. Analytische Themen, die sich aus ersten Beobachtungen und Feldnotizen ergaben, konnten so durch die strategische Produktion von zusätzlichen Daten vertieft werden. Diese Strategie, bei der sich die spätere Feldarbeit nach den analytischen Einsichten aus der Interpretation erster Daten richtet, wird in der Literatur zu qualitativer Forschung oft als „theoretical sampling" (Strauss 1994: 70 f) vorgestellt. Im Gegensatz zu anderen Implikationen der Grounded-Theory-Methodologie, beispielsweise der Annahme, ethnografische Daten könnten als unabhängig von den theoretischen Interessen und Leidenschaften der Forschenden betrachtet werden (für eine Kritik dieser Vorstellung siehe Emerson et al. 1995: 144), erwies sich *Theoretical Sampling* als überaus nützlich für die vorliegende Untersuchung. Meine Adaption dieses Verfahrens lässt sich anhand des Phänomens, das Kapitel 5 als Aufmerksamkeitsrufe beschreibt, gut illustrieren. Während der ersten Aufenthaltsperiode im Handelsraum beobachtete und zeichnete ich mehrere Episoden auf, in denen DerivatehändlerInnen Preisänderungen auf ihren Reuters-Monitoren mit einem ganz bestimmten expressiven Lautvokabular kundtaten. Als ich meine Feldnotizen überarbeitete und die Audioaufnahmen dieses Rufgeschehens anhörte, begann ich ernsthaft zu erwägen, ob es sich um einen systematischen Lösungsversuch angesichts einer mir noch unbekannten Schwierigkeit der Praxis der Teilnehmenden handelte. Bei meinem nächsten Aufenthalt versuchte ich, meine offene Frage zu klären: Ich beobachtete gezielt und verstärkt solche Szenen, in denen Aufmerksamkeitsrufe auftraten und machte die Äußerungen zum Thema meiner ethnografischen Interviews mit HändlerInnen. Kurzum: Ich ging in einer Weise vor, die eine Logik strikt getrennter Phasen von Datenerhebung und Datenanalyse ausschließt.

2.3.2 Zwei Phasen des Codierens

Ethnografische Rätsel können der Datenanalyse Impulse verleihen und für die Generierung weiterer Daten richtungweisend sein. In der Frage des Vollzugs muss aber noch eine weitere Technik erwähnt werden, die von der Verwobenheit des Forschens im Handelsraum mit dem Forschen am Schreibtisch profitiert: Meine praktisch umgesetzte Differenzierung zwischen zwei Phasen des Codierens der Feldnotizen und der Aufnahmen, nämlich einer des offenen und einer des fokussierten Codierens (Emerson et al. 1995: 150 ff).

Das offene Codieren kam schwerpunktmäßig in den ersten Phasen des Forschungsprojekts zum Einsatz, um auf Basis der erfassten Daten analytische Themen zu generieren. Dabei waren die Fragestellungen und Konzepte, die sich im Zuge dessen herausbildeten, nicht notwendigerweise identisch mit bzw. ausschließlich geprägt von meinen ins Feld mitgebrachten theoretischen Interessen. Das Ziel des offenen Codierens ist gerade nicht: „to use preestablished categories to read fieldnotes [oder Transkripte]; rather he [der Ethnograf] should read with an eye towards identifying events described in the notes [oder den Transkripten] that could themselves become the basis of categorization" (Emerson et al. 1995: 152).

Das Ziel des offenen Codierens besteht darin, möglichst viele Codes und Kategorien aus der eigenen Feldarbeit zu entwickeln. Eine vielfältige Liste an analytischen Themen ist das Resultat, wobei die Frage ihrer endgültigen Auswahl und Vertiefung auf einen späteren Zeitpunkt verschoben wird.

Meine Identifikation von analytischen Themen geschah öfter implizit als explizit durch Befragung meines Datenmaterials. Ich ging gemäß einer vereinfachten Version des Vorschlags von Emerson et al. (1995: 146) vor. Die empfohlenen Fragen sind die vier Ws: Wer? Was? Wie? Wann? Wer sind die Teilnehmer in dieser Szene? Was tun diese Teilnehmer, was versuchen sie zu bewerkstelligen, welches Problem bearbeiten sie? Wie vollziehen sie diese Aktivität? Verwenden sie dabei spezifische Strategien oder bestimmte Mittel? Wann tritt diese Aktivität auf, unter welchen Bedingungen und in Relation zu welchen Ereignissen?

Während des offenen Codierens leisteten diese Fragen Orientierungshilfe. Abbildung 4 zeigt einen exemplarischen Ausschnitt aus meinen Feldnotizen. Das Exzerpt kreist um zwei Aspekte: Zu Beginn beschreibt es die Situation des Feldforschers und fragt implizit danach, wie die HändlerInnen die Präsenz des Ethnografen verstehen und mit ihr umgehen. G. wird als „stranger-handler" (Agar 1980: 85) codiert, was, wie erwähnt, darlegt, dass es bei Trade X eine Person gibt, deren Aufgabe es ist, mit BesucherInnen und PraktikantInnen umzugehen („Vorstellen" und „Platzieren" des Neulings im Handelsraum u. a. m.). Dann aber ändert sich der Fokus der Feldnotizen, sie behandeln nun die Arbeitssituation der Teilnehmenden und werfen implizit die Frage auf, wie dem Geschehen auf den Finanzbildschirmen Sinn abgewonnen und diese Aktivität bewerkstelligt wird. Besonders der Code „ruhiger Markt" stellt die Konsequenzen verschiedener Marktzustände für die Arbeit der HändlerInnen heraus.

Der Code „Händleraktivität bei ruhigem Markt“ fasst Tätigkeiten zusammen, die beim Ausbleiben großer Preisfluktuationen erfolgen. In diesem Sinn vergab ich die Codes „Poker-TV gucken“ und „Charts analysieren“.

G., ein „stranger-handler“; stellt Praktikanten vor und platziert sie	Der zweite Tag im Handelsraum. G., der Mitarbeiter aus dem Recruiting, stellt mich am Desk drei Händlern vor. „Stefan wird heute bei euch sein“,
Händler: sind Praktikanten gewohnt	teilt er ihnen mit. Keiner der Händler scheint überrascht zu sein. Ich schüttle jedem kurz die
Marktzustände: „ruhiger Markt“ Händleraktivität bei ruhigem Markt (Poker-TV gucken; Charts analysieren)	Hand. „Der Markt ist ziemlich ruhig heute Morgen“, sagt einer der Händler zu mir. Der andere Händler zu meiner Rechten guckt „Poker's Championship“ auf einem Sportkanal des Fernsehgeräts am Desk. Ein anderer betrachtet Preis-Charts, die den Preisverlauf eines Basischarts für die vergangenen zehn Tage zeigen. B., einer der Händler, beantwortet bereitwillig meine Fragen. Als er mir gerade erklärt, was Basiswerte sind und wie
Händleraktivität bei sich bewegendem Markt Schreien, Rufen, Brüllen „DAX“ Nichtworte (Welche?) Monitore anstarren	Händler sie am Bildschirm beobachten, ertönt aus dem Hintergrund ein markerschütternder Schrei: „DAX!“ Einen Sekundenbruchteil später schreit ein anderer Händler: „Der Dax!“ B. bricht mitten im Satz ab, starrt auf die Monitore und fängt an, einige Nichtworte zu brüllen, die ich nicht identifizieren
Blinkende Preise (rot = fallende Preise)	kann. Sein Reuters-Schirm blinkt rot, er gleicht einem Blitzlichtgewitter.

Abb. 4: Offenes Codieren der Feldnotizen (eigene Darstellung).

Aber die Codierung geht noch weiter. Im zitierten Exzerpt begann ich auch, eine Reihe von konzeptuellen Unterscheidungen zu treffen, die folgenreich für die weitere Analyse waren. Beispielsweise lässt der Code „ruhiger Markt“ danach fragen, welche anderen „Marktzustände“ existieren und welche Händleraktivitäten diese wiederum mit sich bringen. Ich reagierte durch die Vergabe des Codes „Händleraktivität bei sich bewegendem Markt“. Hier ordnete ich die Schreie, Rufe und das Brüllen bestimmter Worte („Dax!“), aber auch bestimmte Prozesse auf den Finanzbildschirmen wie beispielsweise „blinkende Preise“ zu.

Dank dem offenen Codieren konnte ich Codes und erste Ideen aus meinen Daten heraus entwickeln. Als ich auf diese Weise eine Liste analytischer Themen zusammengestellt hatte, tauchte ein Problem auf. Es waren zu viele, um sie alle weiterzuverfolgen. Daher musste ich eine Selektion vornehmen. Wie verfuhr ich dabei? Zum einen ging es mir wie vielen: „Particular sensitivities led to the writing about some topics rather than others“ (Emerson et al. 1995: 159). Da ich mein Forschungsfeld durch eine praxistheoretische Brille mit bestimmten Schwerpunkten (siehe Kapitel 1.1) betrachtete, standen bereits in den Feldnotizen einige Aspekte im Vordergrund. Das bedeutete beispielsweise, dass das Thema „Undoing/Doing Gender im Handelsraum", das ich während einer Phase des offenen Codierens vergeben hatte und das unmittelbar relevant für das untersuchte Setting war, ausselektiert wurde, da es nicht bzw. zu wenig meinen Erkenntnisinteressen entsprach.

Zusätzlich gab es aber noch ein drittes Kriterium für die Auswahl: das Potenzial, die Themen miteinander zu verbinden. Meine finale Liste beinhaltete beispielsweise „Körperarbeit", „Aufmerksamkeitsrufe", „Der Markt als Kreatur", „Erweiterte Körper", „Schmerzensschreie" und „Gespür für den Markt". Erst in einer vergleichsweise späten Phase der Feldforschung suchte ich nach ihrem gemeinsamen Grund und kam zu dem Schluss, dass die meisten meiner Themen mit Marktbeobachtung zu tun hatten. Ich begann außerdem in Betracht zu ziehen, dass die symbolische Dimension der Marktbeobachtung („Der Markt als Kreatur") ganz bestimmte Verhaltensweisen (etwa „Aufmerksamkeitsrufe", „Schmerzensschreie") und materielle Praktiken (z. B. „Körperarbeit") impliziert. Prinzipiell möchte ich unterstreichen, dass dies nicht der Ausgangspunkt der Forschung war, sondern eine vergleichsweise späte Einsicht.

Nach der Zusammenstellung meiner analytischen Kernthemen konnte ich mich an eine zweite Phase, die des fokussierten Codierens, machen. Während das offene Codieren herauszufinden half, was analytisch gesehen interessant an meinen Daten war, half das fokussierte Codieren dabei, Unterschiede, Gemeinsamkeiten und Variationen innerhalb der ausgewählten Sujets zu identifizieren (Emerson et al. 1995: 160 f). Um ein Beispiel zu geben: Nachdem ich festgestellt hatte, dass das „Schreien" bestimmter Worte („Dax!") und Nichtworte immer in Relation zu „sich bewegenden Märkten" auftrat, kopierte ich alle diesbezüglichen Feldnotizen und Transkripte in ein Dokument. Anschließend begann ich, die Daten nochmals durchzulesen und Unterthemen innerhalb der Kategorie „Schreien" auszumachen. Auf diese Weise gelangte ich zur Differenzierung zwischen „Marktübergänge indizieren" (signifikante Preisänderungen durch laute Bezeichnung der entsprechenden Basiswerte anzeigen) und „klanglicher Charakterisierung von Marktübergängen" (Eigenschaften von Preisänderungen in ritualisierte Laute fassen). Außerdem konnte ich zwei verschiedene Kategorien von Marktschreien festlegen: eine sich auf Marktübergänge beziehende, und eine die Gewinne und Verluste der Teilnehmenden reflektierende. Die erste Form wird als Aufmerksamkeitsrufe in Kapitel 5, die zweite als Freudenschreie und als Schmerzensschreie in Kapitel 6 beleuchtet.

3 Der Markt als Kreatur

Um das Marktgeschehen einzuschätzen, greift der professionelle Derivatehandel auf eine Reihe von Deutungsregistern zurück. Eines davon beschreibt den Markt als finanzmathematisches Aggregat, als die Summe aller einzelnen Transaktionen. Dieser Zugang stellt die Präsenz von Zahlen, Kurven, Preisen und Basiswerten heraus, die unter massivem Technologieeinsatz auf den Händlerbildschirmen visualisiert werden. Eine andere Möglichkeit, das Marktgeschehen auszulegen, ist der Versuch, die Verantwortung für diese oder jene Preisfluktuationen ganz bestimmten Marktakteuren zuzuschreiben, wobei letztere identifiziert werden. So vermuten die Trade-X-HändlerInnen immer wieder, dass einzelne Marktakteure verantwortlich für gewisse Transaktionen sind. Ein prominenter unter den Verdächtigen ist „Cumbershot", ein Finanzhandelsunternehmen, das laut den HändlerInnen Markttransaktionen mithilfe eines voll automatisierten, algorithmischen Handelsprogramms tätigt. So nutze „Cumbershot" minimale Preisunterschiede für Arbitragegeschäfte aus, indem er unmittelbar nach Preisverschiebungen in sehr kurzer Zeit eine Vielzahl an Transaktionen mit verhältnismäßig niedriger Size (Stückzahl) durchführe.[1] Allerdings können sich die HändlerInnen aufgrund der Anonymität der bildschirmvermittelten Preisänderungen und Ordererteilungen nie sicher sein, dass ihre Vermutungen zutreffen. Ihre Mutmaßungen beruhen auf für das Verhalten von „Cumbershot" als typisch erachteten Merkmalen, wie der Anzahl und Stückzahl von Ordern sowie den Zeitpunkten der Transaktionen selbst.

Diese Auffassungen sind, wie ich zu meiner Überraschung feststellte, weder die einzigen noch die dominanten, nach denen die Teilnehmenden das Marktgeschehen zu deuten versuchen. Im Handelsraum existiert auch ein außerökonomisches Deutungsregister für das Marktgeschehen, das in der natürlichen Sprache, in den Äußerungen und den verbalen Reaktionen angesichts der Marktereignisse einen prominenten Platz einnimmt. Es unterscheidet sich massiv von den genannten, denn es bestimmt den Markt nicht als finanzmathematisches Aggregat und die Tätigkeit des Spekulierens nicht als Interaktion mit konkreten Gegenspielern wie „Cumbershot". Stattdessen entwirft es den Markt in seiner Gesamtheit als eine Art Kreatur – eine Kreatur, die sich unabhängig von den einzelnen Marktteilnehmern auf spezifische Weise verhält. Demnach sprechen die HändlerInnen etwa von der „Stimmung" oder „Lebendigkeit" des Marktes; sie sprechen von „verrückten", „gefährlichen" oder „toten" Märkten, von Märkten, die „vernünftig" sind oder „nervös", oder von Märkten, „die voll abstinken".

1 Zaloom (2006: 158) berichtet in ihrer Untersuchung des bildschirmvermittelten Derivatehandels über eine ähnliche Deutungsvariante, mit deren Hilfe Händler Marktereignisse als „one-on-one combat" interpretieren.

3.1 Finanzökonomische Ungewissheit

Der Finanzmarkt ist aus Sicht seiner Teilnehmer „a place to win“ (Abolafia 1996: 19). Gewinnen können sie jedoch nur durch die Bearbeitung eines zentralen Handlungsproblems der Finanzspekulation: Sie fällen Kauf- und Verkaufsentscheidungen trotz extremer Ungewissheit über zukünftige Marktentwicklungen. Gemäß der Wirtschaftssoziologie bilden Ungewissheiten stets eine grundlegende Herausforderung wirtschaftlichen Handelns (Beckert 1996; Granovetter 1985; Granovetter/Swedberg 2001). In besonderer Weise gilt dies für volatile Finanzmärkte wie den hier untersuchten Derivatehandel, für Finanzmärkte also, in denen Investmententscheidungen „nichts als eine ‚Wette auf die Zukunft‘ darstellen“ (Kraemer 2010: 180). Es stellt sich die Frage, wie Praktiken des Finanzhandels den Umstand entschärfen, dass kommende Marktentwicklungen nicht absehbar sind.

Genau bei diesem Thema setzt eine Reihe neuerer Forschungsarbeiten in der Finanzsoziologie an. Ungeachtet der wirtschaftswissenschaftlichen Hypothese effizienter Märkte (Fama 1970; Stearns/Mizruchi 2005: 292 ff), der zufolge die Prognose zukünftiger Preisentwicklungen keine Informationsvorteile verschafft, beleuchten diese Untersuchungen die Relevanz, die den verschiedenen Formen der Deutung, Evaluation und Vorausschau in Finanzmärkten zukommt. Grob lassen sich zwei Forschungsstränge unterscheiden.

Der erste Forschungsstrang steht den *Social Studies of Finance* nahe und fokussiert finanzmarktinterne Methoden und Verfahren der Deutung von (zukünftigen) Marktentwicklungen sowie der damit verbundenen Fundierung von Investmententscheidungen. Hierunter fallen Untersuchungen verschiedener in Finanzhandelsprofessionen gebräuchlicher Stile, das Marktgeschehen zu analysieren und zu interpretieren (vgl. bereits Smith 1981, 1999). Diese reichen von der Chart-Analyse (Mayall 2006, Preda 2007b), der Fundamental-Analyse (Schmidt-Beck 2007) über die Deutung von Preisbewegungen mithilfe von „market chatter“ (Zaloom 2006: 156 ff) unter Händlerkollegen bis zu einem Wissenstausch zwischen gegnerischen Händlern, der dem Prinzip des Gabentauschs folgt (Knorr Cetina/Bruegger 2002: 941 ff).

Der zweite Strang finanzsoziologischer Forschung, der den Theorien und Debatten der Wirtschaftssoziologie nahesteht, fokussiert Deutungsmechanismen, die an den Schnittstellen zwischen Finanzmärkten und deren Öffentlichkeiten wirken. Diese Arbeiten heben hervor, dass gerade die öffentliche Diskussion über das Finanzmarktgeschehen Anlegererwartungen formt und verändert (vgl. die Beiträge in Langenohl/Schmidt-Beck 2007; Stäheli 2009). So besetze etwa der Krisendiskurs des Finanzjournalismus „eine Funktionsstelle [...], die der Mechanismus der Preisbildung nicht füllen kann, nämlich die Artikulation von Handlungsoptionen“ (Langenohl 2009: 246). In diesem Sinn beschreibt Abolafia (2005) die Politik von Zentralbanken als „interpretative politics“ und er betont ihren Einfluss auf das Handeln von Finanzspekulanten. Eine wichtige Rolle wird hier auch Finanzanalysten zugesprochen:

Kraemer (2010) spricht von „Börsenpropheten", die die Anleger kraft charismatischer Ideen über zukünftige Marktentwicklungen beeinflussen.

In diesem Kapitel verwebe ich Einsichten des ersten mit solchen des zweiten Forschungsstrangs auf ungewöhnliche Weise, denn ich untersuche eine an sich außerökonomische Artikulationsform des Finanzmarktgeschehens dahingehend, wie sie als finanzmarktinterne Kompensation von Ungewissheit fungiert. Mein empirisches Untersuchungsmaterial besteht in einem spezifischen Vokabular, mit dem der professionelle Derivatehandel in seinem natürlichem Umfeld, dem *Trading Room*, den Markt bezeichnet, beschreibt und charakterisiert. Außerökonomisch ist dieses Marktvokabular deshalb, weil es sich nicht aus der Finanzökonomie speist. Meine These ist, dass die Klassifikation des Marktes als Kreatur eine Ergänzung und Alternative zu den bisher von der Finanzsoziologie beschriebenen Mitteln der Bearbeitung finanzökonomischer Ungewissheit darstellt. Sie umfasst neben einer sprachlich-symbolischen Ebene fallspezifische Praktiken der Beobachtung und Beobachtbarmachung eines hochvolatilen Marktes.

Das Kapitel ist folgendermaßen strukturiert: Zunächst charakterisiere ich die natürliche Sprache des Derivatehandels dahingehend, inwiefern sie den Derivatemarkt als Kreatur definiert, die mit individuellen Merkmalen ausgestattet ist (3.2). In einem Zwischenschritt diskutiere ich Argumente und Ansätze zur Sozialität mit nichtmenschlichen Objekten und Entitäten (3.3). Darauf aufbauend nehme ich eine praxistheoretisch inspirierte Analyseperspektive ein, die es erlaubt, die praktischen Implikationen der Klassifikation des Marktes als Kreatur für die Beobachtung ungewisser Marktentwicklungen in den Blick zu nehmen (3.4): einerseits eine Form des Marktwissens, die ich *Risikobewusstsein* nenne, andererseits ein auf die umfassende Beobachtung des Marktes ausgerichtetes *Aufmerksamkeitsregime*.

3.2 „Nervöser", „verrückter", „gefährlicher" Markt

Das heute verbreitete Verständnis von Märkten ist von zwei grundlegenden Vorstellungen geprägt: Einerseits bezeichnet der Begriff „Markt" einen Ort, der Käufer und Verkäufer zum Handel mit Gütern zusammenbringt. Solche real existierenden Handelsplätze sind etwa Bazare (Geertz 1978) und diverse vorelektronische Börsen (vgl. bereits Weber 1988/1894). Gemäß der zweiten Vorstellung, die (auch) Anteil an den wirtschaftswissenschaftlichen Konzeptionen hat, sind Märkte andererseits ein Mechanismus, der die Zusammenführung des Angebots und der Nachfrage von Waren, Dienstleistungen und Rechten regelt.

Ich habe bereits erwähnt, dass sich der Derivatehandel durchaus beider Sichtweisen bedient, so etwa, wenn er Preisverschiebungen den Handlungen einzelner prominenter Marktteilnehmer zuschreibt oder wenn er den Markt als Aggregat aller Einzeltransaktionen betrachtet. Im Folgenden geht es um ein alternatives Marktvokabular, das im Handelsraum überaus präsent ist. Dieses speist sich nicht aus finanzökonomischen Perspektiven: Es stellt den Markt nicht als Ort der Handlungen Einzelner oder als Aggregat dar, sondern als Kreatur, die unabhängig von den Marktteilnehmern existiert und agiert. Im Folgenden gehe ich näher auf drei Dimensionen dieser Kreatur ein: erstens auf ihr Verhaltenspotenzial, zweitens auf ihre Affekte, drittens auf ihre individuellen und moralischen Eigenschaften.

3.2.1 Verhalten

Zuallererst beschreibt die unter Händlern gängige Redeweise den Markt als dynamisches Gebilde, als etwas, was sich auf vielfältige Arten bewegt. Der Markt „geht rauf" oder „geht runter", er „steigt" oder „fällt". Adressieren ihn Händler direkt, so bezeichnen sie ihn mit dem neutralen Personalpronomen „es". Sind seine Bewegungen besonders intensiv, „fällt es wie Sau", „steigt es abartig", „schlägt es aus" oder „verursacht es Kerzen". Dass der Markt mit den erwähnten Wendungen beschrieben wird, korrespondiert mit der visuellen Dynamik der Echtzeit-Preiskurven auf den Händlerbildschirmen. Gemäß seiner Klassifikation als sich bewegende Entität ist der Markt ein äußerst flüchtiges und schwer zu fassendes Gebilde, das „rutscht", „hinauf-" oder „hinunterzieht", das „sich dreht" und zahllose „Turnarounds" vollführt.

Ein zweites sprachliches Repertoire, das auf das Verhalten abzielt, betrifft die Möglichkeiten des Marktes, zu antworten bzw. zu reagieren, zum Beispiel auf News. Kommt es etwa zur Verlautbarung einer Veränderung von Ölförderquoten, rechnen die Händler mit „Reaktionen" des Marktes. Über ihre Bildschirme können sie einen entsprechenden Börsenkalender abrufen und die Veröffentlichung der News in Form von Schlagzeilen empfangen. Händler wissen, „wenn die Zahlen kommen, wird *es* wahrscheinlich noch einmal drehen". Der europäische Derivatemarkt vermag darüber hinaus anderen Märkten zu „antworten": „Später um 15 Uhr", so ein Händler, „öffnen die amerikanischen Märkte, da wird *es* sich bei uns noch mal bewegen".

3.2.2 Affekte

Zur Adressierung der Verhaltenspotenziale kommen Beschreibungen des Marktes als eines affektiven Wesens hinzu. Affekte geraten ins Bild, wenn der Markt als sich ständig verändernd geschildert wird. Der Markt „steht nie still", „ist jeden Tag anders", und deshalb ist die Arbeit mit ihm auch „nie langweilig". Dieses Vokabular stellt den Derivatemarkt als sich ständig verändernd, äußerst instabil und sprunghaft dar. So vollführt der Markt plötzliche „Marktsprünge", entpuppt sich als „wild" und „unberechenbar", weshalb nicht vorherzusehen ist, wann die „Stimmung" des Marktes umschlägt. Ein Markt, der „letzte Woche brutal" war, kann „heute schon wieder ziemlich ruhig" sein.

Aufgrund dieser Unberechenbarkeit muss der Markt ständig überwacht werden. Ihre Beobachtungsergebnisse bringen Händler mit Worten zum Ausdruck, die auf Affekte und – damit verwandt – auf Körperzustände verweisen. So werden verschiedene Marktstimmungen als „nervös", „euphorisch" oder „verrückt" bezeichnet. Sie können demnach dazu führen, dass Märkte „zusammenbrechen" oder „verrecken", und dabei die Händler als Personen erheblich involvieren. „Ich habe", so ein Händler im Gespräch mit mir, „den Zusammenbruch des DAX schon ein paar Mal mitgemacht."

3.2.3 Individuelle und moralische Eigenschaften

Aus Sicht seiner Klassifikation als Kreatur besitzt der Derivatemarkt nicht nur Handlungsvermögen und Affekte, er trägt auch individuelle Züge. Individualität bedeutet, dass verschiedene Finanzmärkte in spezifischer Weise voneinander abweichen und von den Händlern dementsprechend differenziert betrachtet werden. Ein Derivatehändler erläutert:

> Zertifikate [eine Form von Derivaten] gab es früher keine. Anleihen gab es vielleicht 1500, 2000, wobei 80 % davon mehr oder weniger tot [sic!] waren. Heute haben wir zusätzlich über 300 000 Zertifikate und Optionsscheine. [...] Der Aktienmarkt ist viel langsamer als Zertifikate, du brauchst nur rüberzugucken, da ist tote Hose. Bei uns ist immer was los und die Bewegungen sind sehr krass.

Diese Erläuterung grenzt den Derivatemarkt in zweifacher Hinsicht vom Aktien- und vom Anleihenmarkt ab: Erstens unterscheide er sich bezüglich seiner inneren Vielfalt und Komplexität, denn wenige Tausend verschiedene Wertpapiere im Anleihenmarkt stehen einer schier unüberblickbaren Menge von über 300 000 diversen Produkten im Derivatemarkt gegenüber. Die zweite Differenz, die betont wird, betrifft die „Lebendigkeit" der Märkte, womit man das Ausmaß an Preisschwankungen der gehandelten Papiere und Indizes meint. Bemerkenswert ist, dass im Händlerjargon dieser so verstandenen „Lebendigkeit" der drastische Begriff der „Totenstarre" gegenüberstellt wird.

Märkte weisen also einen individuellen Charakter auf. Darüber hinaus sind sie aber auch moralisch agierende Wesen und werden als solche von den Händlern für ihre Verluste verantwortlich gemacht. Hat man im Markt investiert, dann, so ein Händler, „kann der Markt entweder für dich oder gegen dich sein". Gewinnbringende Märkte sind wie „eine Welle, auf der du surfst". Verlustbringende Märkte oder Leitindizes werden hingegen, wie eine Händlerin mir erklärt, als Gegenstand oder sogar als Person apostrophiert. Solche Apostrophen lauten zum Beispiel „Penner", „Fotze", „Scheiß-Ding", Scheiß-Markt", „Scheiß-Dax", „Hure" oder „Wichser". Händler scheinen Einbußen persönlich zu nehmen und den Markt zu bezichtigen, folgt man den verbalen Zuschreibungen (für eine ausführlichere Darstellung siehe Kapitel 6). So lautet ein diesbezüglich prägnanter, im Handelsraum geäußerter Ausruf: „Ich habe den ganzen Tag eine auf die Fresse bekommen!" Der Markt wird also als nicht ungefährlich eingeschätzt, seine Teilnehmer wissen, dass man nicht zu sehr auf seine vermeintliche Stabilität vertrauen und setzen sollte.

3.3 Von Personifikationen zur Sozialität mit Objekten

Ich betonte eingangs, dass der Derivatehandel auch auf andere Varianten der symbolischen Bestimmung des Finanzmarktgeschehens zurückgreift, etwa die Betrachtung des Marktes als Aggregat aller Markttransaktionen oder die versuchte Identifizierung konkreter Marktteilnehmer. Wozu also die Metapher einer Kreatur? Was bedeutet sie für den praktischen Vollzug der Finanzspekulation in diesem Markt? Ein sinnvoller Weg, diese Fragen zu beantworten, besteht darin, die Klassifikation des Marktes als Kreatur nicht nur auf ihren semantischen Gehalt zu reduzieren, sondern nach den Kompetenzen, Routinen und Organisationsformen der Marktbeobachtung zu fragen, die mit ihr einhergehen. Diesbezüglich hilfreich sind Forschungsansätze, die die Ebene von Symbolen und Diskursen mit der Ebene von Verhaltensweisen und der Materialität des Sozialen verknüpfen. Ich spreche hier von Konzepten, die Kultur als Praxis begreifbar machen, in der symbolische Klassifikationen bestimmte Formen sowohl des praktischen Wissens und Könnens als auch der materiellen Einbettung dieses Wissens und Könnens nahelegen.[2] Eine derartige praxistheoretische Perspektive unterstützt die These, dass die umfassende Klassifikation des Marktes als Kreatur weitere, tief in die Praxis des Finanzhandels hineinreichende materielle und leibliche Facetten der Beobachtung des Marktgeschehens impliziert.

Bevor ich Ansätze einer solchen Perspektive skizziere, will ich klären, inwiefern sie sich von Überlegungen zur „Anthropomorphisierung" bzw. „Personifikation" nichtmenschlicher Objekte abheben. Der Begriff „Anthropomorphisierung" beschreibt Phänomene, die dem hier untersuchten Fall der Klassifikation des Marktes als Kreatur auf den ersten Blick nicht unähnlich sind: das Sprechen mit dem PC, die Vermenschlichung des eigenen Autos oder von Teilen der Natur. Der Terminus wird in der einschlägigen Literatur üblicherweise mit gelegentlichen Metaphern der Personifizierung und Verlebendigung verknüpft. Diese kämen dann zum Einsatz, wenn Interaktionsroutinen mit Artefakten, die oft technologischer Art sind, brüchig werden und die infrage stehenden Objekte der Kontrolle ihrer Nutzer entgleiten. Es kommt beispielsweise zu Zurechtweisungen des Objekts, zum Anschreien des defekten Com-

---

2 Ein derartiges Verständnis von Kultur als Praxis charakterisiert Knorr Cetina (2002: 20 f) folgendermaßen: „Ich gehe davon aus, dass die Bedeutungsebene und die Verhaltensebene von Praktiken nicht getrennt werden können und dass Auffassungen von Kultur, die die Verhaltensebene ignorieren, ebenso beschränkt sind wie solche, die Symbole und Bedeutung außer Acht lassen". Hinzuzufügen ist, dass eine praxistheoretische Perspektive auf Kultur auch die Materialität von Praktiken in ihrer Abhängigkeit von Körpern und Artefakten in den Blick rückt (Reckwitz 2003: 290 f).

puters oder zum Tritt gegen die Tür des Autos mit Motorpanne (Fuller 1994: 751; Gell 1998: 17 ff). Der Transfer von Handlungsträgerschaft an nichtmenschliche Objekte und Gebilde ist aus dieser Sicht nur eine gelegentliche Rationalisierung von mehr oder weniger kleinen Krisen in der Interaktion mit Objekten.

So naheliegend der Begriff der „Anthropomorphisierung" als eines sporadisch eingesetzten Mittels im vorliegenden Fall sein mag, so limitiert ist sein Potenzial zur Erklärung des oben beschriebenen Marktvokabulars. Die personifizierenden Ausdrücke des Derivatehandels bestehen nicht nur in gelegentlichen Anthropomorphisierungen des Marktgeschehens, sondern sind im Handelsraum permanent präsent. Das heißt, sie tauchen nicht nur in Situationen auf, in denen sich der Markt nicht so entwickelt, wie Händler es sich erhoffen, vielmehr stellen sie ein Routinevokabular dar, das auch außerhalb von Krisen zum Einsatz kommt. Die personifizierenden Klassifikationen des Derivatehandels folgen einem systematischen Muster, das den Markt unter mindestens vier Aspekten anthropomorphisiert (vgl. Abbildung 5): Erstens geht es um Verhaltensweisen wie das Vermögen des Marktes, sich zu bewegen oder anderen Märkten zu antworten. Zweitens zielt es auf die Affektivität des Marktes ab, wobei der Markt symbolisch mit einem labilen, unsteten Charakter assoziiert wird. Drittens handelt es sich um Individualität, um genuine Eigenschaften, die den Derivatemarkt von anderen Finanzmärkten unterscheiden und ihm eine Identität verleihen. Und viertens geht es um den Markt als moralisch agierende Kreatur, die ohne Ansehen der Person von Händlern vorgeht, sich entweder gemäß oder entgegen den Zielen einzelner Marktteilnehmer verhält, eine Kreatur, die Fehler ausnahmslos bestraft und deshalb als „gefährlich" erachtet wird.

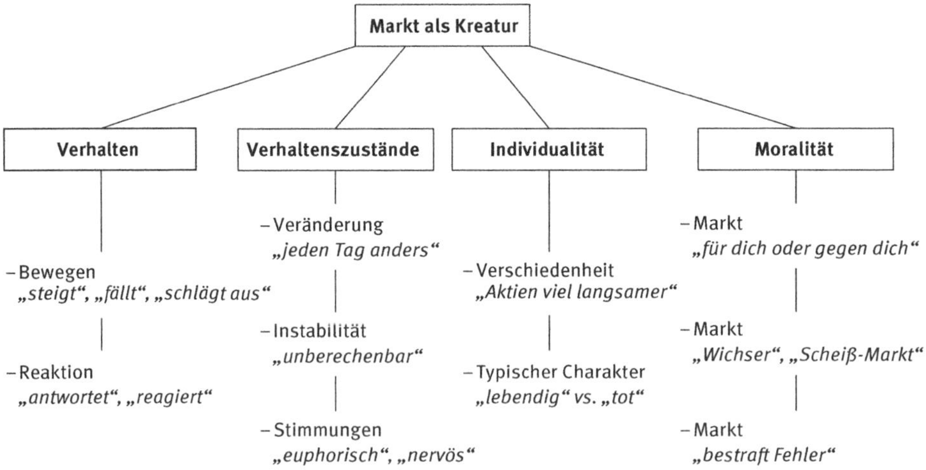

Abb. 5: Der Derivatemarkt als Kreatur (eigene Darstellung).

Die Facettenhaftigkeit der Klassifikation des Marktes als Kreatur bringt ein weiteres Argument für die Personifikation ins Spiel. Dieses konzentriert sich auf den Zusammenhang zwischen außerökonomischer Marktsemantik und dem Subjekt, das eine derartige Marktsemantik voraussetzt. Wie Urs Stäheli in seiner historischen Studie über das Populäre der Ökonomie zeigt, waren die symbolischen „Gleichsetzungen von Weiblichkeit und Markt“ (2007: 265) und die Erotisierung der Finanzspekulation für die diskursive Konstruktion des Spekulanten am Ende des 19. Jahrhunderts entscheidend. Die dauerhafte Besetzung des Marktes mit weiblichen Attributen führte laut Stäheli dazu, dass Spekulanten als männliche Subjekte und die Praxis des Spekulierens als männlich konnotierte Tätigkeit entworfen wurden. „Ich muss zum männlichen Spekulanten werden, um der weiblichen Spekulation begegnen zu können“, so fasst Stäheli (2007: 273) das Credo der Ratgeberliteratur zur Finanzspekulation im ausgehenden 19. Jahrhundert zusammen.

Dieses Argument sensibilisiert dafür, dass außerökonomische Marktsemantiken eine lange Tradition haben und in diesem Sinn kein neues Phänomen sind. Auch führt es vor Augen, dass zumindest eine Dimension der Marktklassifikation des Derivatehandels weiblich konnotiert ist, und zwar die der Affektivität: Als labil, instabil, sprunghaft und nervös wird der Markt beurteilt. Für die vorliegende Studie ist dieses Argument insofern anregend, als es zur Frage führt, ob die dieser (weiblichen) Marktkreatur gegenübergestellten Praktiken des Spekulierens und Beobachtens immer noch so männlich besetzt sind, wie Stäheli dies für das ausgehende 19. und beginnende 20. Jahrhundert festhält (eine Frage, die ich in Kapitel 6 wieder aufnehme). Was diesem Argument allerdings fehlt, ist die nötige Tiefenschärfe zur Untersuchung des Zusammenhangs von außerökonomischer Marktsemantik und dem durch sie etablierten praktischen Wissen und Können der Marktbeobachtung. Die Feststellung einer diskursiven Konstruktion von Finanzhändlersubjekten in (historischen) Finanzratgebern kann nicht beantworten, welche lokalen Praktiken und Organisationsformen von Marktbeobachtung mit der Klassifikation des Marktes als Kreatur einhergehen.

Eine Alternative bietet eine Sichtweise, die die Zuschreibung von Handlungsträgerschaft an Objekte in systematischer Weise in Verbindung mit Denk- und Handlungsweisen bringt. Dieses Argument reduziert die Personifikation von Objekten nicht auf psychologische Rationalisierungen oder den diskursiven Entwurf von Subjektanforderungen, sondern sensibilisiert für die Wirkungen derartiger Semantiken, die ganz bestimmte, auf das personifizierte Objekt gerichtete Praktiken erfordern. Varianten dieser Position bieten Forschungsarbeiten aus ganz unterschiedlichen Disziplinen. Im Folgenden bespreche ich drei solche Ansätze und diskutiere ihre analytische Relevanz für den vorliegenden Fall: Lakoffs und Johnsons (2003/1980) Metapherntheorie, das vom Anthropologen Gell (1998: 17 ff) stammende Konzept der „inferred intentionality“ und Untersuchungen der Sozialität mit Objekten aus dem Bereich der Wissenschafts- und Technikforschung (Knorr Cetina 1997, 2002; Suchman 1987; Turkle 1995, 2007).

In ihrem Buch „Metaphors We Live By" argumentieren Lakoff und Johnson, dass Metaphern nicht einfach nur Worte seien, sondern sie unser Leben erheblich beeinflussen, genauer: „how we perceive, how we think, and what we do" (Lakoff/Johnson 2003: 4). Die besondere Leistung von Metaphern besteht nach Lakoff und Johnson darin, dass sie jeweils verschiedene Eigenschaften des von ihnen beschriebenen Objekts oder Aktivitätsbereichs ins Zentrum der Aufmerksamkeit rücken und damit der menschlichen Erfahrung zugänglich machen. In Bezug auf das anthropomorphisierende Marktvokabular des Finanzhandels sind zwei Arten von Metaphern, die die beiden Linguisten analysieren, von besonderer Bedeutung: *Ontological Metaphors* und *Personifications*. Während ontologische Metaphern Möglichkeiten der Betrachtung von „events, activities, emotions, ideas, etc., as entities and substances" (Lakoff/Johnson 2003: 25) bieten, erlauben Personifikationen Folgendes: „to comprehend a wide variety of experiences with nonhuman entities in terms of human motivations, characteristics, and activities" (Lakoff/Johnson 2003: 33). Metaphern sind für Lakoff und Johnson nicht nur sprachliche Phänomene, sondern stellen Handlungsweisen in Bezug auf die infrage stehenden Objekte bereit. Die Autoren verdeutlichen diesen Gedankengang am Beispiel der Personifikation der Inflation als Feind:

> INFLATION IS AN ADVERSARY [...] not only gives us a very specific way of thinking about inflation but also a way of acting toward it. We think of inflation as an adversary that can attack us, hurt us, steal from us, even destroy us. The INFLATION IS AN ADVERSARY metaphor therefore gives rise to and justifies political and economic actions on the part of our government: declaring war on inflation, setting targets, calling for sacrifices, installing a new chain of command, etc. (Lakoff/Johnson 2003: 34)

Mit der Verbindung der Bedeutungsebene und der Handlungsebene geben Lakoff und Johnson einen Gedankengang vor, der auch soziologische und historische Forschungen zu Finanzmärkten stimuliert hat. So stellt etwa Langenohl (2009) in seiner Analyse der Krisenrhetorik des Finanzjournalismus heraus, dass metaphorische Beschreibungen des Finanzmarktes gerade im Fall von Finanzkrisen die Frage des Eingreifens, gar Regulierens durch staatliche Institutionen als Handlungsoptionen ins Spiel bringen. Die bei Mirowski (1994) versammelten wissenschaftshistorischen Arbeiten wiederum veranschaulichen, wie die Wirtschaftswissenschaften im Laufe ihrer Geschichte verschiedene Sprachbilder zur Konzeptualisierung von Märkten verwenden.

Im Licht dieser Forschungen beschränken sich Personifikationen keineswegs auf nichtwestliche Kulturen oder religiöse Praktiken, sondern sind Teil spezialisierter und ausdifferenzierter Wissensgesellschaften. Das gilt sowohl für den Bereich der Alltagskultur als auch für Spezialisten- und Expertenbereiche, die man intuitiv nicht mit Praktiken der Personifikation in Verbindung bringen würde.[3]

3 In der Soziologie haben Vertreter der Actor-Network-Theory (ANT) schon frühzeitig dazu aufgefordert, nichtmenschliche Objekte einschließlich der Artefakte in Relation zu menschlichen Akteuren

In Zusammenhang mit dem Alltag liefert der Anthropologe Gell zahlreiche Belege für die Verbreitung von Praktiken der Personifikation. In seinem Buch „Art and Agency“ führt Gell (1998) mithilfe einer Fülle von sekundären und selbst erhobenen ethnografischen Daten vor, dass Formen der Personifikation von Objekten auch in sogenannten entwickelten Gesellschaften weit verbreitet sind. Dabei sind sie nicht notwendigerweise auf religiöse Praktiken beschränkt. Gell argumentiert, dass Menschen (auch er selbst) dazu neigen, soziales Handeln (*social agency*) zu unterstellen, wann immer sie einen Effekt in ihrer Umwelt bemerken. Wir deuten Ereignisse durch das Identifizieren von sozialen Verursachern, die von Motiven und Intentionen angetrieben werden. Gell (1998: 17 ff) nennt diese Denkweise „inferred intenionality“ und behauptet, dass es sich um ein universelles Denkmuster handelt.

Der entscheidende Punkt in Gells Argumentation ist, dass unterstellte Intentionalität als heuristisches Konzept nicht auf Menschen beschränkt bleibt. „Because, in practice“, so Gell, „people attribute intentions and awareness to objects like cars and images of the gods. The idea of agency is a culturally prescribed framework for thinking about causation, when what happens is (in some vague sense) supposed to be intended by some person-agent or thing-agent“ (Gell 1998: 17).

Laut Gell neigen wir dazu, Personen und Dingen Motive und Verantwortlichkeit für Ereignisse zu unterstellen. Gell berichtet etwa, dass er seinen Toyota als besonders verlässlichen Freund der Familie anthropomorphisiert, was zur Folge hat, dass er das Auto des Verrats beschuldigen würde, sollte es ihn in Form einer Panne im Stich lassen. In solchen Fällen sei es Objekten möglich, Positionen in sozialen Beziehungen einzunehmen, die üblicherweise nur Menschen innehaben. Gell verdeutlicht dies am Beispiel der Puppe eines kleinen Mädchens. Das Kind liebt diese Puppe, die Puppe ist ihr bester Freund, die Puppe ist ein Familienmitglied und wird von seiner Besitzerin als solches auch mit den Rechten sowie Pflichten dieser sozialen Rolle ausgestattet. Aber glaubt das Mädchen ernsthaft, dass ihre Puppe menschlich ist? Dazu meint Gell:

> The little girl’s doll is not a self-sufficient agent like an (idealized) human being, even the girl herself does not think so. But the doll is an emanation or manifestation of agency (actually, primarily the child’s own), a mirror, a vehicle, or channel of agency, and hence a source of such potent experiences of the ‘co-presence’ of an agent as to make no difference.
> (Gell 1998: 20)

---

als potenziell gleichwertig anzusehen. Zum Tragen kommt diese Forderung im Symmetrieprinzip, das verlangt, alle an (z. B. wissenschaftlichen) Praktiken beteiligten Teilnehmer, die menschlichen wie die nichtmenschlichen, aus derselben analytischen Perspektive zu betrachten. Das Symmetrieprinzip soll verhindern, dass eine dieser Gruppen von vornherein als die wichtigere oder einflussreichere angesehen wird, nur weil sie als menschlich oder nichtmenschlich eingestuft wird (Callon/Latour 1992; Johnson/Latour 1988).

Wie Gell selbst weiß, dass sein Auto kein schlechtes Gewissen haben wird, wenn er ihm Verrat vorwirft, weiß auch das Mädchen, dass ihre Puppe sie im Grunde nicht hören kann. Doch hält das beide nicht davon ab – und das ist der entscheidende Punkt –, diese Objekte als Quellen von wirkungsvollen Erfahrungen sozialer Ko-Präsenz zu nutzen.[4]

Mit Gell kann man festhalten, dass wenig damit erklärt ist, wenn man behauptet, dass diese oder jene Äußerungen schlichtweg „Anthropomorphisierungen" oder „Personifikationen" sind: „To say that one attributes ‚animacy' or ‚anthropomorphism' to something does not explain what a thing must be or do to count as ‚animate' or ‚anthropomorphic'" (Gell 1998: 121).

Statt Kategorienfehler oder Mentalitäten als Erklärung heranzuziehen, plädiert Gell dafür, den Blick auf die Objekte selbst zu richten. Um als Quellen sozialer Kopräsenz zu wirken, müssen Objekte nicht in einem biologischen Sinn lebendig sein. Sie müssen sich in die Normen menschlicher Interaktionsordnungen einpassen lassen (Gell 1998: 129). Wenn es möglich ist, vom eigenen Auto verraten und im Stich gelassen zu werden (Autopanne), dann muss es dem Fahrer auch möglich sein, den unverlässlichen Freund zu sanktionieren (etwa durch Anschreien oder wütende Tritte gegen die Karosserie).

In die gleiche Kerbe wie Gell schlagen Studien zur Sozialität mit Objekten aus der Wissenschafts- und Technikforschung. Zum einen veranschaulichen sie die Relevanz des symbolischen Transfers von Handlungsträgerschaft in Experten- und Spezialistenbereichen. Untersuchungen der Interaktion mit Computern, Robotern und anderen Objekten verdeutlichen nämlich, dass Menschen zu diesen Gegenständen emotionale Bindungen aufbauen, sich mit ihnen identifizieren und ihnen menschliche Eigenschaften zuschreiben (Knorr Cetina 2002; Suchman 1987; Turkle 1995, 2007). Zum anderen veranschaulichen diese Forschungen, was die in Wissenschafts- und Technologiebereichen personifizierten Objekte eigentlich tun, um gleich

---

4 Das Gleiche gilt auch für Homer Simpson, den Protagonisten der amerikanischen Zeichentrickserie „Die Simpsons". In der Folge „Der behinderte Homer" (Staffel 7) erfährt er, dass es ein Gesetz gibt, dass stark übergewichtigen Menschen erlaubt, ihre Arbeit von zu Hause aus zu erledigen. Homer, der als Ingenieur in einem Atomkraftwerk arbeitet und äußerst faul und unambitioniert ist, nutzt diese Chance auf ein noch bequemeres Arbeitsleben. Binnen kürzester Zeit legt er enorm an Gewicht zu, sodass sein Arbeitgeber gezwungen ist, ihm einen Computerarbeitsplatz in seinem Haus einzurichten. Fortan besteht seine Arbeitstätigkeit darin, einen Bildschirm zu beobachten und in regelmäßigen Abständen per Tasteneingabe zu bestätigen, dass er die Funktionen des Kraftwerks überwacht. Da Homer dies auf Dauer zu langweilig wird, hat er eine Idee: An seiner statt setzt er einen kleinen Vogel aus Holz an die Tastatur, der durch einen eingebauten Mechanismus auf und ab wippen kann. Das erscheint äußerst praktisch, denn nun drückt das Tier die Taste des Keyboards in perfekten, regelmäßigen Abständen. Da Homer der Meinung ist, dass seine Anwesenheit nicht mehr vonnöten ist, geht er auf einen Stadtbummel. Als er nach mehreren Stunden zurückkehrt, ist er entsetzt: Der Vogel ist umgefallen und liegt nun neben der Tastatur. Niemand drückt den Knopf und am Bildschirm blinken rote Alarmmeldungen. Daraufhin brüllt Homer den Vogel wütend an: „Ich hätte dich nie auf diesen Posten setzen dürfen!"

Personen zu erscheinen. So veranschaulicht Knorr Cetina (2002: 163 ff), dass riesige Detektoren einer experimentalphysikalischen Anordnung nicht nur als technologische Instrumente agieren. Für Physiker sind sie mehr als Maschinen, sprich: sozial und moralisch agierende Wesen. Sie „verhalten" sich gut oder schlecht, von Fall zu Fall „lügen" sie, weswegen ihnen nicht blind vertraut werden kann, und ihnen wird die Verantwortung für bestimmte Erfolge und Fehlschläge übertragen. Eine solche Charakterisierung der Detektoren als soziale Wesen ist laut Knorr Cetina keine symbolische Ausschmückung der Wirklichkeit, sondern hat wichtige Implikationen für die wissenschaftliche Tätigkeit der Physiker: Sie ist Teil einer Wissensstrategie, die es erlaubt, die Komplexität von Hochgeschwindigkeitsdetektoren zu reduzieren.[5]

Wie können nun diese unterschiedlichen Ansätze und Forschungsergebnisse bei der Analyse der Klassifikation des Derivatemarkts als Kreatur helfen? Sowohl Lakoffs und Johnsons Untersuchungen von Personifikationen und ontologischen Metaphern als auch Gells (1998: 17 ff) Konzept der „inferred intentionality" legen nahe, die Klassifikation des Marktes als Kreatur nicht von der Mentalität der Diskursteilnehmer her zu erklären. Lakoff und Johnson sensibilisieren für die Frage, welche Rollen, Eigenschaften und Verhaltensweisen von Objekten eine Personifikation ausdrückt und wie diese unsere Wahrnehmung der Objekte sowie unser Handeln in Bezug auf sie beeinflussen. Gell empfiehlt den Blick auf die Objekte und auf die sozialen Beziehungen, in die sie eingebettet sind: Was tun sie aus Sicht der Teilnehmer, dass sie als anthropomorph erscheinen und als Quelle von erlebter Kopräsenz fungieren können?

Für ein adäquates Verständnis der Klassifikation des Marktes als Kreatur legen die erläuterten Forschungsergebnisse einen praxistheoretischen Denkansatz nahe: Anstatt die Funktion der Personifikation des Finanzmarkts in der Rationalisierung unkontrollierbarer Marktprozesse zu sehen, erweist es sich als aufschlussreicher, die finanzhandelsspezifischen Handlungsroutinen, die diese Personifikation impliziert, zu untersuchen. Insbesondere Knorr Cetinas Arbeiten über Sozialität mit Objekten (1997, 2002) werfen die Frage auf, in welcher Weise die Praxisgemeinschaften Objekte als kopräsente Entitäten klassifizieren und welches praktische Wissen sowie Können diese Personifikationen ermöglichen, ja abverlangen.

5 Knorr Cetina (1997) argumentiert, dass Objekte auch in anderen Wissenschafts- und Expertentätigkeiten als soziale Beziehungspartner fungieren. Wissenschaftler behandeln, so Knorr Cetina, ihre Gegenstände mit einer fragenden, gar wissbegierigen Haltung und setzen sich zu ihnen in Beziehung, weit davon entfernt, diese nur zu kontrollieren oder zu benutzen. Daraus folgt, dass diese Objekte mehr sind als Instrumente zur Erfüllung eines bestimmten Zwecks.

3.4 Was der Markt als Kreatur impliziert

Zwei Eigenschaften stechen aus der symbolischen Klassifikation des Marktes als Kreatur hervor. Erstens ist sein Verhalten im Lichte des personifizierenden Marktvokabulars von einer umfassenden Autonomie gekennzeichnet. Was auch immer der Markt vollführt, er tut es unabhängig von seinen Teilnehmern. Die zweite auffällige Eigenschaft des Derivatemarkts ist seine erratische Verfasstheit. Der Markt ist ständig in Bewegung, instabil, sprunghaft und letztlich unberechenbar. Dies unterscheidet ihn von den im Zusammenhang mit der „Anthropomorphisierung" oft als Beispiel genannten technischen Objekten. Im Gegensatz zu Autos oder Computern, die bis auf Pannen oder Macken stabil und vorhersehbar funktionieren, besteht der Normalzustand des Derivatemarkts gerade in seiner Wandelbarkeit, Instabilität und Unberechenbarkeit.

Die Autonomie und das erratische Verhalten des Derivatemarkts, die sich in hohen Gewinn- und Verlustrisiken niederschlagen, machen zum einen den besonderen ökonomischen Reiz für seine Teilnehmer aus. Zum anderen konstituiert gerade das zweite Merkmal seinen individuellen Charakter. In diesem Sinn stellt es einen individuellen Zug des Derivatemarkts dar, einen Teil seiner Idiosynkrasie, der ihn von anderen Finanzmärkten klar unterscheidet. So spielen viele der in diesem Kapitel beschriebenen Elemente des Marktvokabulars für den Anleihenmarkt keine Rolle, insbesondere Bezeichnungen von Verhaltenspotenzialen, die mit Bewegung, mit Verhaltenszuständen und mit Instabilität zu tun haben. Ein Derivatehändler erklärt im Interview:

> Gut, bei den Anleihen, die haben natürlich auch nicht solche volatilen Produkte wie wir [Derivatehändler]. Bei uns muss die Ausführung [einer Order] halt innerhalb von wenigen Sekunden passieren. Vor allem wenn du ein Knock-Out-Produkt hast. Aber wenn du eine Anleihe hast, bewegt sich das Ding ja nicht großartig. Auf der anderen Seite handeln die halt mit ganz anderen Volumina. Was die innerhalb von einer Kursverschiebung machen, machen wir wahrscheinlich in zwei Stunden, was das Volumen angeht.

Der Interviewausschnitt macht deutlich, dass sich der lokale, im Handelsraum konstituierte Charakter des Derivatemarkts deutlich von dem des Anleihenmarkts unterscheidet. Wie der Interviewpartner bemerkt, sagt die Volatilität des Marktes noch nichts über den finanziellen Gegenwert von Handelspositionen aus. Aber da Anleihen in ihrem Wert „nicht großartig" schwanken, haben es Anleihenhändler mit einem ganz anderen Markt zu tun als Derivatehändler. Während Preisbewegungen im Anleihenmarkt nur sehr gering ausfallen und viel seltener auftreten, neigen die Preisbewegungen des Derivatemarkts zu Extremen. Sind größere Fluktuationen im Anleihenmarkt potenziell an wenige Zeitpunkte (z. B. von Leitzinsbekanntgaben der Nationalbanken) gebunden, so rechnen Teilnehmende des Derivatehandels permanent mit ihnen. Verstärkt werden die Extreme durch das risikoreiche Design der Derivate. So gibt es unter ihnen „Knock-Out-Produkt[e]", die, falls ein vorweg bestimmter Kurs des ihnen zugrunde liegenden Basiswerts eintritt, einen Teil ihres Werts oder ihren gesamten Wert verlieren. In so einem Fall bezeichnen Händler die Produkte oder auch die Händler, die die entsprechenden Positionen betreuen, als „ausgeknockt".[6] Vor diesem Hintergrund stellt sich die Frage nach den spezifischen Teilnahmekompetenzen, die dieser extrem „nervöse" Markt voraussetzt.

3.4.1 Risikobewusstsein

Im Handelsraum ist die Erfahrung des Marktes als einer unabhängigen und eigensinnigen (erratischen) Kreatur die Grundlage für eine Form des Marktwissens, die ich Risikobewusstsein nenne. Das Risikobewusstsein der Händler manifestiert sich in der Überzeugung, dass niemand den Markt kontrollieren kann, weder sie selbst noch andere individuelle oder aggregierte Marktteilnehmer. Zwar mutmaßen sie von Zeit zu Zeit, dass besonders mächtige Marktakteure möglicherweise fähig seien, den Markt zu „bewegen" und Preise zu beeinflussen, allerdings ist das nicht mit der Kontrolle über einen Finanzmarkt gleichzusetzen. Dieser Punkt ist insofern relevant, da sich in ihm professionelle Finanzhändler von unerfahrenen Privatanlegern unterscheiden dürften. Die unter Kleinanlegern verbreitete „Kontrollillusion", die Legnaro et al. (2005: 148) in ihrer Untersuchung zum Anlageverhalten im Aktienmarkt beschreiben, sowie ihr Glaube an „Rendite als Naturrecht" (Legnaro et al. 2005: 148), das allein dem individuellen Geschick beim Handel mit Wertpapieren geschuldet ist, haben im hier untersuchten Finanzhandel keine Entsprechung. Vielmehr sichert das Wissen um die Unkontrollierbarkeit der Märkte die Beachtung der Gefährlichkeit des Marktes und der damit verbundenen Risiken. Diese Umsichtigkeit zeigt sich insbesondere in dem Bereich des Marktvokabulars, der den Markt als moralischen Akteur darstellt. „Man muss", so erklärt ein Händler im Interview, „höllisch aufpassen, was man tut, weil der Markt bestraft Fehler sehr schnell."

3.4.2 Aufmerksamkeitsregime

Angesichts des ausgeprägten Risikobewusstseins der Händler stellt sich die Frage, wie diese es bewerkstelligen, „höllisch" Acht zu geben, um keine Fehler zu begehen.

---

6 Der Unterschied zwischen Anleihenmarkt und Derivatemarkt zeigt sich auch darin, dass Anleihenhändler hauptsächlich über das Telefon handeln, während der Derivatehandel in Form eines Type-and-Click-Formats am Bildschirm vollzogen wird. Anleihenhändler agieren in einem vergleichsweise langsamen Tempo. Sie können Transaktionen nicht einfach mit einen Klick durchführen, sondern müssen solange mit anderen Marktteilnehmern telefonieren, bis sie jemanden finden, der ihnen einen für sie akzeptablen Preis bietet. Dagegen ist der Derivatemarkt wesentlich liquider, d. h. jederzeit sind handelbare Preise verfügbar.

Eine Strategie, die Trade X dafür entwickelt hat, besteht in einem umfassenden Aufmerksamkeitsregime. Aufgrund seines erratischen Charakters kann der Markt nicht unbeobachtet bleiben: Seine ständige Überwachung gewährleisten kontextspezifische Praktiken der Beobachtung, Deutung und Darstellung des Marktgeschehens, die nicht nur Technologien (z. B. Bildschirme, entsprechende Hardware) betreffen. Das Aufmerksamkeitsregime dieses Finanzhandels umfasst das materielle Innere des Handelsraums, z. B. Anordnung und Design der *Trading Desks* (mehr dazu in Kapitel 5.3.2), die Anpassung der Physis (siehe Kapitel 4), die ritualisierte Beobachtbarmachung von Marktbewegungen durch Rufe und Laute (siehe Kapitel 5) sowie die emotionale Einverleibung des Marktgeschehens durch die Händler (siehe Kapitel 6).

Die Händler selbst verweisen auf das Aufmerksamkeitsregime, wenn sie durchblicken lassen, dass die Beschäftigung mit dem Markt Vorrang gegenüber zwischenmenschlichen Beziehungen hat. Gerade wegen seines instabilen und impulsiven Charakters, seiner blitzschnellen und extremen Bewegungen erachten Händler den Erwerb von Erfahrung und Vertrautheit mit der Eigenart des Derivatemarktes als überaus wichtig. Sie nehmen in Kauf, dass die Pflege zwischenmenschlicher Beziehungen im Handelsraum das Nachsehen hat. Diese Vernachlässigung von Kollegen zugunsten der intensiven Beschäftigung mit dem Markt bringt eine Händlerin im Interview auf den Punkt:

> Unseren Markt [den Derivatemarkt] habe ich den ganzen Tag im Auge, den kenne ich besser als manche Händler im Handelsraum [...].

Das Aufmerksamkeitsregime reicht über die lokalen Grenzen des Handelsraums hinaus: Viele der Finanzhändler können den Markt nicht alleine lassen und beobachten ihn ständig, etwa mittels Smartphones, auch dann, wenn sie nicht an ihrem Arbeitsplatz sind.

Kein Wunder also, dass das Aufmerksamkeitsregime seine Spuren auch in den Erzählungen der eigenen Berufsbiografie hinterlässt: Einschneidende „Aktionen“ des Marktes bilden die narrativen Markierungen von Highlights oder Tiefpunkten der Händlerkarrieren. So erzählen HändlerInnen von Trade X in Interviews beispielsweise von „Marktstimmungen“, denen sie sich ausgesetzt sahen, von fast nicht mehr erhofften „Turnarounds“, die ihnen außergewöhnlich hohe Gewinne einbrachten, oder von den „Zusammenbrüchen“ des Marktes, die sie im Laufe ihrer Arbeitsjahre schon „mitgemacht“ haben.

3.5 Kreaturen des Marktes

Der Markt als Kreatur ist nicht bloß ein internes Paradigma des untersuchten Finanzhandels. Gegenwärtig findet eine ähnliche Marktsemantik wie die in diesem Kapitel erläuterte ein besonders starkes Echo im politischen und journalistischen Diskurs über Finanzmärkte: „Wie hoch hüpft der Dax?“[7]. „Wenn der Markt verrückt spielt“[8], „Zypern und Dijsselbloem machen Finanzmärkte nervös“[9]. Täglich beliefern die Wirtschaftsredaktionen ihre Leserschaft mit Schlagzeilen wie diesen. Mit dem Literaturwissenschaftler Jürgen Link (2012) kann man davon sprechen, dass die Veranschaulichung der Finanzmärkte als Kreatur ein überaus dominantes und weit verbreitetes Kollektivsymbol darstellt.[10] Im öffentlichen Diskurs über Finanzmärkte ist seine Verwendung so alltäglich, dass sie kaum noch überrascht.[11] Wenn selbst Politiker davon sprechen, dass Finanzmärkte dringend beruhigt und zufriedengestellt werden müssen,[12] verfestigen sie damit jedenfalls den Eindruck, wonach die verschiedenen Marktakteure in einer riesigen Einzelkreatur aufgehen. So kann diese Metapher Vorschläge des Eingreifens durch staatliche und überstaatliche Instanzen legitimieren (Langenohl 2009: 246).

Innerhalb des untersuchten Finanzhandels bringt die Marktkreatur andere Optionen ins Spiel. Hier suggeriert sie extreme und fallspezifische Teilnahmekompetenzen. Angesichts der großen Ungewissheit spekulativen Handelns in diesem Markt, kann man mit der neueren Wirtschaftssoziologie (Beckert 1996; Granovetter 1985; Granovetter/Swedberg 2001) die Frage nach der Kompensation dieser Ungewissheit aufwerfen. Wie können Marktteilnehmer in einem Markt agieren, dessen Entwicklung mit rationalen Mitteln nicht vorherzusehen ist, der so sprunghaft, instabil, also extrem volatil ist? Die vorangegangene Analyse legt nahe, dass die Metapher des Marktes als Kreatur eine gewisse Kompensation bietet, nicht weil sie den Markt zu kontrollieren verspricht, sondern weil sie angemessene Modi der Beobachtung und eine Organisation von Aufmerksamkeit etabliert. Die Kreatur-Metapher bringt nicht nur die unsichere ökonomische Situation, in der sich Derivatehändler tagtäglich, stündlich und sekündlich wiederfinden, zum Ausdruck. Sie zeigt sich auch in einem ganzen Bündel institutionalisierter Bearbeitungsformen dieser Ungewissheit. So ist das Risikobewusstsein der Händler eine Antwort auf die „Gefahren“, die man in einem Markt

7 Die Zeit, 21.3.2013, Seite 34.

8 ARD Börse, 13.9.2011, http://boerse.ard.de/boerse-ard-de-erklaert/wenn-der-markt-verrueckt-spielt-100.html (Zugriff am 9.4.2013).

9 Focus 26.3.2013, http://www.focus.de/finanzen/news/eu-zypern-und-dijsselbloem-machen-finanzmaerkte-nervoes_aid_948299.html (Zugriff am 11.4.2013).

10 Link (2012: 59) versteht unter Kollektivsymbolik „die Gesamtheit der am weitesten verbreiteten Allegorien und Embleme, Vergleiche und metaphorae continuatae, Exempelfälle, anschaulichen Modelle und Analogien einer Kultur“.

11 Dabei ist die Verwendung nicht nur auf die Thematisierung von Finanzmärkten beschränkt, lässt sie sich doch auch in medialen Diskursen über Produktivmärkte, etwa über den Agrarmarkt, nachweisen (Schwarz 2012: 338 ff).

12 So titelt etwa die Süddeutsche Zeitung: „‚Zypern ist keine Blaupause‘, sagt Mario Draghi, der Chef der Europäischen Zentralbank – und versucht damit, die nervösen Märkte zu beruhigen.“, Süddeutsche Zeitung, 4.4.2013, http://www.sueddeutsche.de/wirtschaft/krisenbekaempfung-der-europaeischen-zentralbank-draghi-spricht-zypern-rettung-modellcharakter-ab-1.1640078 (Zugriff am 9.4.2013).

erkennt, indem man ihn als Kreatur mit den oben genannten Merkmalen bezeichnet. Das lokale Aufmerksamkeitsregime des Handelsraums ist darauf abgestimmt, diesen Gefahren zu begegnen, indem es festlegt, wie eine derartige Marktkreatur am besten zu beobachten ist.

Die Charakterisierung des Marktes als Kreatur prägt darüber hinaus das Selbstverständnis des Derivatehandels. Die HändlerInnen betonen mir gegenüber, ihre berufliche Tätigkeit sei „anders als normale Bürojobs“, ihre Praxisgemeinschaft sei eine „verrückte“, „durchgeknallte“ „nicht normale Horde“, die man nicht in „ein normales Büro“ setzen könne. Sie unterstreichen diese Abgrenzung von den Tätigkeiten, die sie als „normale Bürojobs“ bezeichnen, durch den Dauergebrauch von sexuell konnotierten, diffamierenden Personifikationen ‚ihres‘ Marktes oder einzelner Basiswerte („Nutte“, „Hure“, „Sau“). Letztere inszenieren den Vollzug von Finanzspekulation als einen Kampf mit einem übermächtigen und nicht zu kontrollierenden Gegner. Den Derivatemarkt und die Spekulation in ihm nur als Austauschmechanismus von Angebot und Nachfrage oder als Aggregat vieler Einzeltransaktionen zu betrachten, griffe für diese Dimension zu kurz.

4 Finanzmärkte und ihre Körper

Seit der Finanzkrise von 2008 setzt Hollywood vermehrt auf Filmproduktionen, die die Innenwelt der Märkte thematisieren. Neben „Wall Street 2“ (2010), der Fortsetzung des ersten Teils aus den 1980er-Jahren, war es vor allem die Produktion „Margin Call“ (2011), die versuchte, den ZuseherInnen einen Blick auf die Hinterbühne der Finanzbranche zu ermöglichen. Im Fall von „Margin Call“ kann man den Hollywoodmimen Kevin Spacey, Jeremy Irons und Demi Moore zusehen, wie sie als Angestellte einer Investmentbank die letzten 24 Stunden vor dem Ausbruch der Finanzkrise verbringen. Es werden einige interessante Phänomene thematisiert, beispielsweise die Komplexität heutiger Finanzprodukte, die selbst die verantwortlichen Geschäftsführer der Bank nicht durchblicken.[1] Relevant für die vorliegende Untersuchung ist aber vor allem Folgendes: Die filmischen Darstellungen sowohl in „Margin Call“ als auch in „Wall Street 2“ reflektieren den gewandelten Status von Informations- und Kommunikationstechnologien in Finanzmärkten. Während Finanzbildschirme in „Wall Street“ (1987) nur als Hintergrundrequisiten zum Einsatz kommen, die von den Protagonisten im Film nie genutzt werden und von denen unklar ist, inwiefern sie am Geschäft teilhaben, ändert sich dieses Bild in den jüngsten Finanzfilmen Hollywoods. Die Einstellungen auf Finanzbildschirme erhalten nun deutlich mehr Filmminuten, von den Protagonisten werden die Monitore immer wieder als digitale Fenster zum Marktgeschehen genutzt. In entscheidenden Situationen werden sie sogar zu dramaturgisch gleichwertigen, allerdings schwer durchschaubaren Ensemblepartnern. Etwa visualisiert in „Margin Call“ ein Monitor jene die Filmhandlung auslösende Kennzahl, die den menschlichen Akteuren schlaflose Nächte bereitet. „Is that figure right?“, fragt Kevin Spacey, der den *Head of Trading* gibt, als er fassungslos vor dem Bildschirm steht.

Der neue Status von Technologien in Finanzmärkten fasziniert nicht nur Hollywood und sein Publikum, sondern auch die von der Wissenschafts- und Technikforschung inspirierte Finanzsoziologie.[2] Untersuchungen im Bereich der *Social Studies of Finance* konzeptualisieren Finanzmärkte schwerpunktmäßig als technologievermittelte Praxis. Deren Gesichtspunkte reichen von der Relevanz finanzmarktspezifischer Technologien für die Preisbildung (Callon 1998; Muniesa 2007; Preda 2006) über die Implikationen mathematischer Formeln und kalkulativer Instrumente (Kalt-

---

1 So bittet der von Jeremy Irons verkörperte Vorstandsvorsitzende der Bank die Analysten und Chefhändler immer wieder darum, „in plain english“ zu sprechen, d. h. ihm die Ursache für den riesigen Verlust in der Handelsbilanz unter Verzicht finanzwissenschaftlicher Termini und gleichsam wie einem Kind zu erklären.

2 Darüber hinaus reflektieren zeitgenössische Romane die gewachsene Bedeutung von Teletechnologien und Bildschirmdisplays in Finanzmärkten. Der Erzähler von Kristof Magnussons Buch „Das war ich nicht“, der als Finanzhändler arbeitet, schildert seinen Arbeitsplatz folgendermaßen: „Obwohl der Händlersaal um diese Zeit leer war, fühlte ich mich eingeengt. Drucker, Computer, Telefone, Monitore, hauptsächlich Monitore [...]. Es war so eng, dass mir die Idee, jemanden zu degradieren, indem man ihm ein kleineres Büro gab, absurd vorkam“ (Magnusson 2010: 47).

hoff 2005; MacKenzie 2003) bis zur Bedeutung von Bildschirmtechnologie für die „virtual societies" (Knorr Cetina/Bruegger 2002) von Finanzmärkten.

Hier handelt es sich nicht nur um eine bemerkenswerte Parallele zwischen filmischer und wissenschaftlicher Technologiefaszination. Dieses Interesse hat auch eine weitgehende Marginalisierung des Körpers in wirtschafts- und finanzsoziologischen Fragestellungen zur Folge. Die wenigen Hinweise auf körperliche Vollzugspraktiken im Finanzhandel (Beunza/Stark 2003: 140; Heath et al. 1994: 163 ff; Knorr Cetina/Bruegger 2002: 923) versäumen die systematische Einbettung in einen theoretischen Kontext. Manche Studien vermitteln überhaupt den Eindruck, dass die Körper von Marktteilnehmern in einer hochtechnologisierten Marktumwelt obsolet geworden sind. Vor dem Hintergrund des Übergangs vom schreienden und gestikulierenden Parketthandel zu bildschirmbasierten Marktplätzen zeichnen diese Forschungsbeiträge das Bild einer entkörperlichten Tätigkeit als Status quo. Ist der menschliche Körper an Präsenzbörsen das wichtigste Instrument, um das Marktgeschehen zu deuten und ökonomische Handlungen zu initiieren (Zaloom 2006: 136), erscheinen die Teilnehmenden vor den Bildschirmen des Handelsraums körperlos. Ganz so, als verlöre sich mit dem Verschwinden von Face-to-Face-Märkten auch die physisch-expressive (Außen-)Seite der Händler. Übrig bleibt aus dieser Perspektive der körperlose „kinematic investor" (Zwick 2005: 32). Eine Schlagzeile im Wirtschaftsteil einer Tageszeitung verkündet angesichts der Technologisierung der Finanzmärkte vermeintlich folgerichtig: „An der Börse stirbt die Handarbeit aus" (Rom 2010).[3]

Dieses Kapitel stellt der Tendenz, digitalisierte Finanzmärkte als entkörpert darzustellen, ethnografische Beschreibungen gegenüber, die die Körperlichkeit der Beobachtung und Verarbeitung von bildschirmvermittelten Finanzmarktinformationen nicht ignorieren. Das Resultat ist durchaus überraschend: Zwar weist der untersuchte Finanzhandel eine massive Präsenz von Informations- und Visualisierungstechnologien auf. Doch die Beobachtung und die Verarbeitung der auf den Monitoren visualisierten Marktinformation sind in ganz entscheidender Weise an die Händlerkörper gebunden und werden körperlich vollzogen.

Die virtuelle Überwachung des Marktes, so das zentrale Argument dieses Kapitels, ist gekennzeichnet durch eine gezielte Anpassung der Physis an die Anforderungen im *Trading Room.* Als derartiges Marktinstrument trägt der Körper auf mehrfache Weise zum Vollzug der Marktbeobachtung bei: als disziplinierter Körper (4.2), als handelnder Körper (4.3), als technologisch erweiterter Körper (4.4) und als sensori-

3 Die Dethematisierung der Körper von Marktteilnehmenden ist möglicherweise eine Folge der Betrachtung von hoch technologisierten Finanzmärkten als „virtual societies" (vgl. Knorr Cetina/Bruegger 2002). Einige medientheoretische Forschungen haben jedenfalls betont, dass Medientechnologien, wie etwa das Internet, neue parasoziale Räume mit spezifischen Handlungs- und Interaktionsmöglichkeiten schaffen, die von der verkörperten Offline-Realität entkoppelt sind (Jankowski 2002: 38 ff; Turkle 1995: 12). Rheingold geht so weit, zu behaupten: „Mit der Benutzung der neuen virtuellen Räume lassen wir unsere Körper hinter uns" (2000: xvii).

scher Körper (4.5). Die Bedürfnisse nach Nahrung, nach Schlaf oder nach Erleichterung werden so weit diszipliniert bzw. ‚vergessen', dass der menschliche Körper zur Beobachtung des extrem volatilen Derivatemarkts taugt. Der handelnde Körper fungiert wiederum als Träger sekundenschneller Einschätzungen und Entscheidungen. Den technologisch erweiterten Körper bilden die cyborgartig miteinander verbundenen Händlerkörper und Finanzbildschirme. Dabei wird die technische Visualisierung als Erweiterung und Modifikation des menschlichen Sehsinns, als „unser Auge zum Markt" begriffen. In Form des Gehörs kommt schließlich der sensorische Körper zur Wirkung. Als ungerichteter Sinn ergänzt er die visuelle Inspektion des Marktgeschehens um ein Wesentliches.

4.1 Körpersensitive Theoriebausteine

Die finanzsoziologische Fokussierung auf Technologien und die damit einhergehende Vernachlässigung des Körpers von Marktteilnehmenden haben zwar Kritik aus den eigenen Reihen erfahren (Preda 2001: 17), bislang sind körperliche Praktiken in bildschirmvermittelten Finanzmärkten aber weitgehend unerforscht. Aus diesem Grund greife ich im Folgenden drei Theoriebausteine auf, die nicht aus dem Bereich der Finanzsoziologie stammen, der vorliegenden Analyse des ethnografischen Materials aber zu einer gesteigerten Körpersensitivität verhelfen. Die Rede ist erstens von Marcel Mauss' (1975/1936) frühen Überlegungen zu „Körpertechniken", zweitens von den wissenschaftsethnografischen Laborstudien Knorr Cetinas (1988, 2002: 138 ff), die den Körper als „Informationsverarbeitungsinstrument" beschreiben, und drittens vom in den *Science and Technology Studies* geprägten Begriff des „Cyborgs" (Gray 1995; Haraway 1988).

Der Terminus „Körpertechniken" bezeichnet „die Weisen, in denen sich Menschen in der einen wie in der anderen Gesellschaft traditionsgemäß ihres Körpers bedienen" (Mauss 1975: 199). Nach Mauss sind Körpertechniken nicht naturgegeben, sondern kulturell bestimmt. So unterliegen Gehen, Schwimmen, Ausspucken oder Fahrradfahren einem sozialen Lernprozess, wobei die Form ihrer Ausführung zwischen verschiedenen Gesellschaften oder auch Gesellschaftsgruppen erheblich variieren kann. Mit der Adressierung von Körpertechniken weist Mauss einer Schwerpunktsetzung in der Analyse sozialen Handelns die Richtung, die erst sehr viel später wiederaufgenommen werden sollte: Das von ihm beeinflusste praxistheoretische Werk Bourdieus (1976, 2001) misst verkörperten Komponenten von Handlungen besondere Bedeutung bei. Letztere spielen sich demgemäß keineswegs rein im Kopf der Akteure ab, sondern weisen eine körperlich ausgeführte und beobachtbare, eine „tätige Seite" (Bourdieu 2001: 173) auf. Ähnlich wie Garfinkels Diktum[4], wonach sich unter der Schädeldecke

4 „There is no reason to look under the skull since nothing of interest is to be found there but brains" (Garfinkel 1963: 190).

nur Hirn und damit nichts Interessantes für die Soziologie befinde, verortet Bourdieus Ansatz Handlungen explizit als physisches und öffentliches Vollzugsgeschehen. Für die Soziologie eröffnet sich damit ein bislang vernachlässigter[5] Forschungsbereich: Das „Problem der praktischen Beherrschung“ (Bourdieu 1976: 207), damit die „Frage nach der Kunst“ (Bourdieu 1976: 204) der „Ausführung“ (Bourdieu 1976: 204) und „Ausübung“ (Bourdieu 1976: 204) von Handlungen. Die Kunst, die Bourdieu im Sinn hat, besteht in einem impliziten Wissen, das sich als Vermögen zeigt, in gesellschaftlich (vor-)geprägten Weisen körperlich zu agieren, wahrzunehmen und wie von allein zu erkennen, worauf es ankommt. Ins Zentrum wissenschaftlicher Aufmerksamkeit rücken damit die inkorporierten Handlungskompetenzen, die sich die Menschen lernend aneignen und zur natürlichen Gewohnheit werden lassen, sodass sie im Handlungsvollzug nicht mehr hinterfragt werden. Wie man das Boxen (Wacquant 2003) als Behandlung des Körpers (im Sinne einer Dressur) und als Können des Körpers (im Sinne der Beherrschung spezifischer Techniken) begreifen kann, so fragt das vorliegende Kapitel nach der körperlichen Fundierung der Beobachtung und Verarbeitung bildschirmvermittelter Marktinformation im Finanzhandel.

Hierfür nutze ich eine Perspektivenverschiebung, die sich aus der Erforschung von Laborpraktiken in den Naturwissenschaften (Knorr Cetina 1988, 2002: 138 ff) gewinnen lässt: die Einsicht in die Relevanz des Körpers und seiner Leistungen für den Vollzug von Wissenstätigkeiten. Anders als die gegenwärtige Körpersoziologe, die sich auf offensichtlich physische Praktiken wie den Sport, die Sexualität und den Tanz konzentriert (Gugutzer 2006: 41), erschließen die wissenschaftsethnografischen Laborstudien ein soziales Feld, in dem der Körper gemäß dem Alltagsverständnis definitiv nicht „zu Hause“ (Schroer 2005: 33) ist. Knorr Cetina (1988: 97) beschreibt den Körper von mikrobiologischen LaborwissenschaftlerInnen als „Informationsverarbeitungsinstrument“, als Instanz, die eine Alternative zu „verbalen – oder mentalen – (Re-)Konstruktionen eines Geschehens“ darstellt.

Auch wenn die Naturwissenschaften die Körper ihrer Teilnehmenden in der Regel „blackboxieren“, sind diese von grundlegender „epistemischer Relevanz“ (Knorr Cetina 1988: 98). Dies zeigt sich beispielsweise im Gebrauch von Sinnesorganen als Instrumenten des Wissens. Im mikrobiologischen Labor ist es insbesondere der

5 Bourdieu zufolge zeichnet sich die Sozialtheorie im Allgemeinen durch eine Marginalisierung des Körpers aus: „Zwanzig Jahrhunderte diffuser Platonrezeption und christianisierender Deutungen des Phaidon führten dazu, den Körper nicht als Instrument, sondern als Hemmschuh der Erkenntnis zu sehen“ (Bourdieu 2001: 176). Einen Grund für die nachhaltige Entkörperung der Sozialtheorie sieht Bourdieu in der „scholastischen Lebensferne“ (Bourdieu 2001: 12) des Wissenschaftsbetriebs. Die ausschließliche Konzentration zu vieler ihrer Vertreter auf die Welt der „Kabinette und Bibliotheken“ (Bourdieu 2001: 12), der „Kurse und Diskurse“ (Bourdieu 2001: 12) habe nachhaltig dazu beigetragen, die verkörperten Grundlagen der sozialen Wirklichkeit aus den Augen zu verlieren. In den Sozialwissenschaften selbst äußert sich die Dethematisierung des körperlich-handwerklichen Fundaments der eigenen Praxis beispielsweise in der Darstellung wissenschaftlichen Schreibens als Geistesarbeit (Becker 2007: 44 f).

Sehsinn, dessen Verwendung bei „einer Vielzahl von Gelegenheiten“ (Knorr Cetina 2002: 140) eine Rolle spielt, so „bei der Feststellung und Zustandskontrolle experimenteller Reaktionen“ (Knorr Cetina 2002: 140) wie der „Materialabsorptionen durch einen Filter, Gelläufe“ (Knorr Cetina 2002: 140) oder „Schwärzungen auf fotografischem Papier“ (Knorr Cetina 2002: 140). Darüber hinaus kommt den Körpern als kompetenten Trägern von Handlungen Bedeutung zu. Den Großteil der experimentellen Tätigkeit im molekularbiologischen Labor macht nämlich Handarbeit aus. Die Notwendigkeit manueller Geschicklichkeit und Fähigkeit wird besonders deutlich, wenn NovizInnen an der Laborarbeit scheitern:

> Er [der Nachwuchswissenschaftler] verwechselte Reagenzien und verschüttete das Gel, er konnte die großen Glasplatten nicht richtig halten und war ohne Hilfe außerstande, den Apparat zusammenzubauen. Er verschmutzte die Arbeitsbank und sich selbst mit giftigen Chemikalien und radioaktiven Materialien – sehr zum Ärger der anderen Forschenden.
> (Knorr Cetina 2002: 141)

Feldberichte wie diese lassen keinen Zweifel daran, dass naturwissenschaftliche Laborarbeit körperlich erlernt und ausgeführt werden muss. Sie verdeutlichen, dass der Körper weit mehr ist als eine Randbedingung dieser Tätigkeit: Von seinem Einsatz und seiner Kultivierung als „Informationsverarbeitungsinstrument“ (Knorr Cetina 1988: 97) hängt das Gelingen wissenschaftlicher Laborarbeit ab. Die Perspektive auf den Körper als Informationsverarbeitungsinstrument dient mir im Folgenden als Beschreibungsfolie, um die ‚stummen‘, d. h. die nichtdiskursiven, nichtmentalen Vollzüge der Marktbeobachtung im Handelsraum zu erfassen. Es ergeben sich dabei einige Fragen: Was tun die Körper im *Trading Room*? Inwiefern sind sie dort wichtig? In welcher Weise helfen sie Finanzhändlern, den Markt am Bildschirm zu beobachten? Welches körperliche Vermögen benötigen Finanzhändler, um als Marktbeobachtungsinstrumente zu fungieren?

Bevor ich Antworten auf diese Fragen im Rahmen einer körpersensitiveren Finanzsoziologie geben kann, bedarf ich noch eines dritten Theoriebausteins: der Metapher des „Cyborgs“ (Gray 1995; Haraway 1988) und des durch diese Metapher inspirierten Verständnisses von *Embodiment* als einer Koppelung von Körpern und Artefakten. Obwohl der Begriff Cyborg auf futuristische Wesen verweist, wurde er bislang insbesondere zur Beschreibung zeitgenössischer Verbindungen von Mensch und Maschine benutzt. Die Wissenschafts- und Technikforschung konzeptualisiert Wissenschaftler sowie andere „Wissensarbeiter“ in diesem Sinn als Cyborgs und deren materielle Wissensinstrumente als „prosthetic devices“ (Haraway 1988: 583). Prothesen werden hier nicht im medizinischen Sinn als Ersatz für fehlende Körperteile verstanden, vielmehr als Erweiterung und Modifikation menschlicher Physis. Sie erweitern die Möglichkeiten, Umwelten wahrzunehmen und zu manipulieren.

Das Konzept des Cyborgs – im Zusammenspiel mit der Metapher der Prothese – stellt die im Alltag klar gezogene Grenze zwischen Menschen und den von ihnen genutzten technologischen Artefakten infrage. In ihrem Essay „Situated Knowledges“

nutzt Haraway (1988) die Idee des *Cyborg* als analytische Strategie: Innerhalb eines größeren (und feministisch eingebetteten) Arguments über die Relevanz von verkörpertem Wissen in den Naturwissenschaften bestimmt Haraway wissenschaftliche Instrumente als Erweiterung der Subjekte zum Zweck der Herstellung und Prozessierung von Erkenntnissen. Entgegen den gängigen Idealen von wissenschaftlicher Objektivität unterstützt sie die Auffassung, dass wissenschaftliche Erkenntnis stets an die verkörperte Perspektive von Forschern geknüpft ist. „I would like", so Haraway,

> to insist on the embodied nature of all vision and so reclaim the sensory system that has been used to signify a leap out of the marked body and into a conquering gaze from nowhere. (Haraway 1988: 581)

Es handelt sich bei dieser Behauptung nicht um eine rhetorische Pose. Auf der Annahme von „embodied nature of all vision" beharrend, hinterfragt Haraway populäre wie akademische Darstellungen wissenschaftlicher Praktiken. Damit richtet sie sich gegen eine Konzeption, die die Körper von Wissensproduzenten „blackboxiert" und so tut, als entstünden wissenschaftliche Erkenntnisse durch einen „gaze from nowhere".

Haraways Vorstellung von *Embodiment* als Verschmelzung von Körpern und Artefakten verstärkt die soziologische Körpersensitivität: Dem Bewusstsein um erlernte Körpertechniken und die physische Funktion der Informationsverarbeitung wird die Einsicht in artifiziell fortgesetzte Körper als Wissensgeneratoren hinzugefügt. Der hier untersuchte Finanzhandel basiert auf dem Beobachten und Reagieren auf bildschirmvermittelte Marktinformationen. Ebendies impliziert eine enge Beziehung zwischen Händlern und Teletechnologie. Das besprochene Konzept der *Prosthetic Devices* sensibilisiert nun für die Frage, inwieweit Finanzbildschirme nicht nur für sich, sondern in Verknüpfung mit den Körpern der Marktteilnehmer wirksam werden.

4.2 Disziplinierte Körper: Stillstellung vor Bildschirmen

Spekulative Finanzgeschäfte, wie sie von Trade X betrieben werden, beruhen darauf, dass HändlerInnen „Positionen" (Teilnehmerausdruck) im Markt eingehen, sprich: Finanzprodukte mit dem Ziel kaufen und leerverkaufen, um diese zu einem späteren Zeitpunkt entweder profitbringend abzustoßen oder – im zweiten Fall– mit Gewinn zu erwerben. Das Grundproblem der Tätigkeit besteht darin, dass „Marktbewegungen" (Teilnehmerausdruck) nicht vorhersehbar sind. Im Derivatehandel verschärft sich dies, da er im Vergleich zu anderen Märkten (z. B. Anleihenmärkte) ein deutlich höheres Ausmaß an Preisschwankungen und damit verbundenen Gewinn- bzw. Verlustrisiken hat. Zum einen ist, wie das vorangegangene Kapitel gezeigt hat, die vergleichsweise stark ausgeprägte Volatilität des Derivatemarkts in Form handelsraumspezifischer symbolischer Klassifikationen des Marktes als „sprunghafte" und „nervöse" Kreatur präsent. Zum anderen beansprucht die extreme Ungewissheit des

Marktgeschehens ein eingekörpertes Wissen und Können der Händler im Handelsraum. Jene „Körpertechniken“ (Mauss 1975/1936) sind speziell auf die Volatilität abgestimmt und ermöglichen Derivatehändlern, im zeitlichen Rhythmus des „sprunghaften“, „nervösen“ Marktes zu agieren.

Dabei kommt der Körper zunächst als disziplinierter Körper ins Spiel. Die Disziplinierung sorgt für eine Stillstellung der Physis vor den Bildschirmen, i. a. W. dafür, dass sich die Händlerkörper zur Bearbeitung potenzieller Marktbewegungen permanent bereithalten. Die körperliche Präsenz am *Trading Desk* wird vom Rhythmus des Derivatemarkts vorgegeben. Dass dieser erratisch, instabil und damit unplanbar verläuft, stellt hohe Ansprüche an die Physis: Um die zeitliche Taktung der Kurse zu antizipieren und in Übereinstimmung mit ihnen ihre eigenen Körper vor den Bildschirmen stillzustellen, vergessen Händler gezielt ihre physische Seite. Die Zurückdrängung des Körpers wird von den Teilnehmenden aktiv hergestellt und aufrechterhalten. Eine wichtige Rolle spielt dabei das morgendliche An- und abendliche Ablegen der Krawatten: Nachdem die männlichen Angestellten von Trade X morgens den Handelsraum betreten und ihre Jacken oder Mäntel an der Garderobe ausgezogen haben, gehen sie zu ihrem Arbeitsplatz. Dort schalten sie nicht nur ihre Computer ein, sondern binden zudem ihre Krawatten, die in den meisten Fällen über Nacht in Schubladen deponiert oder über die Kante eines Monitors gehängt vor Ort bleiben. Wenn überhaupt, dann erfolgen der Gang auf die Toilette und/oder das Trinken eines Kaffees an der Bar im Foyer vor dem Umlegen der Krawatte. Mit jener Geste zeigen die Händler an, dass ihre Körper nun ganz der Beobachtung der Bildschirme dienen. Sie ist, häufig vom Aufkrempeln der Hemdsärmel und dem Wechsel von bequemen Straßenschuhen zu steifen, polierten Lederschuhen gefolgt, der erste Schritt zur Stillstellung des Körpers vor den Bildschirmen.

Um diese Stillstellung aufrechtzuerhalten, ist Marktzeitwissen unerlässlich. Dieses besteht in den Kenntnissen der Eigenzeit von Finanzmärkten, all der Ereignisse, die den Verlauf von Märkten manchmal erheblich beeinflussen können oder sollen, etwa der Bonitätseinschätzungen von Ratingagenturen, Veröffentlichungen von Leitzinsen, Konjunkturprognosen u. v. m. An den Händlerarbeitsplätzen nimmt daher der internationale Kalender der Finanzwelt einen wichtigen Platz ein, so er in der Form eines Bildschirmfensters laufend aktualisiert wird und ein Hinauf- bzw. Hinunterscrollen erlaubt. Seine Meldungen beziehen sich beispielsweise auf Nationalökonomien, Zentralbanken und Einzelunternehmen. So wurden am 4. September 2008 um 14 Uhr 30 Produktivitätszahlen der Landwirtschaftsbranche in den USA veröffentlicht. Der folgende Ausschnitt stammt aus meinem nur wenige Stunden früher geführten Gespräch mit einem Händler (J.) über solche Derivate, deren Basiswerte eben landwirtschaftliche Produkte sind:

S. L.: Wird sich heute noch was tun im Markt?

J.: Später kommen Zahlen. Dann kann es schon noch mal rund gehen.

S. L.: Was für Zahlen sind das denn?

J.: Hm, weiß ich gar nicht genau. (Scrollt am Reuters Schirm die Liste der anstehenden Veröffentlichungstermine hinab.) Um 14 Uhr 30 kommen US-Zahlen. Agrarzahlen.

Die knappen Antworten beleuchten mehrere Aspekte der Hilfe, die Händler durch den Finanzmarktkalender erhalten. Erstens legt der interviewte Händler nahe, dass die Veröffentlichung von Wirtschaftsindikatoren („Zahlen") eine unmittelbare Steigerung der Marktaktivität auslösen kann. Damit beschreibt er die von professionellen Marktteilnehmenden geteilte Erwartung, dass die Publikation derartiger Kennzahlen Märkte „bewegt", sodass es „schon noch mal rund gehen" kann. Zweitens zeigt der Ausschnitt, dass der Händler nicht auf Anhieb weiß, um welche Wirtschaftsindikatoren es sich konkret handelt. Um sie zu benennen, muss er selbst im Börsenkalender nachsehen. Entscheidend ist also nicht, genau zu wissen, worauf sich die „Zahlen" beziehen, sondern den konkreten Zeitpunkt der Bekanntmachungen zu jenen Basiswerten, mit denen man selbst spekuliert, zu kennen. So gesehen ist das Wissen um die Zahlen, die über den Schirm kommen, weniger ein inhaltliches als ein zeitliches Wissen. Mit dem Marktzeitwissen vermögen die Händler abzuschätzen, wann sie am *Trading Desk* sitzen und wie sie die körperliche Ab- sowie Anwesenheit koordinieren müssen. So ist es unter den Teilnehmenden verpönt, sich vom *Trading Desk* abzumelden und eine Pause außerhalb des Handelsraums einzulegen, ohne vorher den Finanzmarktkalender konsultiert zu haben.

Händler eignen sich Marktzeitwissen nicht nur durch den Finanzmarktkalender an. Sie prozessieren dieses auch körperlich mittels Einstimmungsparolen. Die folgende Feldnotiz hält die Minute vor einer aufgrund von Marktzeitwissen erwarteten Marktbewegung fest:

J. richtet sich auf, klopft mit der Handfläche im Takt auf die Tischfläche und johlt dazu: „Jetzt geht's los! Jetzt geht's gleich los." Ich bin überrascht: Keiner der anderen HändlerInnen weist, sich über die Lautstärke und Ablenkung beschwerend, J. zurecht. Im Gegenteil: Nach kurzer Zeit stimmt ein zweiter Händler in die „Jetzt-geht's-los-Rufe" von J. ein, und schließlich noch ein weiterer. Es sind nun drei Stimmen, die gleichzeitig laut und deutlich „Jetzt geht's los, jetzt geht's los" intonieren. J. ist während des Wiederholens der Parole ganz auf seine Bildschirme fokussiert. Anstatt sich über die vermeintliche Störung durch ihre Kollegen aufzuregen, richten alle rechts und links von J. sitzenden HändlerInnen ihre Blicke gespannt auf die Reuters-Schirme, alle Handflächen ruhen auf der Tastatur. Es sieht so aus, als wären alle nun in einer Art Warteposition. Die Teilnehmenden ähneln einem Rudel von Tieren, das sich unter äußerster Anspannung darauf einstellt, im nächsten Moment zu fliehen oder anzugreifen.

Zwei Aspekte dieser Szene möchte ich eingehender diskutieren. Erstens weist der Umstand, dass in seine Parole „Jetzt geht's los" weitere Händler einstimmen, darauf hin, dass J. hier nicht die Rolle eines Störenfrieds einnimmt. Das stellt einen Bruch mit dem Alltagsverständnis von kulturellen Akustiken in gemeinschaftlichen Büroräumen dar, demnach die Teilnehmenden i. d. R. schweigsam bzw. leise nebeneinander arbeiten sollen und nur bei bestimmten Anlässen für die Kollegen wahrnehmbare Laute äußern dürfen. Dieses Gebot zur Ruhe wird bei Arbeitspraktiken des Programmierens (Schmidt 2006, 2008) manifest: Indem die Programmierer für die Zeit, in der sie an einem Code schreiben, für alle im Büro sichtbar Kopfhörer aufsetzen, melden sie sich von der kommunikativen Öffentlichkeit ab und signalisieren, dass angesprochen zu werden ihre Konzentration störte. Dagegen stellt im Handelsraum die Einmischung durch Laute, die eben, wie Goffman (1982) zeigt, in vielen anderen Settings die sozialen Raumgrenzen verletzt, keine derartige Beeinträchtigung dar.

Wenn die Einstimmungsparolen also nicht störend wirken, kann man sich zweitens fragen, ob sie andere Implikationen für die Arbeit der HändlerInnen aufweisen. J. tritt genau genommen als Verkünder bzw. Vermittler des Eigentakts des Marktgeschehens auf. Marktzeitwissen wird hier nicht einfach mental vergegenwärtigt, sondern körperlich in Szene gesetzt und prozessiert. Angeleitet von den Einstimmungsparolen bringen sich die Teilnehmenden einerseits in Stellung (Hinsetzen, Ausrichten der Drehstühle in Richtung Bildschirme, Ablegen der Handflächen auf die Tastatur). Der ethnografisch gewonnene Eindruck einer rudelartigen Anspannung legt nahe, dass die Rufe andererseits auch ein Mittel sind, sich in die richtige Stimmung zu bringen, d. h. den passenden körperlich-affektiven Zustand für die Bearbeitung der unmittelbar erwarteten Marktbewegung herzustellen. Besonders plausibel wird diese Funktion von Einstimmungsparolen, wenn man das Handlungsproblem bedenkt, vor das ein extrem volatiler Markt seine Beobachter stellt und das ein von mir interviewter Händler folgendermaßen schildert:

> S. L.: Ich frage mich, warum ihr [Derivatehändler] dermaßen herumbrüllt.
>
> F.: Wir sitzen an unseren Desks für elf Stunden und du sollst elf Stunden zu hundert Prozent konzentriert sein. Das Problem ist, dass du nicht die ganze Zeit den gleichen Stress hast. Manchmal ist der Markt total ruhig, manchmal ist es wie in einem Irrenhaus. Manchmal ist nix los, und plötzlich schaltet es um in einer Sekunde von null auf hundert. Und dann musst du umschalten von null auf hundert.

Die Teilnehmerformulierung des Handlungsproblems („dann musst du umschalten von null auf hundert") lässt mich vermuten, dass Einstimmungsparolen zur Bewältigung beitragen. Sie helfen aus Sicht der Teilnehmenden dabei, sich blitzartig auf Marktänderungen einzustellen. Was im Handelsraum „umschalten können" genannt wird, erfasst der sozialwissenschaftliche Begriff des „Gefühlsmanagements" (Hochschild 1983). Wie Hochschild bemerkt, besteht ein Weg, die eigenen Affekte zu steuern, darin, den eigenen Körperzustand zu manipulieren. Dabei reicht die Palette von der Einnahme von Drogen bis zum tiefen Durchatmen. Wie aus F.s Aussage hervorgeht, können Einstimmungsparolen als Methode aufgefasst werden, sich und andere in die nötige affektive Spannung zu versetzen, um Marktbewegungen adäquat zu erfassen.

Für die Regulierung von körperlichen Bedürfnissen zugunsten konzentrierter Verarbeitung von Marktinformationen ist ebenso ein disziplinierter Körper unabdingbar. Wenn der Handlungsbedarf besteht, womöglich entgegen den Erwartungen, hat man die Nahrungsaufnahme, Erholungspausen und den Gang auf die Toilette aufzuschieben. Im Derivatehandel müssen die HändlerInnen damit rechnen, dass Basiswerte wie der F-DAX – in ihren Augen – aus heiterem Himmel steigen oder fallen, weshalb sie sich auf die mehrstündige Berg- und Talfahrt der Märkte nicht vorbereiten können. Wenn der erratische Takt des Derivatemarkts die volle Aufmerksamkeit und Handlungsfähigkeit der Teilnehmenden erfordert, dürfen sich ihre Körper nicht bemerkbar machen. Sie müssen vergessen sein, was allein eine umfassende Kontrolle der Bedürfnisse gewährleistet.

Deshalb besteht eine zentrale Körpertechnik im Handelsraum in der Unterdrückung des Harndrangs. Dass es sich hierbei um eine erworbene Kompetenz, um eine „Körpertechnik“ im Sinne von Marcel Mauss (1975/1936) handelt, zeigt sich daran, dass sie nicht alle Teilnehmenden im Handelsraum von Trade X gemäß den dort geltenden Standards beherrschen. So kann beispielsweise einer der Praktikanten seinen Toilettengang nur für ein bis zwei Stunden aufschieben und verlässt seinen Arbeitsplatz am *Trading Desk* trotz äußerst volatiler Marktdynamik. Sein ‚Kontrollverlust‘ ruft Ärger und Spott bei den anderen hervor, ja man zieht ihn wegen seiner „schwachen Damenblase“ sogar auf. Die Teilnehmenden thematisieren also in Gesprächen untereinander, ebenso in den ethnografisch aufgezeichneten Gesprächen mit mir, das Unverzichtbare mit Metaphern und Umschreibungen. Ein Händler erzählt etwa: „Es gibt Tage, da ist so viel Bewegung, da haben wir hier konstant 50 bis 100 aktuelle Hits [ausführbare Order am Schirm]. Und da kannst du nicht mal auf die Toilette gehen, da musst du hier quasi in Windeln dasitzen.“

Selbstverständlich tragen FinanzhändlerInnen nicht wirklich „Windeln“, was der Ausdruck „quasi“ in der Schilderung andeutet. „In Windeln dasitzen“ meint vielmehr die Kontrolle, der die Körper an Tagen mit „so viel Bewegung“ im Markt unterliegen.

Neben dem Verzicht auf Toilettengänge existieren noch weitere, im Diskurs der Teilnehmenden aber weniger spektakulär aufbereitete Selbstdisziplinierungen des Körpers. Etwa verlassen die HändlerInnen ihren Arbeitsplatz zum Mittagessen nicht, sondern das Mittagessen wird in den Handelsraum geliefert, sodass sie ihre Bildschirme im Blick und ihre Tastaturen in Reichweite behalten. Dazu eine Händlerin im Interview:

> Ich habe den DAX-Zusammenbruch ein paar Mal mitgemacht. Da hast du halt nur mehr Hits [ausführbare Order]. Normalerweise haben wir so am Tag 1000 bis 1500 Order, an argen Tagen haben wir 5000 bis 6000. Ich weiß noch, ich habe mir zu Mittag eine Portion Nudeln bestellt und am Abend habe ich gerade drei Nudeln gegessen gehabt. Das musst du aushalten lernen, auch wenn's anfangs hart ist.

Dieser Gesprächsausschnitt ist in zweifacher Hinsicht aufschlussreich: Erstens ordnet die Aussage dem Markt die Eigenschaft bei, zusammenbrechen zu können. Und zweitens erklärt sie, dass die Möglichkeit bzw. Wahrscheinlichkeit „sprunghafter“, „nervöser“ oder „verrückter“ Marktbewegungen die Anwesenheit des Körpers und seine andauernde Stillstellung vor den Bildschirmen verlangt. Mit anderen Worten: Das Zeitverhältnis des Marktes wird in die Verfügbarkeit von Menschenkörpern übersetzt, die – im Takt der Kurse – nicht nur sehen, hören und entscheiden, sondern auch essen und sich erleichtern.[6]

4.3 Handelnde Körper: Transaktionen im Sekundentakt

Neben dem disziplinierten Körper, der für eine Stillstellung und Anpassung der Physis an den Rhythmus des Marktes sorgt, wirkt der Händlerkörper auch als Träger von blitzschnellen Handlungen und Entscheidungen. Wie eine Teilnehmerin ausführt, entstehen bei Derivaten im Vergleich zu Aktien und Anleihen Gewinnchancen und Verlustrisiken im Sekundentakt. Sie erklärt mir: „Man kann auch gut auf Öl[7] spekulieren. Öl ist super volatil. Also da kannst du echt innerhalb von ein paar Sekunden 20 Cent verlieren, bei einer Stückzahl von 10 000 [Zertifikaten] würde das dann gleich einmal 2000 Euro ausmachen."

Der Ausschnitt verdeutlicht, dass eine Kernkompetenz des Derivatehandels darin besteht, die eigenen Transaktionsentscheidungen nach dem besonderen zeitlichen Rhythmus dieses Marktes auszurichten. Das kann bedeuten, Entschlüsse in Sekundenschnelle zu fassen und umzusetzen. Nicht von ungefähr kehrt in meinem Austausch mit den HändlerInnen eine zentrale Verhaltensanweisung immer wieder: „Du musst schnell sein!" Dieser Appell schlägt sich in den unkommentierten, unscheinbaren Handlungen des Derivatehandels nieder: Auf die Computerkeyboards wird jäh gedrückt oder gehämmert, Computermäuse werden zielsicher und blitzschnell ergriffen und manövriert, temporär verwaiste *Trading Desks* im Laufschritt angesteuert.

Die reflexartige Schnelligkeit im Handelsraum, als ständig geäußertes Verhaltensgebot einerseits und als Merkmal des Spekulierens in diesem Markt andererseits, gewährt eine überraschende Einsicht: Der von Bildschirmmedien durchdrungene Finanzhandel geht in ‚geistiger Arbeit' keineswegs auf. Er erfordert mentalen

6 An dieser Stelle könnte man einwenden, dass die Beherrschung der hier analysierten Körpertechniken nichts Spezifisches sei. Schließlich könne auch ein Orchestermusiker während der gemeinsamen Vorstellung des Ensembles nicht auf die Toilette gehen, genauso wenig wie ein Universitätsprofessor die Vorlesung aus diesem Grund abbrechen könne. Der entscheidende Unterschied zwischen dem Orchestermusiker oder dem Universitätsprofessor und dem Derivatehändler besteht in der Planbarkeit und dem Ausmaß an Kontrolle über die infrage stehenden Aktivitäten. Felder wie der Derivatemarkt folgen weder einem Spielplan noch einem Vorlesungsverzeichnis.

7 Mit „Öl" ist hier nicht der Rohstoff gemeint, sondern ein Index („Brent Crude Oil Future Index"). Dieser Index fungiert als Basiswert für das derivative Zertifikat, das die hier interviewte Händlerin in einer Stückzahl von 10 000 handelt. Jenes wiederum bildet den Preis des Basiswerts (des Index) im Verhältnis 1:1 ab. Steigt der Preis des Index um 20 Cent, steigt auch der Wert des Zertifikats um 20 Cent. Umgekehrt kann ein fallender Basiswert auch innerhalb von „ein paar Sekunden" zu einem ebenso großen Verlust führen.

und körperlichen Einsatz gleichermaßen, wobei im Vollzug der Marktteilnahme, insbesondere bei raschen Entscheidungen, die Grenzen verschwinden. Diese Vermischung von Denken und Tun lässt sich treffend mit einer pointierten Feststellung von Loic Wacquants soziologischer Studie des Boxens ausdrücken: „Der Kopf wird zum Körper, der Körper zum Kopf“ (Wacquant 2003: 248). Die folgende Passage aus einem Interview mit einem Händler, in dem es einmal mehr um die Unterschiede zwischen dem Derivatemarkt und anderen Finanzmärkten geht, zeigt einen Versuch, das eingekörperte Handlungswissen (vgl. Bourdieu 2001: 184 f), in dem Denkvorgänge und körperliche Ausführungen miteinander verschmelzen, in Worte zu fassen. Mir wird erklärt:

> Beim Rentenhandel [Handel mit Anleihen] kann man auch einmal eine Minute überlegen oder zwei, was man tut. Das wird auch akzeptiert. Wenn man ein Derivat auf den Dax handelt, springt das schon wieder in dieser Minute zehn oder fünfzehn Punkte, dann ist wahrscheinlich der Anleger, der die Order erteilt hat, beleidigt. Und das kann ja auch gegen die eigene Position [des Händlers im Markt] sein. Also man muss viel schneller die Order ausführen, möglichst noch innerhalb weniger Sekunden.

Die Schilderung postuliert eine Entsprechung zwischen den Produkten (z. B. Aktien oder Derivaten) und den zur Teilnahme als notwendig erachteten Handlungskompetenzen. Der Anleihenmarkt, bei dem sich Preise nur langsam verändern, ermöglicht, auch „einmal eine Minute [zu] überlegen“, ehe man handelt. Den Derivatemarkt hingegen assoziiert mein Gesprächspartner mit geradezu gegenteiligen Verhaltensanforderungen: sekundenschnelle Ausführungen ohne (zu langes) Überlegen. Außerdem kommt in dem Interview eine Variante dessen, was Bourdieu (2001: 184) mit Begriffen wie „körperliche Intelligenz“ zu fassen sucht, zur Sprache. Der Derivatemarkt wird im Unterschied zu zeitlich anders strukturierten Finanzmärkten als ein Tätigkeitsbereich erkennbar, dessen bestimmende Praktiken „intellektuelles und diskursives Verstehen [...] suspendieren“ (Bourdieu 2001: 184) und eine Form „praktischer Erkenntnis“ (Bourdieu 2001: 184) favorisieren, kurzum: ein Prozessieren und Verstehen, Denken und Erkennen mit dem Körper.

4.4 Erweiterte Körper: Bildschirme als „Auge zum Markt“

Die bisherigen Ausführungen erwecken vielleicht den Eindruck, dass sich der untersuchte Finanzhandel vor allem durch die Disziplinierung des Körpers auszeichnet. Doch die Beobachtung und Verarbeitung des bildschirmvermittelten Marktgeschehens sind nicht nur von der Unterdrückung und Anpassung körperlicher Bedürfnisse abhängig, sondern auch von der Präsenz der Teletechnologie. Händlerbildschirme, wie der eingangs erwähnte Reuters Monitor, visualisieren Preisänderungen von Wertpapieren in Echtzeit und liefern so die Basisinformation für Kauf- oder Verkaufsentscheidungen. Die Tätigkeiten im Finanzhandelsraum sehen also eine enge Beziehung zwischen den teletechnologischen Artefakten und den menschlichen Händlern vor. Handelt es sich dabei um eine rein instrumentelle Beziehung, in der Monitore dem Menschen als materielle Mittel zum Zwecke der Marktbeobachtung dienen?

Bildschirme sind in den Gesprächen der HändlerInnen untereinander und in den ethnografischen Interviews stets Thema. Aufschlussreich sind die Beschreibungsformate, auf die die Teilnehmenden hierbei zurückgreifen. Es lassen sich zwei Arten von Klassifikationen in Bezug auf Bildschirme unterscheiden, die den mündlichen Diskurs dominieren.

Die erste Bestimmung geht von einer instrumentellen Mensch-Ding-Beziehung im Derivatehandel aus, indem sie den Computer samt Bildschirm als Werkzeug oder schlicht zweckdienliche Maschine beschreibt. So sprechen einige Teilnehmende entweder nur abstrahierend von dem „Ding" oder von der „Handelsmaschine". Wie techniksoziologische Befunde (vgl. Rammert 1993) bestätigen, ist es bei einer derartigen instrumentellen Konzeptualisierung üblich, die technischen Objekte im Vollzug von Alltagsroutinen als selbstverständlich vorauszusetzen und nicht als das zu sehen, was sie (auch) sind: zur Ausführung der infrage stehenden Praktik notwendig gewordene Träger von Handlungen. In diesem Sinn reden die HändlerInnen von bloßen „Handelsmaschinen".[8]

Die zweite Klassifikation erschien mir als so natürlich, dass sie mich zunächst gar nicht überraschte: Die Bildschirme werden als technologische Erweiterung der Körper von Händlern, insbesondere ihres Sehsinns aufgefasst. Dies zeigt sich beispielsweise besonders deutlich, wenn Teilnehmende ihre Bildschirme, genauer gesagt: den an jedem Händlerarbeitsplatz vorhandenen Reuters-Monitor, als „unser Auge zum Markt" bezeichnen. Bezeichnungen wie diese sind bemerkenswert, da sie die Abhängigkeit des Handels sowohl von menschlichen Körpern als auch von Technologien spiegeln. Mehr noch: Sie stellen die vermeintlich klare Grenzziehung zwischen Mensch und Technik, Lebewesen und künstlichem Gerät infrage.

Dieses Merkmal teilen die Bildschirmbeschreibungen der HändlerInnen mit dem in den *Science and Technology Studies* geprägten Begriff des „Cyborg" (Gray 1995; Haraway 1988). Jener Begriff steht für die vielfältigen Weisen, in denen technische Mittel der Wissenserzeugung und Wissensvermittlung die Körper ihrer menschlichen Nutzer erweitern. Haraway fasst, wie gesagt, materielle Wissensinstrumente in diesem Zusammenhang als „prosthetic devices" (1988: 583) auf. Der Begriff der Prothese meint hier nicht den medizinischen Ersatz für fehlende Körperteile, sondern beschreibt die technologische Erweiterung und Modifikation des menschlichen Körpers. Beispiele für Prothesen nach Haraway sind Augengläser, Mikroskope genauso wie bildschirmgestützte Visualisierungsverfahren.

Mithilfe des Konzepts der „prosthetic devices" (Haraway 1988: 583) können ansonsten unbemerkte Vollzugselemente des bildschirmvermittelten Finanzhan-

8 So verbalisieren die HändlerInnen die technisch bedingte Verlangsamung der Übermittlung von Transaktionsanfragen als „Steckenbleiben der Maschine".

dels in den Blick gerückt werden. Zunächst stellen die Finanzbildschirme im Handelsraum eine Prothese dar, oder, wie ein Händler es ausdrückt, einen besonderen „Sehapparat". Das im Vergleich zum traditionellen Börsenparkett Neue an diesem ‚Apparat' ist weniger die Fähigkeit, Finanzmarktinformationen in Echtzeit zu visualisieren, als jene, gleichzeitig Diverses in verschiedener Form sichtbar zu machen. So kennzeichnet ein Händler im Interview seinen Reuters-Schirm, dessen Funktion in der Darstellung indikativer Preise von Finanzprodukten besteht, folgendermaßen:

> S. L.: Was ist der Reuters-Schirm? Worin besteht seine Aufgabe?
>
> R.: Das ist wie ein Sehapparat. Zum Beispiel liefert der Chart hier oben [zeigt auf die animierte F-DAX-Preiskurve] ein schnelles Gesamtbild für unseren Markt. In den anderen Fenstern kann ich mir alle anderen Marktplätze oder Finanztitel heranholen [...], zum Beispiel den historischen Verlauf über die letzten drei Monate.

Die Bildschirmoberfläche dieses „Sehapparats" besteht aus etwa zwanzig kleinen und größeren Fenstern, die alle jeweils andere Aspekte und Bereiche des Marktes zur Anschauung bringen: wichtige Aktienindizes, einzelne Aktien, den DAX, neueste Wirtschaftsnachrichten oder den Börsenkalender. Während Lupen und Augengläser die natürliche Umwelt scharf stellen, nimmt der Reuters-Schirm als ‚Sehhilfe' also eine simultane und variantenreiche Darstellung verschiedener Komponenten des Finanzhandels vor. Unter Verwendung stabiler Visualisierungsformate (Zeilen und Spalten, mehrere Farben) zeigt der Bildschirm die Echtzeit-Entwicklung des Marktgeschehens mittels blinkender, grafischer und numerischer Darstellungsdynamiken.

Findet ein Umsatz im Handel eines Wertpapiers statt, so signalisiert Reuters dies mit blinkenden Preisen. Je mehr Transaktionen zeitgleich vonstattengehen, desto mehr wird der Reuters-Schirm zum Blinklichtgewitter. Numerische Dynamik kommt ins Spiel, wenn sich die Preise qua Indikativpreise in den einzelnen Zellen von Zeilen- und Spaltenstrukturen kontinuierlich dem aktuellen Kurs anpassen. Grafische Dynamik zeigt sich am Beispiel des F-DAX-Tagescharts, einer dynamisch-strömenden und zugleich stabilen Visualisierungsform: Einerseits begleitet der Chart die Geschäfte den ganzen Handelstag lang, indem er die gesamte Preisentwicklung durch eine Kurve abbildet, die zeitlich zurückverfolgt werden kann.[9] Andererseits spiegelt die Kurve stets die augenblickliche Preissituation ohne Zeitverlust und kommt dabei nie zum Stillstand, wobei Richtung und Tempo aussagekräftig sind. Sie bewegt sich mit jeder Transaktion entweder nach oben (Preisanstieg), geradeaus (gleichbleibender Preis) oder nach unten (Preisabfall). Bei vielen Verkäufen gleichzeitig schießt die Preiskurve blitzartig nach unten, weil sie umso schneller verläuft, je größer die Dichte an Transaktionen von DAX-Future-Kontrakten ist. Blinkt

9 In der Tat stellt die Chart-Analyse, auch Technische Analyse genannt, eine verbreitete finanzmarktinterne Methode zur Deutung und Prognose zukünftiger Marktentwicklungen dar (vgl. Mayall 2006).

auf Reuters die numerische Ausgabe des F-DAX-Preises in der Zeile „FDX", dann beschleunigt auch die Kurve, d. h. die blinkende und die grafische Dynamik korrespondieren. Da viele Wertpapiere des untersuchten Derivatemarkts als Basiswert den F-DAX haben, ist seine Performanz ein Indikator für den gesamten Derivatehandel. Laut den Teilnehmenden liefert der Echtzeit-Chart deshalb ein „schnelles Gesamtbild" des Marktes.

Der Reuters-Monitor konstituiert in der Welt des Handelsraums aber nicht nur eine technologische Erweiterung des Sehsinns. Die Klassifikation des Bildschirms als Sehapparat wird gemäß der Metapher des Cyborgs noch weiter radikalisiert, wenn Teilnehmende die Geräte nicht bloß als Instrument, sondern als Teil des eigenen Körpers empfinden. Im *Trading Room* wird diese Identifikation mit den Bildschirmen durch die Vergabe gebräuchlicher anatomischer Ausdrücke manifest. So bezeichnen HändlerInnen, wie bereits erwähnt, ihre Reuters-Monitore als ihr „Auge zum Markt" – und dies ist keine Übertreibung. Die Beobachtung sich ständig ändernder Preise ist eine Angelegenheit nicht nur des natürlichen Körpers als eines qualifizierten Handlungsträgers, sondern auch seiner technologischen Erweiterung. Wie ein Händler es ausdrückt: „Ohne Reuters wären wir ziemlich blind."

4.5 Sensorische Körper: Den Markt hören

Die Präsenz des technologisch erweiterten Körpers verdeutlicht, dass im Handelsraum der Sehsinn vorausgesetzt wird. Denn Bildschirmoberflächen im Handelsraum sind in vielfältiger Weise darauf ausgerichtet, inspiziert und interpretiert zu werden. Werden die menschlichen Sinne (Sehen, Hören, Riechen, Schmecken, Tasten) als epistemische Werkzeuge zur Verarbeitung von Marktinformation genutzt, kann man vom „sensorischen Körper" (Knorr Cetina 2002: 139 ff) sprechen. Wohlgemerkt kommt es nicht nur auf die visuellen Eindrücke, sondern gerade auf multisensorische Aktivität an, d. h. die HändlerInnen fungieren nicht ausschließlich als „kinematic investors" (Zwick 2005: 32). Niemand spricht im *Trading Room* etwa davon, dass man als HändlerIn einen guten Blick für den Markt bräuchte; es gehe vor allem darum, „schnell etwas zu erkennen" und „laufend mitzubekommen, was passiert".

Eine Praktik des auditiven Beobachtens, des Überwachens mit dem Ohr ergänzt und ersetzt in gewissen Situationen die visuelle Inspektion der Bildschirme. Im Handelsraum ist nicht nur wichtig, was sich auf den Monitoren abspielt, sondern auch, was sich im Handelsraum selbst ereignet. Teilnehmende hören stets auf spezifische Laute und Verbalisierungen der Kollegen, die virtuell übermittelte Marktsituationen zu Gehör bringen. So werden sie auf Marktentwicklungen aufmerksam, die sie selbst nicht am Bildschirm verfolgen. Die folgende Szene (siehe Transkript 1) verdeutlicht dies:

Transkript 1: GLEICH KOMMEN ZA::: HLEN!

```
C.:   (nur hör- nicht sichtbar) GLEICH KOMMEN ZA:::HLEN!
B.:   (blickt vom Fernseher weg und fokussiert Reuters)
```

B., der direkt neben mir sitzt, geht zwar einer Nebenbeschäftigung nach, indem er via Fernsehgerät eine Pokersendung mitverfolgt. Gleichzeitig bleibt er aber durch seine Ohren mit dem Handelsraums verbunden, sodass er diesen als auditive Informationsquelle für Marktentwicklungen nutzen kann. Verlangt der Sehsinn die körperliche Ausrichtung auf das zu betrachtende Objekt, so ist der Hörsinn ein ubiquitärer Sinn: ungerichtet und unabschließbar.

Die gängige Praktik, lauschend die Marktvorgänge wahrzunehmen, zeigt, wie wichtig die Arbeit „vor Ort" ist. Der Handelsraum stellt nicht nur eine technologische Infrastruktur zur Verfügung, sondern bietet Gelegenheiten für die Artikulation des Marktgeschehens seitens der Händler und der auditiven Beobachtung dieser Äußerungen. Nach Einschätzung der Teilnehmenden liegt in der so geschaffenen Transparenz von Preisänderungen ein strategischer Informationsvorteil. In einer Diskussion über die Möglichkeit, den großen Handelsraum zugunsten kleinerer Büros à höchstens zwei Arbeitsplätzen aufzugeben, wird argumentiert, dass man (fast) alleine sitzend „nicht mehr so viel mitkriegen" würde. Es zeigt sich eine Wertschätzung der kollektiven physischen Präsenz, die angesichts der Vorstellung von körperlosen virtuellen Räumen überrascht. Interessanterweise ähnelt der bildschirmmediatisierte Finanzhandel in dieser Hinsicht meiner Methode, ihn zu untersuchen: In der ethnografischen Forschung hängen sowohl die Glaubwürdigkeit von Ergebnissen (vgl. Clifford/Marcus 1986), als auch der praktische Vollzug ihrer spezifischen Beobachtungs- und Beschreibungsleistungen von der körperlichen Anwesenheit des Forschers im Feld ab.

4.6 Im Takt des Marktes

Technologie spielt eine wichtige Rolle in Finanzmärkten, sei es in der ikonografischen Außenwirkung (man denke an die allgegenwärtigen Bilder elektronischer Preiskurven) oder im Rahmen ihrer internen Abläufe. Auch der vorliegende Fall des Derivatehandels ist abhängig von Bildschirmmedien, die das Finanzmarktgeschehen für Händler vielfältig verfügbar machen. Allerdings bedingen diese ein ganzes Bündel von mit ihnen verzahnten Körperpraktiken. Jede der in diesem Kapitel charakterisierten Formen des Körpers übernimmt im Rahmen des Aufmerksamkeits- und Beobachtungsregimes im *Trading Room* relevante Aufgaben: Der disziplinierte Körper leistet die notwendige Kontrolle physischer Bedürfnisse, der handelnde Körper blitzartiges Handeln und (Re-)Agieren, das auf dem inkorporierten Wissen und Können der Teilnehmenden beruht. Mit dem technologisch erweiterten Körper als Koppelung von

Mensch und Bildschirm wird gesehen, was das natürliche Auge allein nicht sehen könnte, mit dem sensorischen Körper gehört, was auf nicht gesehene, von Kollegen verlautbarte Ereignisse aufmerksam macht.

Worin besteht nun die Relevanz der Ergebnisse für die Erforschung von Finanzmärkten? Inwiefern trägt die Beachtung des Körpers zum soziologischen Verständnis derselben bei? Zunächst erweitern die in diesem Kapitel gegebenen Einsichten das wirtschaftssoziologische Spektrum an Erklärungen von Märkten und des Handelns in Märkten. Die Wirtschaftssoziologie bearbeitet diese Frage nämlich zumeist vor dem Hintergrund der These der Einbettung ökonomischer Transaktionen in gesellschaftliche Strukturen (Di Maggio/Louch 1998; Granovetter 1985; Mizruchi/Stearns 2001). Letztere operationalisiert sie dabei i. d. R. als Netzwerke sozialer Beziehungen. Eine solche soziale Beziehung in einem Netzwerk wird dann oft gleichgesetzt mit Geschäftsparteien, die eine Transaktion gemeinsam vollendet haben. Problematisch ist, dass dabei nur erfolgte, nur erfolgreiche Transaktionen ins Blickfeld geraten, während die Bandbreite an Marktaktivitäten, die vorbereitend und stabilisierend wirken, ausgeblendet werden. Dieses Kapitel setzt gleichsam unterhalb der Ebene erfolgreicher, d. h. zustande gekommener Transaktionen an, indem es die vielseitige Schaffung der Voraussetzungen für potenzielle Geschäfte kraft des facettenreichen Körpers von Marktteilnehmenden beleuchtet. Ebendies fügt der wirtschaftssoziologischen Betonung sozialer Netzwerke eine Perspektive auf die situierte und verkörperte Praxis von Märkten hinzu.

Darüber hinaus erweitert ein körpersensitiver Zugang zu Finanzmärkten die innerhalb der *Social Studies of Finance* prominente Konzeptualisierung von Finanzmärkten als technologievermittelte Praxis. Er portraitiert Finanzmärkte als Arenen, wo spezialisierte Wissenspraktiken herrschen, deren materielle Basis nicht nur in technischen Artefakten und finanzmathematischen Symbolen, sondern auch in menschlichen Verkörperungen zu sehen ist. Finanzmärkte wie der untersuchte Derivatemarkt etablieren den Körper als einen in spezifischer Weise qualifizierten Handlungsträger und als sensorisches Wissensinstrument. Dies hilft den Händlern bei der Beobachtung von volatilen Werten und gewährleistet, dass sie die Koppelung ihrer Physis an die Finanzbildschirme auch dann aushalten, wenn Märkte sich sprunghaft, wie aus dem Nichts bewegen und solche „nervösen" Episoden lange andauern. Da im Handelsraum blitzartiges, reaktionsschnelles Verhalten gefragt ist, ist der Körper auch für sekundenschnell zu treffende Entscheidungen über Verkauf oder Kauf der Positionen gefragt. Und schließlich stellen die sensorischen Leistungen des Gehörs ein wichtiges Mittel dar, um die Überwachung des Handelsgeschehens zu ergänzen oder in manchen Fällen zu ersetzen. Insgesamt ergibt sich somit eine Konstellation, die, ganz anders als in jener von Bourdieu kritisierten akademischen Welt der scholastischen Vernunft, implizite gegenüber expliziten Handlungsformen, damit körperlich handelnde bzw. tätige gegenüber geistig-operierenden, reflektierenden Subjekten bevorzugt.

Könnte man sagen, dass der Derivatemarkt, überspitzt formuliert, nur ‚halbierte' Gehirne benötigt? Nein, denn diese Hervorhebung eines Defizits verdeckt mehr, als sie zeigt. Sie schlägt in die gleiche Kerbe wie die Behauptung, dass prinzipiell Tätigkeiten, die mehr von impliziten als von expliziten Handlungsformen getragen werden, beispielsweise das Schwimmen und Autofahren, nicht vollwertig sind. Obwohl das Fahren, sofern es einmal erlernt wurde, in der Tat von Autolenkern vollzogen wird, ohne dass sie sich laufend mit der Interpretation von Verkehrsinformationen (Stoppschildern, anderen Autos etc.) beschäftigen, käme niemand auf die Idee, sie bedienten sich nur halbierter Gehirne. Mit anderen Worten: Die Kenntnis von Praktiken, sei es die des Autofahrens oder die des Derivatehandels, ist, „zu einem großen Teil überhaupt kein kognitives oder auch nur sprachlich verfasstes Wissen. Es besteht aus Dingen wie Fingerspitzengefühl, Orientierungssinn, Geschicklichkeit, Kniffen und Tricks" (Hirschauer 2008: 977). Im Fall des Spekulierens mit Derivaten sind es die in diesem Kapitel beschriebenen, handelsraumspezifischen Leistungen des Körpers, die zusammengenommen nicht eine halbierte Gehirnleistung, sondern, mit Bourdieu (1976: 204 ff) gesprochen, die „Kunst" der „praktischen Beherrschung" der Beobachtung und Verarbeitung des Finanzgeschehens ausmachen. Diese Kunst besteht in einem umfassenden und gezielten Vergessen des physischen Körpers, im Reagieren auf Marktbewegungen „ohne langes Nachdenken" und in der Kultivierung des Hörsinns zu einem Instrument der Beobachtung von Marktereignissen. Einige Fragen sind dabei allerdings offen: Auf welche Artikulationen richten sich die Ohren der Teilnehmenden? Worauf hört der Derivatehandel? Wer produziert überhaupt das, worauf er hört, und zu welchen Anlässen kommt es dazu? Und wie beeinflusst die auditive Beobachtung des Marktes das Zustandekommen von Markttransaktionen? Antworten auf diese Fragen liefert das folgende Kapitel.

5 Preisströme und Aufmerksamkeitsrufe

> „Der Markt ist ziemlich ruhig heute morgen", meint G., ohne seinen Blick vom Reuters-Bildschirm abzuwenden. Der andere Händler zu meiner Rechten sieht sich „Poker's Championship" auf dem deskeigenen Fernsehgerät an. Ein dritter Händler studiert historische Charts auf seinem Reuters-Monitor. G. kümmert sich um die Erledigung einzelner Handelsorder, die ungefähr alle ein bis zwei Minuten auf einem seiner Bildschirme als Pop-ups erscheinen. Währenddessen beantwortet er meine Fragen. Als er mir gerade erklärt, weshalb er gleich fünf Bildschirme benötigt, ertönt plötzlich ein Schrei hinter uns. Es hört sich an, als ob jemand von einer Tarantel gestochen worden wäre: „Dax!". Nur einen Sekundenbruchteil später ruft ein zweiter Händler: „Der Dax!". G. bricht mitten im Satz ab, brüllt etwas, das sich anhört wie „Hooooi!" und fixiert seinen Reuters- Schirm. Dort leuchten viele Preise rot auf und die Echtzeit-Preiskurve, die den F-DAX visualisiert, stürzt steil nach unten.

Diese Szene, die sich zu Beginn meiner Feldforschung abspielt, versetzt mich in Erstaunen. Vermutlich erging es dem jungen Max Weber einmal ähnlich, denn in seinem Bericht „Der Börsenverkehr" zeigt er sich verwundert, ja er spricht sogar von seinem „Befremden" (Weber 1988: 291) über den „donnerartigen Lärm [...] zahlreicher Knäuel sich drängender, brüllender und gestikulierender Menschen" (Weber 1988: 291). Webers Schilderung datiert allerdings über hundert Jahre zurück. Sie stammt aus einer Zeit, in der die Welt der Finanzmärkte noch nichts von Computern und Bildschirmen wusste und den „donnerartigen Lärm" unter Händlern laut ausgerufene Kauf- und Verkaufsgebote verursachten. Im heutigen Derivatehandel aber haben Bildschirm-Händler-Gespanne den sogenannten Rufhandel abgelöst, den Weber so detailliert beschreibt.[1] Zunächst weiß ich nicht, ob es sich bei diesen Schreien um ein einmaliges Vorkommnis handelt. Erlauben sich einige der Händler einen Scherz mit mir? Im Zuge der Feldforschung zeigt sich aber, dass sie ein wiederkehrendes Verhaltensmuster ergeben: Wann immer die Preise auf den Reuters-Schirmen fluktuieren, geraten die HändlerInnen in hektische Aufregung und begleiten die digitalen Darstellungen mit teils ohrenbetäubenden Rufen, die manchmal mehr ein Stöhnen oder Heulen denn ein verbaler Ausdruck sind.

Preise und ihre Bedeutung für Märkte sind ein zentrales Thema der sozial- und wirtschaftswissenschaftlichen Erforschung ökonomischen Handelns. Die Wirtschaftssoziologie beschäftigt dabei besonders die Frage, wie Preise zustande kommen und welche Rolle gesellschaftliche Faktoren dabei spielen, etwa Institutionen, Konventionen und Aushandlungsprozesse (vgl. Beckert 2011). Zumindest in ihrer klassischen Variante sieht die Wirtschaftswissenschaft Preise als Informationssignale. Insbe-

---

1 Auch zeitgenössischen Ethnografien ist nicht entgangen, dass die lokale Choreografie des Rufhandels in zentraler Weise auf den Modulationen der Stimmen der Teilnehmenden sowie ihren auf- und abspringenden Körpern aufbaut (Zaloom 2006: 149 ff). Rufhändler nutzen die Klänge, die diese beiden Aktivitäten produzieren, als Anhaltspunkt, in welche Richtung Märkte sich bewegen (Zaloom 2006: 146 ff). Selbst WirtschaftswissenschaftlerInnen, so Zaloom, „found that increased sound levels lead to higher trading volumes and foreshadow periods of high volatility in the pits" (2006: 150).

sondere Hayek argumentiert, dass ökonomische Akteure über Preiswissen verfügen müssen, um Entscheidungen in Märkten treffen zu können (Hayek 1996). Während die ökonomische Theorie also durchaus betont, dass Händler Dauerbeobachter von Marktinformation sind, und wirtschaftssoziologische Untersuchungen soziale Mechanismen der Wertentwicklung in den Mittelpunkt stellen, blenden beide Forschungsstränge die Beobachtung von Preisen als praktisches Handlungsproblem aus.[2] Genau zu dieser Fragestellung liefern von der Wissenschafts- und Technikforschung inspirierte Studien über Finanzhandelstechnologien einige aufschlussreiche Ergebnisse. Untersuchungen des Tickers (Preda 2006), des Telefons (Muniesa 2008) und von Bildschirmen (Knorr Cetina 2003; Zaloom 2006 insbes. Kap. 7) verdeutlichen die Relevanz dieser Artefakte für den Finanzhandel. Dabei hinterfragen sie die Auffassung von Marktbeobachtung als individualisierter Aktivität, die sich im Kopf einzelner Marktteilnehmer vollzieht (Preda 2012: 29). Sie zeigen auf, dass spezifische Technologien und ihr kompetenter Gebrauch unabdingbar sind.

Ausgehend von dieser Perspektive argumentiere ich, dass die Beobachtung von Derivatepreisen nicht nur ihre technologische Verfügbarmachung auf Bildschirmen umfasst, sondern auch ihre verkörperte Darstellung mit Worten, Lauten und Klängen im Handelsraum. Dieses expressive Repertoire konstituiert das, was ich *Aufmerksamkeitsrufe* nenne. Diese sind keine beliebigen oder rein persönlichen Äußerungen einzelner Händler, sondern ritualisierte Formen. Die feldinterne Konventionalisierung und kulturelle Verbindlichkeit von Aufmerksamkeitsrufen zeigt sich dabei auf drei Ebenen: in feststehenden Ausdrücken (im Sinn ganz bestimmter Worte, Phrasen oder Laute), in den Anlässen ihres Gebrauchs (Preisfluktuationen) und in ihrer praktischen Funktion, die nahtlose Beobachtbarkeit der sich (ständig) ändernden Preise sicherzustellen.

Das Kapitel entfaltet mein Argument in folgenden Schritten: Abschnitt 5.2. beschreibt Aufmerksamkeitsrufe als Ethnomethode der „Formulierung“ (Garfinkel/ Sacks 1970) sich wandelnder Preise und Marktsituationen angesichts grundlegender Unsicherheiten: Wann fluktuieren Preise? In welche Richtung entwickeln sie sich? Wie groß ist die Bewegung? In Abschnitt 5.3 werden anschließend zwei Implikationen von Aufmerksamkeitsrufen analysiert, die beide mit der Bewältigung dieser finanzspekulativen Ungewissheit zu tun haben. Einerseits fungieren die Schreie als Auslöser für Ad-hoc-Einschätzungen der eigenen, unsicheren finanziellen Situation im Markt, die Händler in Form des Rekapitulierens, Fluchens und Beschimpfens des Marktes zum Ausdruck bringen. Andererseits sind Aufmerksamkeitsrufe Elemente einer ritualisierten Wachsamkeit, die das Risiko falscher oder verpasster Entschei-

2 Insbesondere die ökonomische These effizienter Märkte (*Efficient Market Hypothesis*) impliziert die Idee der Transparenz preislicher Information. In ihrer Hervorhebung, dass in Märkten alle relevanten Informationen ohnehin in den Preisen und den Preisbewegungen ersichtlich sind – so als ob Preise selbsterklärend und eindeutig seien –, klammert sie das praktische Problem der Beobachtung und Verarbeitung dieser Informationen aus.

dungen kompensiert. Ehe ich die grob skizzierten Themen aufgreife, wende ich mich der Frage zu, wie der bildschirmvermittelte Derivatemarkt als Beobachtungsobjekt überhaupt beschaffen ist und welche Konsequenzen seine Beschaffenheit für die Herstellung seiner Beobachtbarkeit hat.

5.1 Der Markt als strömendes und verzeitlichtes Beobachtungsobjekt

Kurven sind eine äußerst verbreitete und etablierte Form, den Verlauf von Finanzpreisen aufzuzeichnen. Sie spielen zum einen im Rahmen der finanzmarktinternen Methode des „Chartism" (Mayall 2006, Preda 2007b) eine wichtige Rolle. Bei dieser „technischen Analyse", wie „Chartism" auch genannt wird, geht es darum, zukünftige Marktentwicklungen anhand vergangener Verläufe von Preisen zu prognostizieren. Im Zentrum steht die Darstellung zurückliegender Kurse durch eine Preiskurve, den sogenannten Chart, die sich zwischen zwei Achsen aufspannt: einer vertikalen Achse, die den Kurs eines Wertpapiers oder eines Index zeigt, und einer horizontalen Achse, die die zeitliche Dimension der Kursentwicklung abbildet. Zum anderen konstituieren Preiskurven ein bevorzugtes Medium der Vermittlung von Finanzwissen an Öffentlichkeiten außerhalb des Finanzhandels. Sie finden sich in allen größeren Tageszeitungen und auf den Webseiten der wichtigsten Nachrichtensender.

Wirtschaftskurve ist allerdings nicht gleich Wirtschaftskurve. Sie kann entweder als statische Abbildung vergangener Preisverläufe eingesetzt werden oder als Echtzeit-Stream, der als solcher ständig aktualisiert wird. Welche Variante zur Anwendung kommt, ist abhängig von den „kommerziell bedingte[n] Erkenntnisinteressen" (Tanner 2002: 133) ihrer Nutzer. Langfristige und mittelfristige Finanzanleger interessieren sich nicht für Preise im Sekunden- oder Minutentakt, sondern orientieren sich an übergreifenden Markttrends. Für sie sind Wirtschaftskurven in der entsprechenden Rubrik einschlägiger Tageszeitungen oder Nachrichtensender eine durchaus brauchbare Informationsquelle. Anders liegt der Fall bei Spekulanten, die sich nach kurzfristigen Markttrends richten und auf Preisverschiebungen im Takt von Minuten und Stunden wetten. Die DerivatehändlerInnen bei Trade X versuchen von momenthaften Preisfluktuationen zu profitieren und können daher mit statischen Wirtschaftskurven für das breite Anlegerpublikum wie jener auf Abbildung 6 nichts anfangen. Diese bildet den Verlauf eines Index statisch ab, d. h. ausschließlich die Vergangenheit, wobei ein in Bezug auf die Zeit äußerst grobes Auflösungsverfahren gewählt wurde: Monate und Jahre.

Eine derartig wenig detaillierte und ausschließlich auf die Vergangenheit konzentrierte Zeitachse ist für den Derivatehandel unbrauchbar. Aufgrund des kurzlebigen Werts seiner Produkte ist er auf Echtzeit-Informationssysteme angewiesen, die die unmittelbare Gegenwart vor Augen führen. Diesem Anspruch wird der Reuters-Bildschirm gerecht, der nicht nur Kurven, sondern auch sich laufend ändernde

Zahlen, blinkende Farben und sich ständig aktualisierende Wirtschaftsmeldungen in Textform liefert. Welchen Unterschied für die Preisbeobachtung machen Echtzeit-Informationssysteme gegenüber statischen Abbildungen?

Abb. 6: Jahresverlauf des DAX (erstellt von boerse.ARD.de).

Auf eine grundsätzliche Abweichung weist die Forschung über bildschirmvermittelte Finanzmärkte hin, wenn sie den Trend zur Preisdarstellung in Echtzeit als Prozess der Temporalisierung sowie Enträumlichung interpretiert und sich hierfür der Metapher des Flows bedient. Knorr Cetina spricht im Zusammenhang mit dem Währungsmarkt von einer „Flow Architecture" (Knorr Cetina 2003), die die Realität des Handels und der Preise in einer spezifischen Weise vermittelt. Statt ein räumlich definierter Ort ist der Markt am Bildschirm ein strömender, verzeitlichter Prozess, den wesentlich ausmacht, als permanenter Datenstrom dahinzufließen. Mit einem Gewässer hat dieser Fluss aber wenig gemeinsam. „The screen reality", so Knorr Cetina, „is a process, but not simply like a river that flows in the sense of an identical mass of water transferring itself from one location to another. Rather, it is processual in the sense of an infinite succession of non-identical matter projecting itself as changing screen" (2003: 16).

Das Kernmerkmal der Fluss-Architektur von Finanzmärkten ist, dass sie den Markt in ein Beobachtungsobjekt transformiert, dessen einzige Konstante oder Stabilität darin liegt, sich ständig zu wandeln. Für die Teilnehmenden solcher Felder hat das eine nicht unerhebliche Konsequenz: „[They] perform their activities in a streamed, temporal world" (Knorr Cetina/Preda 2007: 130).

Ohne Zweifel ist auch der Derivatehandel eine strömende, verzeitlichte Welt. Das zeigt sich schon in seiner Bezeichnung als „nervöse" und „wechselhafte" Kreatur, die nie ruht und sich ständig sowie unerwartet bewegt (siehe Kapitel 3). Der Flusscharakter des als solchen temporalisierten Derivatemarkts schlägt sich auch im Marktzeitwissen nieder, mit dem sich die Händler auf potenzielle Marktentwicklungen vorbereiten und ihre physischen Körper vor den Bildschirmen stillstellen (siehe Kapitel 4). Deutlich zeigt sich der Flusscharakter außerdem auf den Monitoren selbst. Entgegen der These, dass „die Informationssysteme, die es den Professionals erlauben, sich in der virtuellen Welt der Börse zurechtzufinden, [...] nicht mehr auf Kurvendarstellungen angelegt" (Tanner 2002: 154) sind, beherbergen alle Reuters-Schirme an prominenter Stelle Echtzeitkurven des F-DAX, des für den untersuchten Derivatehandel wichtigsten Basiswerts. Gewissermaßen schließt man mit dem Kauf oder Verkauf eines Derivats eine Wette darauf ab, ob die F-DAX- Indexkurve steigt oder fällt. Je nach persönlichen Vorlieben der Teilnehmenden, variieren Farbgebung, Fenstergröße und -format sowie die Platzierung der Kurve am Reuters-Bildschirm. Doch immer erscheint der Markt als strömender, verzeitlichter Prozess. Abbildung 7, die den F-DAX genau so zeigt, wie er auf einem Händlerbildschirm aussieht, hat etliche formale Elemente mit statischen Wirtschaftskurven gemeinsam: das Datum, die Uhrzeit, die Anzeige der Entwicklung und die Markierung eines zeitlichen Intervalls auf der horizontalen Achse des Charts. Jedoch werden im Derivatehandel die Kurse nicht im Monat-, sondern im Minutenintervall ausgewiesen. Auf der ausgewählten Abbildung beträgt der Abstand zwischen den Zeitindizes nur eine Minute, wobei jede gemessene Verän-

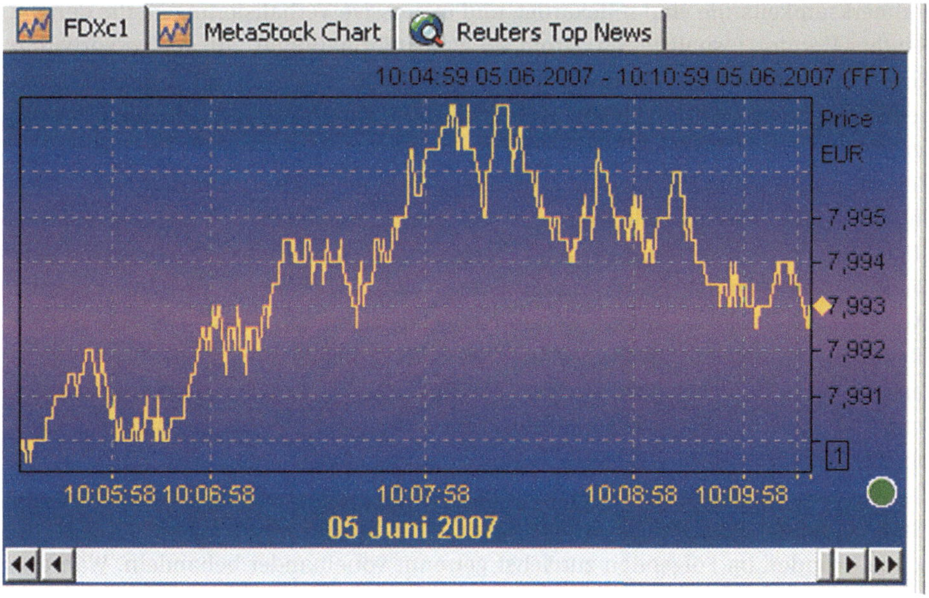

Abb. 7: Der F-DAX als Echtzeit-Chart (eigene Darstellung).

derung des F-DAX in Echtzeit visualisiert, als Bewegung der Indexkurve unmittelbar erfasst wird.

Die wissenschaftssoziologische Literatur über die grafische Repräsentation von Wissen legt dar, dass Bilder, Kurven oder Diagramme nicht für sich alleine sprechen, sondern erst in Wechselwirkung mit Sprache, Kommunikation und Diskursen erkenntnisvermittelnde Wirkungen entfalten (Collins 2010; Garfinkel et al. 1981). In diesem Sinn spricht auch Tanner davon, dass Wirtschaftskurven, wie man sie in Tageszeitungen findet, nicht einfach „in ihrer schieren Visualität über den Gang der Wirtschaft belehren" (2002: 131), sondern erst in Kommunikationszusammenhängen mit Bedeutungen versehen werden. Das spezielle Problem, das sich aus der Stummheit von Preiskurven für die Derivatehändler ergibt, ist, die Echtzeit-Preisdynamik beobachtend und evaluierend festzuhalten. Wie können Teilnehmende die kurzfristigen Preisfluktuationen eines strömenden, verzeitlichten Marktes in Beobachtungsergebnisse transformieren, eines Marktes, der sich vor ihren Augen beständig und plötzlich wandelt? Eine Bearbeitungsform sind spezifische Ausrufe, Laute und Klänge: Der kontinuierliche Preisstrom am Bildschirm wird übertragen in einen Fluss seiner diskursiven Verfügbarmachung im Handelsraum. Dieses lautstarke Bereit- und Herausstellen von relevanter Marktinformation nenne ich Aufmerksamkeitsrufe.

5.2 Aufmerksamkeitsrufe

Aufmerksamkeitsrufe sind reflexartige und expressive Verbalisierungen, die den am Reuters-Monitor visualisierten Strom an Preisinformationen auf der verkörperten Ebene des Handelsraums sinnlich konkretisieren. Das Repertoire an Aufmerksamkeitsrufen ist konventionalisiert: standardisierte Ausdrücke und Phrasen, sowohl lexikalisch als auch nichtlexikalisch. Die wichtigsten lexikalischen Codes im Handelsraum sind die Bezeichnungen für Basiswerte (z. B. „Dax" für den Dax Future Index, „Gold" für den Goldpreis, „Öl" für den Ölpreisindex, „Bund" für Bundesstaatsanleihen). In den Momenten, in denen die F-DAX-Preiskurve des Index auf dem Reuters-Schirm ausschlägt, ertönt der Schrei „Dax!". Teilnehmende fügen mitunter Worte hinzu, die die Richtung des Ausschlags anzeigen: „Im Plus!" oder „Es steigt!" für einen Preisanstieg, „Im Minus!" oder „Es fällt!" für einen Preisabfall. Zu den nichtlexikalischen Elementen zählen etwa der Ruf „Hoooi" und andere Interjektionen. Jene fallen umso erregter und intensiver aus, je länger die Preiskurve sich steil nach oben oder nach unten fortschreibt.

Auch wenn lexikalische und nichtlexikalische Aufmerksamkeitsrufe sich empirisch betrachtet oft überlappen und einander bedingen, werde ich sie aus analytischen Gründen im Folgenden zunächst getrennt voneinander behandeln. Während die lexikalischen die Marktübergänge indizieren („Der Dax!") und typisieren, indem sie deren Richtung verbalisieren (z. B. „Im Plus!"), liefern die nichtlexikalischen Aufmerksamkeitsrufe zusätzliche klangliche Charakterisierungen des Geschehens, etwa der Dauer oder der Zeitpunkte der Richtungsänderung des Preises. So stellen sie insbesondere die Beobachtbarkeit des Marktes als verzeitlichtes, strömendes Objekt sicher.

Die Weisen, in denen Aufmerksamkeitsrufe die Beobachtbarkeit von strömenden Preisen herstellen, lassen sich mithilfe des ethnomethodologischen Konzepts der „Formulierung" (Garfinkel/Sacks 1970: 351 ff) veranschaulichen. Gefragt wird nach den Ethnomethoden einer Gesellschaft oder von Gesellschaftsbereichen (von Ethnien), genauer: nach den selbstverständlichen und üblicherweise unhinterfragten Methoden, die die Teilnehmenden verwenden, um ihren sozialen Aktivitäten Sinn zu verleihen. „Sinn", so bringt Eberle den ethnomethodologischen Ansatz auf den Punkt, „entsteht also nicht im Kopf der AkteurInnen, sondern lässt sich anhand der Praktiken des konzertierten sense-makings beobachten. Mittels Ethnomethoden werden Handlungen als solche ‚accountable', d. h. erkennbar, verstehbar, beschreibbar, berichtbar und erklärbar gemacht" (2007: 131).

Formulierungen sind eine Variante dieser von der Ethnomethodologie beschriebenen „Praktiken des konzertierten sense-makings". Garfinkel und Sacks (1970: 351) definieren sie als „saying-in-so-many-words-what-we-are-doing (or what we are talking about, or who is talking, or who we are, or where we are)". In anderen Worten verstehen sie Formulierungen als praktische Handlungen, die Unsicherheiten und Unklarheiten hinsichtlich der Bedeutung von Aktivitäten thematisieren. So machen etwa Gesprächsteilnehmer mittels Formulierungspraktiken die Gesprächsaktivität selbst zum Thema der Unterhaltung bzw. des Austausches, um fragliche Aspekte zu klären: den Gegenstand, den Anlass, die Absichten, die Rollen von Sprechern usw. Mit Formulierungen in der Gestalt von Titelsetzungen, expliziter Benennung des Sachverhalts, definitorischen Zuspitzungen, Zusammenfassungen u. a. m. wird Klarheit geschaffen.

Während sich Garfinkel und Sacks (1970) in erster Linie auf Formulierungspraktiken in Gesprächen beziehen, bestimmen spätere Forschungsarbeiten „all expressions that purport to state in-so-many-words what something is, was, or could have been (e.g. formulations of what an object is, what someone is doing, or even thought)" (Hayduk 1976: 466) als Formulierungen. Vor dem Hintergrund dieser begrifflichen Erweiterung entstanden Untersuchungen verschiedener Praxisbereiche wie solche der Arbeit der Streifenpolizei (Hayduk 1976), der Telefonkonversationen mobiler Arbeitender (Laurier 2001) oder der naturwissenschaftlichen Laborarbeit (Lynch 1992: 239 ff).

An dieses erweiterte Verständnis von Formulierungen anknüpfend, erachte ich Aufmerksamkeitsrufe als Formulierungspraktiken, die strömende Marktrealität „accountable" machen sollen, d. h. erkennbar, verstehbar, beobachtbar, berichtbar usw. Bildschirmvermittelte Darstellungen von Preisen wie die Echtzeit-Kurve des F-DAX formulieren (im Sinne der Ethnomethodologie) ihre Beiträge zum Marktgeschehen nicht selbst, sie erläutern nicht, was sie tun. Kompensatorisch stellen Aufmerksamkeitsrufe Ethnomethoden zur Schaffung von Erkennbarkeit für sich ständig wandelnde, grafisch veranschaulichte Preise im volatilen Derivatemarkt dar.

Es folgt nun ein erstes Beispiel einer transkribierten Sequenz von Aufmerksamkeitsrufen. Transkript 2 wird an einem Handelstag aufgezeichnet, an dem die HändlerInnen den Markt als „extrem volatil" bezeichnen. Die transkribierte Sequenz dauert 31 Sekunden. In dieser Zeit wechselt die Echtzeit-Preiskurve am Reuters-Monitor dreimal die Richtung, ihr Kurs (Preis) verändert sich jedes Mal um mehrere Ticks. Insgesamt kommt es also zu drei Marktübergängen, die jeweils mit Aufmerksamkeitsrufen (im Transkript fett gedruckt) begleitet werden. Um die einzelnen Laut-, Klang- und Konversationseigenschaften von Aufmerksamkeitsrufen klarer herauszustellen, folge ich vereinfachten Transkribierkonventionen aus der ethnomethodologischen Konversationsanalyse (vgl. die entsprechende Anmerkung zu Beginn des Buchs). Die Teilnehmenden, die mit (pseudonymisierten) Vornamen bezeichnet sind, sitzen rechts und links von mir. Die Händler 1 bis 3 befinden sich außerhalb meines Blickfelds, hinter mir oder in der angrenzenden Deskreihe. Die Nummerierung dieser Händler folgt der Reihenfolge, in der sie Äußerungen tätigen.

Transkript 2: DER DAX! IM PLUS! – ES FÄLLT WIEDER. – DER DA : : X! – UND IM PLUS!

	[F-DAX-Kurve fährt nach oben]
Händler 1:	**DER DAX! IM PLUS!**
	[F-DAX-Kurve fährt nach unten]
Peter:	**ES FÄLLT WIEDER.** =
Mike:	Das versteh' ich nicht. Der Markt fällt wie ein Stück Scheiße. Fuck
Peter:	= GANZ DO::OF.
	[F-DAX Kurve bewegt sich waagrecht]
	[1.9]
Händler 2:	(unverständliche Lautäußerung)
	[9.4]
	[F-DAX-Kurve sackt nach unten]
Händler 3:	**ES FÄLLT.**
Peter:	Endlich fällt's mal wieder.
	[0.4]
	[Dax-Future-Index-Preiskurve bewegt sich steil nach oben]
Händler 1:	HO::I!
	[0.2]
Peter:	**DER DA::X!**
Mike:	DER DA::::X!
Händler 2:	HO::::I!
Mike:	**UND IM PLUS!**

Die fett gedruckten Aufmerksamkeitsrufe thematisieren nicht Unsicherheiten der Interaktion mit den anderen Teilnehmenden, sondern Unsicherheiten in Bezug auf die Preisbewegungen am Bildschirm: Wann kommt es zu Preisfluktuationen? Gerade jetzt? In welche Richtung bewegt sich der Preis? Drei feldspezifische Ethnomethoden der Formulierung schaffen Abhilfe.

5.2.1 Indizieren und Typisieren von Marktübergängen

Die ersten zwei Ethnomethoden bestehen im Indizieren und im Typisieren von Marktübergängen, d. h. von markanten Preisfluktuationen. Beide basieren auf spezifischen lexikalischen Aufmerksamkeitsrufen (fett gedruckt in Transkript 2) in Reaktion auf Bewegungen der Echtzeit-Indexkurve (F-DAX). In Transkript 2 indiziert die Interjektion „DER DAX!" einen Zeitpunkt sich augenblicklich ändernder Preise. Was die Ausdrücke „IM PLUS" und „ES FÄLLT" sowie das hier nicht vorkommende „IM MINUS" angeht, typisieren sie Fluktuationen dahingehend, in welche Richtung sich die Preise bewegen: „IM PLUS" bezeichnet z. B. das Steigen der F-DAX-Preiskurve. Solche lexikalischen Aufmerksamkeitsrufe bringen eindeutig zum Ausdruck, dass und inwiefern sich die Marktsituation gerade gewandelt hat. Richtungsänderungen des F-DAX-Charts auf Reuters und das Indizieren sowie Typisieren von Marktübergängen bilden ein unauflösliches Gespann zur Marktbeobachtung im Handelsraum.

Das Indizieren und Typisieren von Marktübergängen tritt in Transkript 1 folgendermaßen auf: Händler 1 nimmt die Bewegung als Erster wahr und brüllt „DER DAX!". Mit den ebenfalls weithin hörbaren Worten „IM PLUS" typisiert er sie als Preisanstieg. Nur wenige Augenblicke später sinkt die F-DAX Preiskurve, geht also in die andere Richtung, woraufhin Peter, einer der Händler in meiner unmittelbaren Nähe, die neue Marktsituation mit dem Aufmerksamkeitsruf „ES FÄLLT WIEDER" typisiert. Nach zehn Sekunden gleichbleibendem Index geht es weiter. Die Entwicklungen werden von allen beteiligten Teilnehmenden indiziert bzw. typisiert: Zunächst schreit Händler 3 blitzartig angesichts des erneuten Absackens der Preiskurve auf dem Reuter-Schirmen „ES FÄLLT WIEDER". Nur in Sekundenbruchteilen (genau: in 0,6 Sekunden) erfolgen dann Peters und Mikes Indizierungen des weiteren Marktübergangs fast zeitgleich durch überlappendes Brüllen: „DER DAX!".

Zunächst möchte ich am Geschehen in Transkript 1 die folgenreiche Abweichung von üblichen Normen der Konversation hervorheben. Die ethnomethodologische Konversationsanalyse (z. B. Sacks et al. 1974) geht davon aus, dass verbindliche Routinen den Sprecherwechsel in Gesprächen koordinieren und so überlappende Beiträge weitgehend verhindern. Goffman ergänzt die Konversationsanalyse mit dem Hinweis, dass Gespräche immer auch „rituellen Beschränkungen" (2005a: 88 ff) sowie diversen Normen der Selbstdarstellung und des höflichen Benehmens unterliegen. In Transkript 2 wie auch in den Sequenzen, die ich weiter unten analysiere, halten sich die HändlerInnen weder an die Konversationsregeln des „turn-taking“ (Sacks et al. 1974) noch an die von Goffman ins Treffen geführten rituellen Beschränkungen und Anstandsregeln. Händler 1 eröffnet die transkribierte Sequenz des Indizierens und Typisierens von Marktbewegungen impulsiv, fragt er doch weder nach Erlaubnis für einen Redebeitrag, noch kündigt er diesen an. Sobald sich die Echtzeit-Indexkurve rührt, indiziert und typisiert er einfach lauthals den Marktübergang. Außerdem erfolgen die nachfolgenden Äußerungen der Teilnehmenden nicht in getrennten Turns, sondern beinahe gleichzeitig. Entweder überschneiden sie sich mit anderen Äußerungen wie mit Mikes Satz „Das versteh ich nicht“ oder mit den von Händler 1 und 2 ausgestoßenen nichtlexikalischen Rufen „HO : : OI!“. Aufmerksamkeitsrufe können offensichtlich mit den Regeln des Turn-Takings oder der Etikette von Gruppenkonversationen nicht erklärt, schon gar nicht gerechtfertigt werden. Das Indizieren und Typisieren von Marktübergängen durch sie weist keine explizit oder implizit festgelegte Redeabfolge auf. Zudem ist die Anzahl der Sprechenden oder im vorliegenden Fall besser: der Rufenden nicht beschränkt auf bestimmte Personen. Alle haben die Möglichkeit, Marktübergänge durch Aufmerksamkeitsrufe anzuzeigen sowie einzuordnen, und die meisten tun dies auch.[3] Die konversationale Turbulenz, die aus Transkript 2 hervorgeht, und meine ethnografischen Beobachtungen im Handelsraum belegen, dass es keine formelle oder informelle Ordnung des Gebrauchs von Aufmerksamkeitsrufen gibt. Die „community of observers“, um einen Ausdruck Beunzas und Starks (2003: 141) für Finanzhändler zu entlehnen, folgt also keiner vorgeschriebenen Logik der Arbeitsteilung, wenn es um das Indizieren und Typisieren von Marktübergängen geht.

Die Abweichung der Sprach- und Lautäußerungen der Teilnehmenden von der Norm ist erklärungsbedürftig. Sie könnte ein Ausdruck dessen sein, dass im *Trading Room* relativ flache Hierarchien herrschen und sich deshalb Aufmerksamkeitsrufe überlappen dürfen. Auch könnte sie Teil einer hypermännlichen Arbeitskultur sein, in der verbale Expressivität und Impulsivität erwünscht sind und nicht, wie beispielsweise in der Kundenbetreuung im Call Center, unterdrückt oder versteckt werden müssen (Egger de Campo/Laube 2008). Eine dritte Erklärung besagt, dass Aufmerksamkeitsrufe eben keine Konversationen im üblichen Sinn, d. h. keinen kommunikativen Austausch zwischen menschlichen Gesprächsteilnehmern konstituieren, sondern sich primär auf einen anderen Teilnehmer der Situation richten: den Markt am Bildschirm. Sie vollziehen Praktiken der Formulierung von Beiträgen zum Marktgeschehen, die sich nicht (ausreichend) selbst formulieren und deshalb der Bestätigung bzw. Einschätzung durch andere bedürfen: Wann passieren Preisfluktuationen? Jetzt gerade? In welche Richtung bewegt sich der Preis? Die Unsicherheit liegt hier nicht in der Interaktion mit Kollegen, sondern in der Beobachtung des volatilen Marktgeschehens.

---

3 Allerdings übernimmt der Chefhändler der Derivate-Abteilung bisweilen eine Leitwolfrolle, indem seine Indizierung und Typisierung von Marktübergängen besonders viele Aufmerksamkeitsrufe anderer DerivatehändlerInnen nach sich zieht. Mehr dazu in Kapitel 4.3.2.

Manchmal sprechen Händler diese Marktunsicherheiten im Rahmen des Indizierens und Typisierens von Marktübergängen an. Die Protagonisten im folgenden Transkript 3 sind Felix und Gerd, zwei Derivatehändler, zwischen denen ich meinen ethnografischen Beobachtungsposten eingerichtet habe, sowie ein nichtmenschlicher Hauptakteur: die F-DAX-Preiskurve an den Reuters-Schirmen. Zwei weitere Teilnehmende (Händler 1 und 2) im Umfeld von Felix und Gerd beteiligen sich ebenfalls:

Transkript 3: Wo ist der Da : : x?

```
            [DAX Future Index-Preiskurve steigt]
Felix:      Wo ist der Da::x?
Händler 1:         DA:::X!
Händler 2:  PLU:S!
Felix:      NOCH MEHR PLU:S!
Gerd:            Immer Plu:s.
```

Die Szene beginnt mit einer Bewegung der F-DAX-Preiskurve. Erst danach erfolgt die Äußerung von Felix, die als Frage formuliert ist: „Wo ist der Da : : x?". Die Reihenfolge ist wichtig, denn ohne Einbezug des von mir gesehenen, aber vom Audiorekorder nicht erfassbaren Beitrags der Preiskurve ließe sich der Rest des Transkripts nicht richtig interpretieren. Es entstünde der Eindruck, dass die Indizierungen und Typisierungen des Marktübergangs, die der Äußerung von Felix folgen, schlicht der Beantwortung seiner Frage („Wo ist der Dax?") dienten und sonst ausblieben. Jedoch kommen, wie die Feldforschung im Handelsraum gezeigt hat, derartige Indizierungen und Typisierungen auch vor, wenn keine Frage eines anderen Händlers vorausgeht. Der tatsächliche, eigentliche Grund und Anlass für die Aufmerksamkeitsrufe ist die erratische und volatile Entwicklung des Derivatemarkts. Egal, ob sie Teilnehmende explizieren oder nicht, ist diese Ungewissheit das, worauf die Äußerungen abheben bzw. woher sie rühren.

5.2.2 Klangliches Charakterisieren von Marktübergängen

Neben dem Indizieren und Typisieren praktiziert der Derivatehandel noch eine weitere Ethnomethode der Formulierung von Marktübergängen: das klangliche Charakterisieren. Diese Variante erweitert das Darstellungsspektrum erheblich. Klangliches Charakterisieren von Marktübergängen setzt auf nichtlexikalische Ausdrücke mit besonderen lautlichen Qualitäten. An Stelle des „saying-in-so-many-words" (Garfinkel/Sacks 1970) von Preisänderungen formuliert es weitere Eigenschaften wie z. B. die Dauer (das Ausmaß), die Auflösung (Bewegungsstillstand) und die Plötzlichkeit von Preisrichtungswechseln. Während Indizierungen und Typisierungen die meist implizite Frage – wo ist der Basiswert? – thematisieren, gibt klangliches Nuancieren

Aufschluss darüber, wie sich Basiswerte augenblicklich im Strom des Marktgeschehens bewegen.

Klangliche Charakterisierungen nutzen bestimmte Betonungen und Vokaldehnungen, um Charakteristika der am Bildschirm visualisierten Preiskurve zu rekapitulieren oder zu reformulieren. Im Folgenden (siehe Transkript 2 [Ausschnitt a]) gebe ich die letzten Zeilen des bereits weiter oben angeführten Transkripts 2 wieder:

Transkript 2 [Ausschnitt a]: HO : : I! – DER DA : : : : X! – HO : : : : I!

```
            [Dax-Future-Index-Preiskurve bewegt sich steil nach oben]
Händler 1:  HO::I!
            [0.2]
Peter:      DER DA::X!
Mike:           DER DA::::X!
Händler 2:  HO::::I!
Mike:       UND IM PLUS!
```

Peter und Mike rufen „Der Dax!“, wobei beide den Vokal „a“ dehnen. Diese klangliche Betonung des Ausrufs kann ich während der Feldforschung immer wieder beobachten. Wie auch die expressive Interjektion „Hoi!“, die die zwei Händler im Hintergrund äußern, übersetzt die spezifisch artikulierte Indikation die beobachteten Bewegungen der Preiskurve in eine Art Melodie: Die Dauer des „a“ in „Dax!“ und des „o“ in „Hoi“ stehen für die Dauer der Marktbewegung. Umso höher und länger werden die Vokale artikuliert, je mehr Ticks die Kurve auf der vertikalen Achse, die den Preisstand zeigt, zurücklegt.

Die Übertragung der Kurse in reine Art klangliche Semantik bildet eine bemerkenswerte Parallele zu kulturanthropologisch erforschten Phänomenen (Gell 1999; Nuckolls 2004): Sprachklänge und -laute sowie Rhythmus geben in erster Linie wahrgenommene Ereignisse hinsichtlich ihrer Prozesshaftigkeit wieder, etwas, woran Worte allein mehr oder weniger scheitern. Nuckolls (2004: 71) untersucht den Fall der Sprachgemeinschaft der Quechua, einer Gruppe eng miteinander verwandter Sprachen, die in der Andenregion Südamerikas gesprochen werden. Mitunter analysiert er die Äußerung einer Quechua-Sprechenden, die schildert, wie ein Sturm einen großen Baum zerstörte. Bei ihrer Nacherzählung handelte es sich nicht um einen einfachen Aussagesatz, entscheidend sind die Dehnungen vokalischer Klänge einiger Worte. So vermochte die Frau das Ereignis nicht nur semantisch zu bezeichnen, sondern auch performativ darzustellen, auf welche Weise der Baum dem Unwetter zum Opfer fiel.

In der Sprachfamilie der Quechua ist das Phänomen der performativen Darstellung durch Laute und Klänge nicht auf die Inszenierung von Naturklängen beschränkt. Sie setzen ebenso klanglose, visuelle Beobachtungen akustisch in Szene. „For example“, so Nuckolls (2004: 73 f), „many Quechua ideophones map perceptual schemas that have analog representations in visual media such as film or television. There are ideophones for the pouring of liquids, the sprinkling and scattering of particles of matter, for cutting, for chopping“.

Gell (1999) kommt in der ethnografischen Untersuchung der Umeda, eines indigenen Volkes in Papua Neu Guinea, zu sehr ähnlichen Ergebnissen. Er sieht die von den Umeda verwendeten Sprachlaute und -klänge als Spiegel nicht einer statischen Umwelt, sondern einer Welt als Vielzahl fortlaufend-dynamischer Bewegungen, „[of] a process, rather than a thing“ (Gell 1999: 245).

Vor dem Hintergrund dieser Forschungsergebnisse kann ich darauf zurückkommen, dass der Derivatemarkt den Teilnehmenden als strömend und verzeitlicht, sprich: als Prozess bzw. als Flow statt als räumlich-starre Ordnung erscheint. Es lässt sich die Arbeitshypothese aufstellen, dass die hier interessierenden Laute und Klänge des Handelsraums in Beziehung zur fortlaufend-fließenden Form dieses Marktes stehen. Derivatehändler folgen den Preisvisualisierungen mit der Hervorbringung ganz bestimmter Laut- und Klangäußerungen, denn so können sie sie in ihrer Prozesshaftigkeit beobachtbar machen.

Kehren wir nochmals zu Transkript 2 zurück. Der folgende Ausschnitt (siehe Transkript 2 [Ausschnitt b]) liefert ein gutes Beispiel für die während der Feldforschung häufig beobachteten Aufmerksamkeitsrufe, die auf den ersten Blick bloße Wiederholungen ohne Informationsgewinn zu sein scheinen:

Transkript 2 [Ausschnitt b]: DER DA : : X! – DER DA : : : : X!

```
Peter:      DER DA::X!
Mike:            DER DA::::X!
```

Die vermeintliche Redundanz erscheint in einem anderen Licht, wenn man sie daraufhin untersucht, wie die klanglichen Qualitäten die semantische Bedeutung der Aussagen erweitern. Mike wiederholt nicht einfach die lokale Bedeutung des Ausrufs „Der Dax!“, die in der Indikation der aktuellen Marktbewegung besteht. Die Plötzlichkeit der Entwicklung wird durch das blitzartige Ansteigen der Lautstärke nachgeahmt, die Dauer bzw. das ökonomische Ausmaß durch „performative extension of vocalic sounds“ (Nuckolls 2004: 71). Jene vokale Dehnung im Ausruf „DA : : X!“ und ihre Verstärkung durch einen zweiten Händler („DA : : : : X!“) führen die Preisbewegung als besonders lang und umfangreich vor. Dabei fügen die klanglichen Qualitäten von Aufmerksamkeitsrufen hier eine Formulierung dessen hinzu, wie sich der Strom an Echtzeit-Preisinformation gerade bewegt.

Zieht man die Ergebnisse sprachanthropologischer Forschung hinzu, lassen sich die „vocalic sounds“ (Nuckolls 2004: 71) des Finanzhandelsraums neu interpretieren: Aufmerksamkeitsrufe sind Beobachtungstechniken, die speziell auf den Flusscharakter der Derivatekurse abgestimmt sind. Die klanglichen Charakterisierungen von Marktübergängen verdeutlichen, dass dieser Markt kein statischer oder räumlicher Gegenstand ist, sondern vielmehr ein laufender und temporaler Prozess. Mittels gezielt eingesetzter Prosodie kann die Prozesshaftigkeit und Flüchtigkeit gleichsam inszeniert, der Markt „as movements rather than as forms" (Gell 1999: 245) aufgeführt werden. In diesem Sinn liegt der Gewinn der speziellen Intonation in der unmittelbar sinnlich-konkreten Vermittlung von Eigenschaften des Marktes, was Worte bzw. deren semantische Inhalte alleine nicht leisten können.

Klangliche Charakterisierungen fungieren keineswegs als Nebendarsteller. Die folgende Sequenz (siehe Transkript 4) zeigt, dass sie lexikalische Mitteilungen von Marktübergangen grundlegend erweitern. Im Zentrum steht der „Bund Future", ein Index, der hier den Umsatz von Optionen auf zehnjährige deutsche Staatsanleihen wiedergibt und als Basiswert der gehandelten Derivate fungiert. Auch dieser Basiswert wird als Echtzeit-Preiskurve auf den Bildschirmen von Mike und Jan visualisiert:

Transkript 4: Ho : : : oi, der Bund. HE : : : : ! BU : : ND!

```
           [Bund Future Indexkurve fällt]
Mike:      BUND-FUTURE!
Jan:       Ho:::oi, der Bund. HE::::! BU::ND! Es fällt immer weiter.
Mike:              Es fällt, es fällt.
```

Nachdem Mike die Marktbewegung indiziert hat, indem er die Bezeichnung des Basiswerts ausrief („BUND-FUTURE!"), charakterisiert Jan die außerordentliche Intensität und Dauer der Preisverschiebung prosodisch. Auffällig ist, dass erst nach zweimaliger klanglicher Charakterisierung des nicht enden wollenden Marktübergangs Typisierungen der Richtung, in der sich der Preis entwickelt, folgen („Es fällt"). Das zeigt, dass klangliches Charakterisieren buchstäblich weder nach- noch untergeordnet ist, sondern das Indizieren und Typisieren um die Darstellung wichtiger Qualitäten von Preisfluktuationen ergänzt: Während jene den Zeitpunkt und die Richtung von Marktübergängen angeben, also die Fragen des *Wann* und *Wohin* bearbeiten, bringt dieses das *Wie* zum Ausdruck.

Diese Einsicht führt mich noch einmal zurück zu Garfinkels und Sacks Überlegungen zu Formulierungspraktiken und zur Frage, ob Formulierungen lediglich in Form von Worten geäußert werden können. Am Fall des Derivatehandels zeigt sich, dass Finanzhändler bildschirmvermittelte Echtzeit-Preisfluktuation nicht nur „in-so-many-words" (Garfinkel/Sacks 1970: 351) erkennbar machen. Vielmehr schreien, rufen und stöhnen sie in-so-und-so-vielen-Lauten-und-Klängen, wie es gerade um den strömenden Markt steht.

5.3 Was Aufmerksamkeitsrufe mit sich bringen

Das Strömen des Derivatemarkts greifen nicht nur die Aufmerksamkeitsrufe im *Trading Room* auf. Überhaupt tut dies das Vokabular der Händler, die mit der Durchführung von finanzspekulativen Transaktionen befasst sind. So bezeichnen die Teilnehmenden dieser Praxis das Eingehen von Handelspositionen auch als „Nehmen von Positionen" oder als „Raufspringen". Die beiden festen Wendungen drücken, obgleich unterschiedlich deutlich, die Prozesshaftigkeit des Marktes aus. Zwar könnte „Positionen nehmen" auch räumlich verstanden werden, aber angesichts der digitalen Visualisierung des Marktes als fortlaufend ist eine andere Interpretation naheliegender: Die feste Wendung macht deutlich, dass es sich nicht schlicht um ein Kontinuum von Werten handelt, vielmehr auch um eine Abfolge von Chancen, die ergriffen, also von Positionen, die genommen werden können. Beim Terminus „raufspringen" kommt der Prozesscharakter des Marktes noch direkter zum Ausdruck. Er lässt den Markt als einen passierenden Expresszug denken, auf den man, vorausgesetzt, man ist schnell genug, aufspringt, um ein Stück mitzufahren. Freilich ergibt sich dann die Frage nach dem richtigen Zeitpunkt, wieder vom „Zug" abzuspringen, d. h. sich von Handelspositionen zu trennen. In diesem Zusammenhang sagen die Trade-X-DerivatehändlerInnen, dass es nicht ratsam, ja u. U. fatal sei, sich an Positionen „festzuklammern" oder „festzuhalten". Wie gelingt es nun Teilnehmenden bei der extremen Unsicherheit über künftige Wertenwicklungen, im rechten Augenblick Positionen einzugehen oder zu schließen?

Im Folgenden zeige ich, dass Aufmerksamkeitsrufen diesbezüglich entscheidende Bedeutung zukommt: Zum einen stimulieren sie Ad-hoc-Einschätzungen der finanziellen Situation von Händlern und helfen damit, deren unsichere Entscheidungsgrundlagen zu explizieren. Zum anderen sind sie ein Element ritualisierter Wachsamkeit im Derivatehandel, die das Risiko, entscheidende Momente des Marktgeschehens zu verpassen, minimieren soll.

5.3.1 Ad-hoc-Einschätzungen unsicherer Entscheidungsgrundlagen

Aufmerksamkeitsrufe treten so gut wie nie alleine auf, sondern ziehen verbale Deutungsanstrengungen zum Marktgeschehen und zu seinen Auswirkungen auf die finanzielle Situation von Händlern nach sich. Dabei unterscheide ich drei Formen: das Rekapitulieren der Ereignisse, das Ausstoßen von Flüchen und das Beschimpfen des Marktes. Solche teils sehr emotionalen Verhaltensweisen sind kein Selbstzweck. Mit ihrer Hilfe konstruieren Händler Ad-hoc-Deutungen der aktuellen Lage und Reflexionen auf die eigenen Positionen im Markt.

Die erste Form dieser Ad-hoc-Einschätzungen ist die verbale Rekapitulation des Marktgeschehens, und zwar in Hinsicht auf die Konsequenzen der „Marktbewegungen" für die Positionen der Teilnehmenden. Im folgenden Transkript 5 beobachten

Mike und John zunächst eine Kursänderung. Mike und ein Händler im Hintergrund indizieren den Marktübergang, der später von Ersterem auch klanglich charakterisiert wird. Zentral ist, dass den Aufmerksamkeitsrufen Rekapitulationen folgen, die den Marktübergang dahingehend beurteilen lassen, wie er die Handelspositionen von Mark und John verändert bzw. verändern könnte:

Transkript 5: Gerade waren wir noch im Minus! – Schon im Plus!

```
             [F-DAX-Preiskurve fällt, dann steigt sie plötzlich]
Mark:        Der Dax! Puh, der Nasdaq!
Händler 1:   DER DAX =
John:        Was ist mit dem Nasdaq?
Händler 1:   = IM PLUS.
Mark:               HO::::OI!
John:        Gerade waren wir noch im Minus!
Mark:        Schon im Plus! Gerade noch im Minus und schon im Plus.
```

Eine oberflächliche Betrachtung könnte zu dem Ergebnis gelangen, dass die letzten beiden Äußerungen gar keine neue Information enthalten, sondern nur wiederholen, was durch Aufmerksamkeitsrufe bereits dargestellt wurde. Zuerst wird indiziert, dass sich die Marktsituation ändert, danach charakterisiert Marks „HO : : : : OI!" die Bewegung klanglich und zuletzt paraphrasieren zwei Turns das Geschehen der vorangegangenen Sekunden. Allerdings übersieht eine derartige Deutung, dass John und Mark einen bemerkenswerten Wechsel des Vokabulars vollziehen. Sind das Subjekt der zuvor erfolgenden Aufmerksamkeitsrufe der Dax und der Nasdaq, ist es nun das „wir". Das ist deshalb bedeutsam, weil die beiden Händler auch „Gerade war der Dax noch im Minus!" oder „Schon ist der Markt im Plus!" rufen könnten. Ihr Gebrauch des „wir" signalisiert jedoch, dass es in verbalen Rekapitulationen nicht um das Verhalten des Marktes (etwa des Dax oder des Nasdaq) per se geht, sondern darum, wie sich dessen Verhalten auf die Händlerpositionen auswirkt. Da beide Teilnehmer auf steigende Kurse spekulieren, bedeutet der Richtungswechsel, dass sich ihre vormaligen Verlustpositionen in Gewinnpositionen verwandeln. Bemerkenswert ist dabei die Identifikation der Händler mit ihren Positionen: Wie das „wir" signalisiert, erleiden sie selbst als Personen Erfolge oder Misserfolge, so sie sich existenziell den Richtungswechseln des Marktes ausgesetzt fühlen. Diese bedeutsame Identifikation der Händler mit ihren Positionen im Markt werde ich im nächsten Kapitel eingehend behandeln. An dieser Stelle ist zu unterstreichen, dass verbale Rekapitulationen im Vergleich mit den sie auslösenden Aufmerksamkeitsrufen einen Registerwechsel vollziehen. Es geht nun nicht mehr um die Herstellung der Beobachtbarkeit des Marktgeschehens durch Indizieren, Typisieren und klangliches Charakterisieren von Marktübergängen. Vielmehr ist die sich ändernde ökonomische Situation der Händler das Thema.

Diesen Fokus teilen die Rekapitulationen mit Flüchen. Jene treten naturgemäß vermehrt dann auf, wenn sich die aktuelle Preisentwicklung nicht mit der von den Teilnehmenden erwarteten oder erhofften deckt. Im Vergleich mit Aufmerksamkeitsrufen sind die lokalen Flüche des Handelsraums weniger standardisiert und nicht so laut. Allerdings sind sie doch so deutlich vernehmbar, dass die Mitglieder ein und derselben Gruppe sie hören können. Meistens handelt es sich um kurze Worte oder Phrasen wie „Scheiße!", „Verdammt!", „Fuck!" oder „Doof!". In diesem Zusammenhang ist ein weiterer Blick auf den Beginn des bereits im Zusammenhang mit Aufmerksamkeitsrufen analysierten Transkripts 2 (siehe Transkript 2 [Ausschnitt c]) instruktiv:

Transkript 2 [Ausschnitt c]: Das versteh ich nicht. – Fuck – GANZ DO : : OF.

```
              [F-DAX-Kurve fährt nach oben]
Händler 1:    DER DAX! IM PLUS!
              [F-DAX-Kurve fährt nach unten]
Peter:        ES FÄLLT WIEDER. =
Mike:         Das versteh ich nicht. Der Markt fällt wie ein Stück Scheiße.
              Fuck
Peter:                       = GANZ DO::OF.
```

Mikes emotionale Äußerung „Das versteh ich nicht. Der Markt fällt wie ein Stück Scheiße. Fuck!" und auch Peters Fluch „GANZ DO : : OF" sind keine Formulierungen des Marktübergangs. Vielmehr überlappen sie sich mit solchen und folgen ihnen. Der Grund, warum Flüche oft nach der Indizierung, Typisierung und klanglichen Charakterisierung von Marktübergängen fallen, ist, dass die offenen Positionen der HändlerInnen in dem Moment zu Verlust tendieren (können), in dem sich Preise ändern. Auch Flüche adressieren also die sich wandelnde finanzielle Situation jener Teilnehmenden, die sie äußern. Wenden wir uns nochmals Transkript 1 zu: Nachdem der F-DAX-Index zu Beginn zulegt, was durch die Aufmerksamkeitsrufe „DER DAX! IM PLUS!" vermittelt wird, wechselt er bald darauf die Richtung. Für Peter und Mike ist das eine sehr unerfreuliche Marktentwicklung. Beide Händler sind gerade „long" im Markt, d. h. sie spekulieren auf einen Preisanstieg. Erhöhte sich der Wert, könnten sie ihre Positionen schließen, indem sie die Zertifikate teurer verkaufen, als sie sie erworben haben. Die Preisdifferenz ließe sich als Gewinn verbuchen. In dem Augenblick jedoch, in dem der F-DAX mehrere Punkte verliert, büßen auch die Zertifikate, die beide halten, an Wert ein. Dies versetzt Mark derart in Wut, dass er mit „Fuck!" reagiert. Heiko macht seiner Enttäuschung durch den Ausspruch „GANZ DO : : OF" Luft.

Transkript 2 enthält neben dem Fluchen noch eine weitere Form der Ad-hoc-Deutung in Bezug auf die finanzielle Situation von Teilnehmenden. So begnügt sich Mike nicht mit Fluchen, sondern nennt den Markt außerdem ein „Stück Scheiße". Die

Transparentmachung von Verlusten mittels Beschimpfungen ergänzt und erweitert das Spektrum der Darstellung instabiler, sich wandelnder Positionen. Einige HändlerInnen sprechen in den ethnografischen Interviews diesbezüglich von der „Personalisierung des Dax". Wenn Teilnehmende Basiswerte personalisieren, bezeichnen sie diese demnach nicht mehr mit „der Markt", „er" oder „es", sondern wechseln zum intimen „Du" und belegen ihn ggf. mit Schimpfnamen. Beispiele, die ich während der Feldforschung gesammelt habe, sind: „Eiiih, du kotzt mich an!", „Du Penner!", „Ach leck mich doch, Fotzn-Dax!" oder, wie in Transkript 1, „Stück Scheiße".[4] Der hier wichtige Punkt ist, dass Flüche und Beschimpfungen des Marktes einhergehen mit dem Explizieren der Unsicherheiten über soeben erfolgte und zukünftige Preisentwicklungen. In Transkript 1 lassen sich die Teilnehmenden nicht nur zu Flüchen („Fuck!") und Beschimpfungen („Stück Scheiße") provozieren, sondern Mike, der verantwortliche Händler der Gruppe, verbalisiert zudem Deutungsschwierigkeiten in Bezug auf die neue Marktentwicklung. So sagt Mike „Das verstehe ich nicht" und gesteht damit ein, dass der Kurs des Basiswerts nicht so verläuft, wie er es erwartet hat. Manchmal drücken Händler die Unsicherheit ihrer fluktuierenden Positionen auch in Form von Fragen aus. Das folgende Transkript (siehe Transkript 6) gibt eine Äußerung von Mike in Reaktion auf einen anderen, ebenfalls verlustreichen Marktübergang wieder:

Transkript 6: Warum fällt's da nicht gleich?

```
Mike: Nun schau dir mal den Scheiß-Markt an, Mann. Nachher fällt's ja
      sowieso wieder. Warum fällt's da nicht gleich?
```

Mikes Äußerung ist weder eine Replik auf eine vorangegangene Aussage, noch wird sie durch eine nachfolgende Aussage eines anderen Teilnehmenden erwidert. Diese kommunikative Isolation wirft die Frage auf, worauf sich die Kraftausdrücke eigentlich richten. Goffman (1978: 799) argumentiert, dass Flüche wie „Fuck" oder „Scheiße" jedenfalls nicht aus der Logik einer Konversation heraus verstanden werden können. Wir äußern sie beispielsweise auch dann, wenn wir alleine sind, etwa wenn wir uns den Finger an einer heißen Herdplatte verbrennen. Emotionale Reaktionsrufe wie „Scheiße", „Verdammt" usw. adressieren Goffman zufolge die soziale Situation und nicht zwangsläufig andere anwesende Personen. Die soziale Situation von Finanzhändlern ist nun davon geprägt, sich mit den eigenen Positionen dem fortlaufend fluktuierenden Marktgeschehen auszusetzen. Fluchend und/oder schimpfend machen HändlerInnen eigentlich nicht dem Markt moralische Vorwürfe, sondern thematisieren die eigene ungewisse Lage. Ihre Reaktionen machen erkennbar, dass sie beispielsweise „schief zum Markt liegen" (Teilnehmerausdruck).

4 Die Personifikation des Marktes mittels Schimpfnamen ist auch ein Indiz dafür, dass Teilnehmende finanzielle Verluste dem Markt als Kreatur zuschreiben (siehe Kapitel 3.2.3).

So gesehen erhellen Aufmerksamkeitsrufe Marktübergänge, während Rekapitulationen, Flüche und Beschimpfungen verlustreiche *Positionsübergänge* verdeutlichen. Zusammengenommen können sie als Verfahren der Explikation unsicherer Entscheidungsgrundlagen gelten und damit als Strategie, das Risiko falscher oder verpasster Entscheidungen zu thematisieren. Mit Aufmerksamkeitsrufen machen die Handelsraumteilnehmer die aktuelle Preisentwicklung des Marktes transparent, mit Rekapitulationen, Flüchen und Beschimpfungen legen sie die Konsequenzen aktueller Kurse für die eigenen Positionen offen. Kraft dieses Systems maximieren Handelsraumteilnehmer ihre Möglichkeiten, die richtigen Augenblicke für Transaktionsentscheidungen auszumachen und diese nicht zu verpassen, d. h. Positionen nicht zu lange zu halten. Der ideale Zeitpunkt für eine Transaktion ist im Übrigen meist dann erreicht, wenn die aktuelle Preisentwicklung die persönliche Verlustgrenze, die sich die Teilnehmenden für spekulative Handelspositionen jeweils setzen, berührt, so ein Händler im Gespräch mit mir:

S. L.: Wie vermeidest du, dich an einer Position festzuhalten, mit der du jetzt zwar verlierst, aber wo du hoffst, dass die noch einmal steigt?

P.: Du musst dir einfach persönliche Stop-Losses setzen und die beinhart durchziehen.

Bei Erreichen einer persönlichen Stop-Loss-Grenze muss die offene Handelsposition so schnell wie möglich durch eine entsprechende Kauf- oder Verkaufstransaktion geschlossen werden. Rekapitulationen, Flüche und Beschimpfungen des Marktes verdeutlichen die (annähernde) Berührung persönlicher Stop-Loss-Grenzen, wobei sie entscheidende Augenblicke zur Durchführung ökonomischer Transaktionen identifizieren.

5.3.2 Ritualisierte Wachsamkeit

Ethnografische Studien haben darauf hingewiesen, dass in verschiedenen Finanzmarktbereichen konkrete Praktiken existieren, die die Ungewissheit finanzökonomischen Handelns bearbeiten. Professionelle Spekulanten im Bondhandel (Anleihenhandel) reagieren zum Beispiel mit gegenseitiger, misstrauischer Beobachtung und Wachsamkeit (Abolafia 1996). Wachsamkeit ist auch ein zentrales Anliegen im Derivatehandel. In Interviews skizzieren die Trade-X-HändlerInnen einen hervorragenden Derivatehändler: „in jedem Moment aufmerksam sein“, „die wesentlichen Informationen am Bildschirm schnell verarbeiten“, um „unnötige finanzielle Verluste zu vermeiden“ u. a. m. Wie schaffen es die Handelsraumteilnehmenden, diesen Anforderungen nach permanenter Aufmerksamkeit nachzukommen? Welche Formen sozialer Organisation von Kontrolle wirken hier, um das relativ große Risiko zu kompensieren, entscheidende Momente des Marktgeschehens zu übersehen?

Ein erster Schritt zur Beantwortung dieser Fragen lässt sich mithilfe von Goffmans (1963, 1978) Überlegungen zu Aufmerksamkeit in Interaktionsordnungen machen. Für Goffman ist die gegenseitige Unterstellung von Wachheit und Aufmerksamkeit eine zentrale soziale Norm westlicher Gesellschaften. Diese zeige sich auch in Verhaltensweisen, die auf den ersten Blick gar nichts mit dem Demonstrieren von konzentrierter Anteilnahme zu tun haben, sondern im Gegenteil als unfreiwillige Reflexreaktionen gelten. Goffman (1978) nennt sie „response cries" und zählt zu ihnen einerseits Laute, die wir äußern, wenn uns etwas Ekliges widerfährt („Igitt"), ein Missgeschick passiert („Hoppla") oder sich plötzlich die Umgebungstemperatur ändert („Brrrr"). Andererseits subsumiert er unter ihnen „words of exclamatory imprecation, such as *Hell!* or *Shit!* " (Goffman 1978: 798; H. i. O.). Seine These ist, dass diese Ausrufe keine unfreiwilligen oder unkontrollierten Verbalisierungen von Gefühlsregungen, sondern ritualisierte Ausdrucksformen darstellen, die einer fundamentalen Norm der Interaktionsordnung nachkommen: wach und aufmerksam zu sein. Reaktionsrufe und Flüche, so Goffman, zeigen an, dass Akteure handelnd stets einander Wachheit und Aufmerksamkeit unterstellen. Wenn man etwa stolpert und „Oops" oder „Hoppla" äußert, demonstriert man, sich des Ausrutschens bewusst zu sein und die Kontrolle über den eigenen Körper nicht verloren zu haben. Verlässt man eine angenehm warme Umgebung und kommt in eine kalte, dann dient der Reaktionsruf „Brr!" als „Übergangsdarstellung" (Goffman 2005b: 175). Dass Reaktionsrufe auch dann ertönen, wenn keine zweite Person als potenzieller Adressat anwesend ist, zeigt, wie tief die kulturelle Norm der Wachheit verankert ist.

Goffman hebt hervor, dass diese Norm Konsequenzen für die Selbstdarstellung in sozialen Interaktionen hat. Wie auch in seinen früheren Studien geht es ihm in seinen Untersuchungen zu „response cries" und anderen „forms of talk" (Goffman 1981a) um die dramaturgischen Verpflichtungen in der Interaktion, um kulturelle Konventionen des angemessenen und guten Benehmens und um die Formen der Darstellung dieses Benehmens.[5] Mit anderen Worten: Goffman fragt nach den Weisen, in denen Menschen ihre Körper so zur Schau stellen und Geäußertes so zu Gehör zu bringen, wie kulturelle Normen es ermöglichen und verlangen.

Ein diesbezüglich zentraler Begriff aus dem analytischen Vokabular Goffmans (1963: 43 ff) ist der des „involvement", den man nur unzulänglich mit „Engagement" übersetzen kann, und den ich deshalb wörtlich als Involvierung bezeichne. Goffman diskutiert Involvierung im Zusammenhang mit Aufmerksamkeit und betont, dass es soziale Normen für das richtige Maß an Aufmerksamkeit gibt, die allerdings von Bereich zu Bereich sowie von Gesellschaft zu Gesellschaft erheblich variieren können.

5 In seinen letzten, sprachsoziologischen Arbeiten, zu denen auch die Studie zu „response cries" gehört, macht Goffman seine grundlegende These nur so weit deutlich, wie er es in seiner kurzen Einleitung zu „forms of talk" andeutet: „In what follows, then, I make no large literary claim that social life is but a stage, only a small technical one: that deeply incorporated into the nature of talk are the fundamental requirements of theatricality" (Goffman 1981a: 4).

Im Kino, um ein vertrautes Beispiel zu geben, wird vom Publikum erwartet, seine spontanen Assoziationen, Einfälle und Gefühle für sich zu behalten. Auf Popkonzerten hingegen würde das stille und unbewegliche Mitverfolgen eher als unpassende, mangelhafte Involvierung bewertet werden.[6] Entscheidend ist: „[Involvement] is a demand on the inner spirit of the engrossed person" (Goffman 1963: 38). Und da die Einstellung einer Person nicht unmittelbar sichtbar ist, kann sie nur durch (konventionalisierte) Zeichen kommuniziert werden. Wie man angemessen vor Augen führt, dass man aufmerksam in eine Aktivität involviert ist, hängt ganz davon ab, welche Ausdrucksnormen das jeweilige Setting vorsieht:

> Just as most public arrangements oblige and induce us to be silent, and many other arrangements to talk, so *a third set allows and obliges* us momentarily to open up our thoughts and feelings and ourselves, through sound, to whoever is present. Response cries, then, do not mark a flooding of emotion outward, but a flooding of relevance in.
> (Goffman 1978: 814; Herv. S. L.)

Meine These besagt, dass Finanzhandelsräume ein, wie Goffman (1978: 814) es ausdrückt, „third set" sind, das Teilnehmenden nicht nur gewährt, sondern sie dazu verpflichtet, durch Laute ihre spontanen Gedanken und Gefühle kundzutun. Die Sprünge der Händler aus ihren Stühlen, ihre wiederkehrenden Aufmerksamkeitsrufe und ihr stets präsentes Fluchen sind kein Verlust ihrer Selbstkontrolle, kein wildes und ungezügeltes Verhalten. Vielmehr konstituieren sie Handlungsweisen von höchster Relevanz für den disziplinierten Vollzug des bildschirmvermittelten Derivatehandels. In diesem Licht sind Aufmerksamkeitsrufe sowohl eine Ethnomethode der Beobachtbarmachung sich ständig wandelnder Preise in einem strömenden Markt als auch die konventionalisierten Zeichen des Handelsraums, mit denen Teilnehmende das dort vorhandene wie geforderte Maß an Involvierung zum Ausdruck bringen.

Die Verpflichtung, permanent aufmerksam zu sein und seine Involvierung darzustellen, unterscheidet den *Trading Room* fundamental von anderen Praxisbereichen, in denen Gebote zur Aufmerksamkeit umgangen werden können. In psychiatrischen Einrichtungen etwa, so berichtet Goffman (1999: 320), machen Angehörige des Wachpersonals ein Nickerchen, wann immer sie davon ausgehen können, dass die Situation ihre Aufmerksamkeit nicht erfordert. Im Derivatehandel wissen die Teilnehmenden, dass der Markt nie in einem gleichmäßigen Takt, sondern auf unberechenbare Weise dahinströmt und eine ungebrochene Geistesgegenwart voraussetzt. Selbst in Perioden geringer Marktaktivität haben Händler damit zu rechnen, reflexartig auf plötzliche Änderungen reagieren zu müssen. Eine Folge dessen ist, dass es im Finanzhandelsraum generell unüblich ist, sich gemütlich zurückzulehnen, eine Pause fern vom Arbeitsplatz einzulegen oder die Augen für ein Nickerchen zu schließen.

---

6 Derartige Normen sind selbst sozialen Wandlungsprozessen ausgesetzt, wie Ehrenreich (2007: 207 f) in Bezug auf das sich in den 1960er-Jahren wandelnde Publikumsverhalten bei Rock- und Popkonzerten zeigt.

An dieser Stelle kann ich den Begriff des Aufmerksamkeitsregimes wieder aufgreifen, den ich in Kapitel 3 eingeführt habe. Er verdeutlicht, dass der Finanzhandelsraum eine im Vergleich mit anderen Settings äußerst rigide Form der sozialen Organisation von Wachsamkeit etabliert. Das Aufmerksamkeitsregime gleicht das Risiko aus, wichtige Momente des Marktgeschehens zu verpassen, und hat mehrere Komponenten. Auf einer ersten Ebene sorgt der Signalcharakter von Aufmerksamkeitsrufen dafür, dass Teilnehmende, die gerade nicht den Reuters-Schirm beobachten, jene als Zeichen der Notwendigkeit gesteigerter Aufmerksamkeit für die Finanzbildschirme interpretieren. In ruhigen Marktperioden gehen manche Händler – trotz der Verpflichtung zur Aufmerksamkeit – handelsraumtypischen Nebenbeschäftigungen nach, ohne aber ihren Arbeitsplatz zu verlassen. Die Aufmerksamkeitsrufe haben dann Alarmcharakter: Sind sie mit ihrem Stuhl an den Desk der benachbarten Händlergruppe gerollt, kehren sie sofort zurück. Haben sie „Poker's Championship" auf Eurosport verfolgt, brechen sie sofort ab, um ihren Blick auf die Bildschirme zu richten. Für die Gruppe verantwortliche Händler wie Mike beenden ihre Gespräche mit dem Ethnografen abrupt, da sie ihre Stimme benötigen, um „Dax!" zu rufen.

Auf einer weiteren Ebene bearbeitet die Materialität des Handelsraums selbst das Risiko, dass Händler entscheidende Marktentwicklungen versäumen. Die Innenarchitektur reguliert die Performanz aufmerksamen Verhaltens durch die Schaffung einer dauerhaften und durchgreifenden Büroöffentlichkeit. Büros zeichnen sich üblicherweise durch zahlreiche Zonen der Intimität aus, die die Angestellten in die Lage versetzen, ihre Arbeitspraktiken als „innere Denkarbeit" (Schmidt 2008: 291) auf- und auszuführen. Ein Beispiel sind die Nischen, die durch an den Bürotischen angebrachte Trennwände entstehen.[7] Im Trade-X-Finanzhandelsraum fehlen derartige Zonen des Rückzugs völlig. Zwar besitzen alle HändlerInnen je eigene Arbeitsplätze, das spezifische Arrangement der Desks und Stühle schafft aber eine Öffentlichkeitsform, in der sie permanent adressierbar sind. Zwei innenarchitektonische Besonderheiten des Handelsraums sind dafür maßgeblich verantwortlich: Erstens weisen die einzelnen *Trading Desks* keine Trennwände auf, sondern verbinden sich links und rechts mit anderen *Trading Desks* zu langen Tischreihen.[8] Zweitens sorgt die Sitzordnung für eine vergleichsweise enge Schulter-an-Schulter-Platzierung der Teilnehmenden. Den HändlerInnen verschafft die ständige Öffentlichkeit des Handelsraums zu jedem Zeitpunkt die Möglichkeit, sowohl andere zu adressieren als auch selbst adressiert zu werden. Anders gesagt: Im Finanzhandelsraum sind ansonsten übliche territoriale Normen außer Kraft gesetzt. Das lässt sich ex negativo anhand jener Praktik der territorialen Übertretung illustrieren, die Goffman (1982: 77) „Einmischung durch Laute"

---

7 Siehe Laube (2005) für eine detaillierte Beschreibung eines derartigen Büros in der Call Center-Branche.

8 In einer Reihe befinden sich bis zu zehn Arbeitsplätze, wobei die einzelnen Teilnehmenden zu internen Gruppen von drei bis sechs Personen zusammengefasst sind. Jede Gruppe handelt ungefähr dieselbe überschaubare Anzahl von Wertpapieren.

nennt und folgendermaßen umschreibt: „[Es sind] jene von einem Individuum verursachten Geräusche, die von den Umstehenden als Störung empfunden werden und mit denen es gleichsam zuviel Lautraum beansprucht. Ähnliches liegt bei Unterhaltungen vor, die über eine Entfernung hinweg geführt werden, die größer ist, als nach den vorherrschenden Normen angebracht wäre".

Im Derivatehandel existieren Störungen durch Laute, wie Goffman sie schildert, nicht, da der Handelsraum gar keine derartigen territorialen Ansprüche für seine einzelnen Teilnehmer zulässt. Die enge Sitzordnung und die nicht voneinander getrennten Tischflächen sind Teil eines hyperöffentlichen Lautraums, der keine Rückzugsmöglichkeiten vorsieht. Jeder Händler darf und soll sich durch Laute einmischen.

Die Verpflichtung zur Wachheit wird zuweilen von einzelnen HändlerInnen eingefordert. Solche ‚Appelle' können während meiner Feldforschung meist dann beobachtet werden, wenn plötzlich eine turbulente Marktbewegung eine länger andauernde ruhige Marktphase ablöst. Das folgende Transkript (siehe Transkript 7) gibt eine Interaktion am Desk von Jan, dem verantwortlichen Händler der Gruppe, sowie Peter und Heiko wieder. Ich sitze zwischen Jan und Peter:

Transkript 7: Heiko! – Wir müssen hier arbeiten!

	[F-DAX-Index bewegt sich ins Minus]
Jan:	(zu S. L.) Guck, jetzt fallen wir stark.
Peter:	(schlägt mit beiden Fäusten auf den Tisch). SCHEISS-DAX.
	[F-DAX sackt weiter ab]
Händler 1:	DER DA::X!
Händler 2:	OOOAAH!
Peter:	DAA:::X!
Jan:	**Heiko!**
	(Heiko, der gerade nicht an seinem Desk, sondern einige Meter entfernt bei Kollegen steht, setzt sich im Laufschritt in Bewegung und kommt außer Atem an seinem Desk an)
Jan:	**Wir müssen hier arbeiten!**

Zunächst bietet die Sequenz bereits analysierte Elemente. Jan rekapituliert mir gegenüber den Marktübergang hinsichtlich der Positionen der Gruppe („Guck, jetzt fallen wir stark"). Auch Peter macht die verlustreiche Situation transparent, indem er den Markt beschimpft. Beinahe im selben Moment kommen Aufmerksamkeitsrufe von anderen Händlern im Hintergrund sowie von Peter am Desk. Bemerkenswert ist, was danach geschieht: Heiko, der sich im Moment des Marktübergangs nicht vor seinen Bildschirmen befindet, wird von Jan, dem Gruppenleiter, gerufen, woraufhin er an seinen Arbeitsplatz läuft. Dort wird er von Jan implizit auf eine Normverletzung hingewiesen, auf ein Defizit dessen, was im Handelsraum als obligat gilt: Wachsamkeit. Heikos mangelnde Involvierung und besonders der Vorwurf von Jan sind insofern auffällig, weil letzterer den für die Teilnehmenden ansonsten selbstverständlichen

Subtext von Aufmerksamkeitsrufen zum Thema macht: Marktübergänge müssen unbedingt, augenblicklich und aufmerksam bearbeitet werden.

Implizit zeigt sich die Einforderung von Wachheit auch dann, wenn der Star der Derivateabteilung – bei Trade X ist es unumstritten der Abteilungschef Gunter – auf Marktübergänge mit lauten, emotionalen Äußerungen reagiert. Seine Flüche und Beschimpfungen ziehen jedes Mal ein umfassendes Echo an Aufmerksamkeitsrufen nach sich. Damit reagieren die Teilnehmenden auf das stets präsente Gebot zur Wachheit und versichern besonders deutlich, den Marktübergang zu bemerken und zu Maßnahmen bereit zu sein. In der folgenden Szene (siehe Transkript 8), die am Desk von Jan spielt, äußert sich im Hintergrund Gunter, der Chefhändler der Derivateabteilung:

Transkript 8: GANZ FEIN, VERDA::: MT!

	[F-DAX-Index bewegt sich nach unten]
Jan:	(leise) Der Dax.
Gunter:	**GANZ FEIN, VERDA:::MT!**
	(gleichzeitig zahlreiche, äußerst lautstarke, sich überlappende Aufmerksamkeitsrufe anderer HändlerInnen)
Händler 1:	UND IM PLUS!

Die Szene verdeutlicht, dass es nicht egal ist, wer sich angesichts von Kursänderungen lautlich und klanglich einbringt. Als Chefhändler der gesamten Abteilung hat Gunter den Ruf des erfahrensten und geschicktesten Derivatehändlers bei Trade X. Er äußert zwar, wie das Transkript beispielhaft vorführt, kaum selbst Aufmerksamkeitsrufe, betätigt sich aber durchaus im Fluchen und Beschimpfen des Marktes. Herausragend an seinen Transparentmachungen von Verlusten ist, dass sie von den übrigen Teilnehmenden als Appell zu Aufmerksamkeitsrufen behandelt werden. In der Tat sind die von Gunter ausgelösten lautstarken Äußerungen so zahlreich und überlappend, dass ich sie in der Transkription der Audioaufnahme nicht einzeln wiedergeben kann. Die Meldungen des Stars regulieren punktgenau das lokale Aufmerksamkeitsregime. Indem die Teilnehmenden Gunters Kraftausdrücke durch Aufmerksamkeitsrufe kommentieren, kommen sie in deutlicher Weise ihrer Pflicht zur Involvierung nach.

5.4 Die Klänge des Marktes

In den Sozial- und Kulturwissenschaften herrscht ein breiter Konsens darüber, dass westliche Gesellschaften visuelle Kulturen sind, Kulturen des Sehens und Lesens, der Bilder und der Schrift (Rose 2001). Gerade Finanzmärkte sind hierfür ein eindrucksvoller Beleg, hängen sie doch mittlerweile von komplexen Visualisierungstechnologien ab, die u. a. den untersuchten Derivatehandel in eine temporalisierte „flow architecture“ (Knorr Cetina 2003) einbetten. Allerdings folgt daraus nicht, dass die

Beobachtung solcher Märkte alleinige Angelegenheit stummer, individualisierter Seh- und Lesevorgänge ist. Einen Hinweis darauf, dass der professionelle Finanzhandel lokale Repertoires des lautlichen Aufbereitens digitaler Preisinformation umfasst, liefert bereits die ethnografische Studie von Heath et al. (1994: 163 ff). Dort wird die Routine beschrieben, „outlouds" (Health et al. 1994: 163 ff) durch den *Trading Room* zu rufen. Obwohl die jeweils rufenden Teilnehmenden nicht immer verantwortlich für das jeweilige Wertpapier sind, verkünden sie den sich ändernden Preis im ganzen Raum und stimulieren damit die jeweils zuständigen Händler zu Transaktionen. Meine vorangegangene Analyse bestätigt diese Ergebnisse und erweitert sie in einer umfassenden Weise: Die Arbeit mit Derivatpreisen ist eine Sache nicht nur ihrer technologischen Darstellung und Verfügbarmachung auf Bildschirmen, sondern auch ihrer Beobachtbarmachung mittels Aufmerksamkeitsrufen. Digitalisierte, fließende Preise sprechen nicht für sich selbst: Ritualisierte Rufe, Laute und Klänge machen sie im und für den Handelsraum verfügbar.

Sinnvoll ist es daher, die Untersuchung von *Technoscapes* in Finanzmärkten durch Studien ihrer „soundscapes" (Schafer 1977) zu ergänzen. Schafer (1977) führte den Begriff „soundscape" ein, um die gesamte akustisch erfahrbare Umwelt zu erfassen, seien es musikalische, natürliche oder technologische Laute. Aus der Begriffsbildung geht hervor, dass Klänge und deren soziale Organisation in spezifischen Kontexten das soziale Verhalten ebendort prägen – und umgekehrt. Nachdem Schafers Forschung ziemlich lange von sozial- und kulturwissenschaftlicher Seite ignoriert wurde, möglicherweise, wie Bull (2001) meint, aufgrund seiner Antipathie gegenüber technologischen Klängen, knüpfen neuere Studien an Schafers konzeptuellen (Vor-) Arbeiten an.[9] Für die Finanzsoziologie liegt der Gewinn dieser Reintegration in der Erkenntnis von und Sensibilität für bislang wenig beachtete Aspekte hochtechnisierter Finanzmärkte. Zeugnis der (vergangenen) Marginalisierung bzw. Ignoranz liefert Knorr Cetinas Auslegung einer Interviewaussage eines Währungshändlers (Knorr Cetina 2003: 12; Herv. S. L.):

> KK: What is the market for you, is it the price action, or is it individual participants, or?
>
> RG: Everything. Everything.
>
> KK: Everything? The information?
>
> RG: Everything. Everything. How loudly he's screaming, how excited *he gets*, who's selling, who's buying, where, which centre, what central banks are doing, what the large funds are doing, what the press is saying, what's happening to the CDU [a political party in Germany], what the Malaysian prime minister is saying, it's everything – everything all the time.

---

9 Diese reichen von der Untersuchung des Walkman-Gebrauchs (Bull 2001) über anthropologisch inspirierte Analysen westlicher und nichtwestlicher „hearing cultures" (Erlmann 2004) bis zur Formierung zu einem Feld der *Sound Studies* (Pinch/Bijsterveld 2011).

Die anschließende Interpretation des Interviews konzentriert sich darauf, dass der Händler in seiner Beschreibung des Marktes auf dessen bildschirmvermittelte Eigenschaften verweise: „Note that his ‚the market is everything' refers to the manifold things that one finds on financial screens, the news and news commentary, the confidential information about what some major players are doing, and the prices" (Knorr Cetina 2003: 12). Unter den Tisch fällt, dass der Händler den Markt mit Verweisen auf die „soundscape" (Schafer 1977) des Handelsraums beschreibt. Essenziell ist demnach gleichermaßen, „how loudly" Händlerkollegen schreien und sich angesichts von Preisverschiebungen erregen.

Auf keinen Fall zu übersehen ist außerdem, dass Aufmerksamkeitsrufe eine institutionalisierte Form der Marktbeobachtung im professionellen Finanzhandel bilden. Sie beruhen auf Ritualisierung: Im Trade-X-Handelsraum existiert ein kollektives Vokabular für die lautliche Formulierung von Preisinformationen, das immer dann zum Einsatz kommt, wenn Basiswerte „springen", „sich bewegen" oder „Turnarounds" vollziehen. Eine solche Institutionalisierung bietet den Angestellten von Finanzhandelsunternehmen einen Vorteil gegenüber Marktteilnehmern, die alleine in ihren Eigenheimen vor Bildschirmen sitzen und arbeiten (Preda 2009a; Zwick 2005).[10]

Dass Aufmerksamkeitsrufe durchaus emotionale Ad-hoc-Einschätzungen der finanziellen Situation der Händler provozieren, erweitert bisherige Erkenntnisse über finanzhandelsinterne Verfahren der Deutung und Interpretation des Marktgeschehens. Rekapitulieren, Fluchen und Beschimpfen können als Varianten dessen gesehen werden, was Zaloom in ihrer ethnografischen Studie des Finanzhandels als „weak narratives" (2006: 156) beschreibt. Die in diesem Kapitel beschriebenen Ad-hoc-Einschätzungen kennzeichnen, dass sie eine emotionale Reflexion auf die eigene Position im Markt einschließen. Dies lässt vermuten, dass Interpretationsstrategien im Finanzhandel nicht nur auf formalisierten Marktanalysen beruhen, wie im Fall der Chartanalyse (Mayall 2006) oder der fundamentalen Theorie (Bruegger 1999: 69). Auch Emotionen spielen eine Rolle bei der laufenden Einschätzung der eigenen Lage am Markt und der Vorbereitung zukünftiger Transaktionen. Das nächste Kapitel geht dieser Vermutung detailliert nach.

10 Um die Instabilität des Marktes am Bildschirm zu kompensieren, nutzen auch sogenannte *Day Trader* die Ressourcen, die sich ihnen auf der verkörperten und lokalen Ebene bieten: ihren Körper, ihre Stimme und andere Mitglieder der Haushalte (Preda 2009a). Anders als die hier portraitierten Teilnehmenden agieren sie aber nicht in in der Gemeinschaft einer extrem ausgeprägten Büroöffentlichkeit.

6 Einverleibungen

Das vorhergehende Kapitel zeigte, dass bildschirmvermittelte Marktbewegungen im Derivatehandel mittels expressiver Aufmerksamkeitsrufe „formuliert“ (Garfinkel/ Sacks 1970), d. h. mit so-und-so-vielen-Lauten-und-Klängen im Handelsraum beobachtbar gemacht werden. Dabei wurde außerdem klar, dass der Derivatehandel kein Pokerspiel ist und Derivatehändler keine Pokerspieler sind. Hierzu unterlassen sie nämlich etwas, was fürs Pokern als unverzichtbar gilt: die eigenen Emotionen vor den Mitspielern gekonnt zu verbergen.

Der offene Ausdruck von Händleremotionen, das Fehlen eines Pokerface ist eine junge Entwicklung, eine Begleiterscheinung der Digitalisierung und der damit verbundenen Transformation vom Open-Outcry-Handel zu bildschirmvermittelten Märkten. Dieser Wandel verleiht Handelsräumen, wie jenem von Trade X, eine Hinterbühnenöffentlichkeit, die vor den Augen und Ohren unternehmensexterner Händlerkonkurrenz abgeschirmt ist. Die Mitglieder der Pokerrunde, sprich: die Konkurrenten, sitzen, wenn man so will, nicht mehr an einem Tisch, sondern kilometerweit voneinander entfernt, aber jeweils ganz nahe vor ihren Monitoren. Ein Trade-X-Händler im Ruhestand, der den Rufhandel noch selbst erlebt hat, charakterisiert die Folgen, die diese Transformation für die Emotionalität des Handels mit sich brachte:

> S. L.: Sind Emotionen früher im Rufhandel stärker zum Ausdruck gekommen?
>
> H.: Nein, ich glaube nicht. Heute gibt es mit Sicherheit fast mehr Emotionen, wenn ein Händler mit einer Position schiefliegt. Nur heute sitzt er in seinem Handelssaal und nur seine eigenen Kollegen bekommen das mit. Früher, wenn einer eine Enttäuschung erlebt hat, weil er einen Fehler gemacht hat, hat es oft auch die Konkurrenz gleich mitbekommen.
>
> S. L.: Und das war vermutlich nicht von Vorteil, oder?
>
> H.: Mit Sicherheit nicht. Händler haben dann eher versucht, ihre Emotionen zu verbergen.

Während das Pokerface im Rufhandel als strategisches Mittel zum Einsatz kam, um verräterische Gefühle vor der Konkurrenz zu verstecken, haben es Teilnehmende im digitalisierten Handel nicht mehr nötig, ihre emotionalen Reaktionen auf „schiefe“ (d. h. verlustreiche) oder auch auf gewinnträchtige Positionen zu unterdrücken.

Wozu führt die Freiheit, Emotionen in der bildschirmvermittelten Finanzspekulation unverhohlen zu zeigen? Die Finanzsoziologie hat zu dieser Frage wenig zu sagen, denn Emotionen stellen ein vergleichsweise randständiges Thema in diesem Forschungsfeld dar. Ihre Behandlung bleibt in Studien über den traditionellen Rufhandel (*open outcry*)[1] und vor allem über seine hoch technologisierten Nachfolger außen

---

1 Meines Wissens nach existiert nur eine finanzsoziologische Studie über den traditionellen Rufhandel, die Emotionen ins Zentrum des Forschungsinteresses stellt (Hassoun 2005). Sie kommt zu dem

vor. Zaloom (2006), die den Rufhandel an der Warenterminbörse in Chicago mit dem bildschirmvermittelten Handel im *Trading Room* kontrastiert, behandelt den Zusammenhang von Gefühlen und Finanzspekulation nur am Rande. Sie beschreibt Emotionen als eher störende Einflüsse, die Händler zu kontrollieren lernen. Starke Erregung würde bei der Selbstdisziplinierung der Händler als kontraproduktiv gesehen, da sie die akkurate Wahrnehmung des Marktgeschehens vereitle oder wie Zaloom (2006: 134) die vermeintliche Beeinträchtigung ausdrückt: „clouding a traders view of the market's objective movements". Was bedeutet das Aufkommen von Gefühlen nun für die Praxis der Marktbeobachtung, der Deutung des Marktgeschehens und spekulativer Finanzentscheidungen? Nur die Notwendigkeit, ihre gezielte Ausblendung zu erlernen? Oder prägen Emotionen spekulative Finanzentscheidungen auch in aktiverer Form?

Fragen wie diese zu stellen, spiegelt eine Wende in der Einschätzung von Emotionen wider. Die Sozial- und Kulturwissenschaften betrachteten Emotionen sowie emotionsgeleitetes Handeln lange Zeit als Gegensatz zur Vernunft und zu vernunftgeleitetem Handeln. Neuere Forschungsbeiträge portraitieren dagegen Gefühle nicht mehr als Störquelle und irrationale Verzerrung von Situationen, sondern zunehmend als wichtige Ressource des Handelns (Weihrich/Dunkel 2010: 331). Insbesondere für den Kontext des Finanzmarkts, der den Sozialwissenschaften traditionell als besonders rationales Feld gilt, weisen jüngere (neuro-)psychologische Studien auf die handlungsanleitende Bedeutung von Emotionen hin (Fenton-O'Creevy et al. 2011; Lo/Repin 2002).

Ausgehend von der Auffassung von Emotionen als Ressource sozialer Praxis gehe ich in diesem Kapitel ihrer Rolle bei der Beobachtung des Marktgeschehens und dem Vollzug von Spekulationsentscheidungen nach. Ich konzentriere mich auf vier Aspekte: Erstens (6.3) zeige ich, dass die Teilnahme am Markt mit einem Vokabular des Seins, d. h. des Existierens zum Ausdruck gebracht wird. Jenes konzeptualisiert das Spekulieren als leibliche Verschmelzung mit dem Markt und die selbst betreuten Handelspositionen als Teil des eigenen Leibes. Zweitens (6.4) gebe ich Aufschluss darüber, wie „embodied emotions" (Katz 1999) die leibliche Verbindung mit dem Markt reflektieren und für die Identifikation von Gelegenheiten unter hohem Zeitdruck genutzt werden. Zur Charakterisierung dieser Markteinverleibungsemotionen entlehne ich den Begriff des „epistemologischen Korporalismus" (Gugutzer 2006: 40). Drittens (6.5) veranschauliche ich die Relevanz, die das Ausleben emotionaler Markteinverleibungen für das Aufmerksamkeitsregime innerhalb des Derivatehandels hat. Das Offenlegen von Emotionen macht schwierige, d. h. risikoreiche Optionen von Teilnehmenden zum handelsraumöffentlichen Thema. Entschlüsse können dadurch

---

Ergebnis, dass der verbreitete Ausdruck von Emotionen im Rufhandel die Beziehung der Händler ausreichend sozial liquide mache und damit auch für finanzielle Liquidität sorge. Wohlgemerkt: Es ist hier nicht von Emotionen die Rede, die die Gewinne oder Verluste der Händler reflektieren, sondern von Emotionen beim Äußern und Reagieren auf Handelsgebote am Börsenparkett.

von den Kollegen bestätigt, bejubelt oder kritisiert werden. Schließlich thematisiere ich viertens (6.6) eine Theorie der Praxisgemeinschaft, die eine möglichst hohe Ähnlichkeit der zugeschriebenen emotionalen Persönlichkeit von Händlern mit der dem Derivatemarkt zugeschriebenen Nervosität und Wechselhaftigkeit favorisiert. Vorab skizziere ich den neuen Status von Emotionen innerhalb der finanzökonomischen und finanzpsychologischen Forschungsliteratur (6.1) und stelle Anknüpfungspunkte für die vorliegende Untersuchung dar (6.2).

6.1 Emotionen in der Finanzmarktforschung

Nicht zuletzt in Zeiten der Finanzkrise bringt die Berichterstattung gerne Emotionen ins Spiel, um überraschende Preisschwankungen zu erklären – man denke nur an die Talfahrt der wichtigsten Aktienindices im September 2008. Von „panikartigen Verkäufen" und „mangelndem Vertrauen" seitens der Anleger und Spekulanten konnte man damals nur allzu oft lesen[2].

Im Unterschied zu Finanzjournalisten berücksichtigen Finanzökonomen Emotionen traditionellerweise nicht in ihren Erklärungen wirtschaftlichen Handelns. Das Bild, das die klassische Ökonomie von Marktakteuren entwirft, wenn sie diese als kalkulierende, rationale und emotionslose Individuen beschreibt, portraitieren wirtschaftswissenschaftliche Kritiken (Ackert et al. 2003: 33; Peterson 2007: 67) gerne unter Rückgriff auf Mr. Spock, einen Charakter aus der populären TV-Serie „Star Trek". Mr. Spock gehört zur Hälfte der Spezies der Vulkanier an, die gelernt hat, ihre Gefühle zu unterdrücken und Entscheidungen nur auf der Grundlage kalkulierender Logik zu treffen. Spock analysiert jedes Stück an Information ausführlich und denkt stets alle Handlungsalternativen durch. Regen sich doch einmal Emotionen in ihm, dann kontrolliert er sie kraft seiner Vernunft und hält sie so von seinen Erwägungen fern.

Gegen den Vorwurf, dass Modelle wie der Homo oeconomicus und die Hypothese effizienter Märkte (*efficient market hypothesis*) Finanzspekulanten so kennzeichnen wie Vulkanier, kann man natürlich einwenden, dass es „uninspiriert" sei, zu fragen, „ob der Mensch so sei, wie ihn sich die ökonomische Theorie vorstelle" (Plumpe 2007: 327). Denn beim Homo oeconomicus gehe es nicht um eine vollständige oder lebensnahe Beschreibung, sondern um eine modellartige „Festlegung auf jene Verhaltensweisen, die nachhaltig Gewinn versprechen" (Plumpe 2007: 321). Das wäre auch ein Argument gegen die Kritiker der *Efficient Market Hypothesis*, die sich selbst für die Dokumentation irrationaler, d. h. zu finanziellem Verlust führender Verhaltensweisen von Anlegern einsetzen. Die Intention der rationalistischen ökonomischen Modelle, so das Argument, sei eben nicht die Erklärung von unvernünftigem Benehmen und Haltungen wie etwa „overconfidence", „overreaction", „loss aversion", „herding"

2 „Warum die VW-Aktie verrückt spielt", fragte beispielsweise ein Artikel im Spiegel vom 07.10.2008, http://www.spiegel.de/wirtschaft/0,1518,582713,00.html (Zugriff am 9.12.2015).

oder „regret“ (Lo/Repin 2002: 324). Allein jene Verhaltensweisen und Strategien, die Anleger idealerweise zu ökonomischem Erfolg führen, sollten erfasst, erläutert und vorausgesagt werden.

Allerdings vertreten nicht alle Ökonomen diese Ansicht. So merkt bereits Keynes Folgendes an: „Human decisions [...] cannot depend on strict mathematical expectation“. Zwar wägen wir, so gut wir können, meist rational zwischen verschiedenen Alternativen ab, doch oft ist unvermeidbar: „falling back for our motive on whim or sentiment or chance“ (Keynes 1964: 162 f). Seit den späten 1990er-Jahren gebraucht eine wachsende Anzahl von ÖkonomInnen, PsychologInnen und NeurowissenschaftlerInnen die Bezeichnungen *Behavioral Economics* und *Behavioral Finance*, um sich von der herkömmlichen ökonomischen Forschung abzugrenzen. Was die WissenschaftlerInnen in diesem Feld verbindet, ist die Annahme, dass finanzielles Entscheiden und Handeln besser analysiert werden können, wenn man in den theoretischen Modellen auch Platz für irrationale Komponenten vorsieht (Barberis/Thaler 2002). Ein Ergebnis der individualpsychologischen Forschung, das zum Beispiel innerhalb der Verhaltensökonomie auf Resonanz stieß, besagt, dass Investoren nur einen beschränkten Umfang an Informationen verarbeiten können. Sie entwickeln und wählen typischerweise solche heuristischen Wege, die meistens ausreichend gute Resultate liefern, gelegentlich jedoch zu irrationalen Fehlentscheidungen führen (Ackert et al. 2003).

Die Rolle, die Affekte und Emotionen in der Behavioral-Finance-Forschung innehaben, ist also meist die einer potenziellen Störkraft: Gewinnen sie die Oberhand über die Kognition, münden sie in „irrationale“ Entscheidungen[3], den „disposition effect“ (Peterson 2007: 77 ff): In Experimenten wurde wiederholt gezeigt, dass Aktien, deren Kurs kontinuierlich abnimmt, trotzdem übermäßig lange gehalten, dagegen Aktien, deren Kurs ansteigt, signifikant zu früh verkauft werden. Kurzum: Die VersuchsteilnehmerInnen ließen ihre Verlierer laufen und stutzten ihre Gewinner („letting losers run, cutting winners short“). Gehalten werden die „losers“ laut der These des *Disposition Effect* deshalb, weil Individuen es nach Möglichkeit vermeiden wollen, einen Fehler zuzugeben. Obwohl alle äußeren Anzeichen dafür sprechen, dass es sich um ein unrentables Investment handelt, geben Investoren die Position nicht auf. Umgekehrt werden gewinnbringende Aktien zu schnell verkauft, aus Angst davor, dass die Preise wieder sinken.

Einige Forscher innerhalb der Behavioral Finance sehen Emotionen indes nicht als Störfaktoren, sondern als Förderer optimaler (finanzökonomischer) Entscheidungen. Die Grundüberlegung hinter dieser Auffassung ist, dass wir über zwei Systeme der Entscheidungsfindung verfügen: ein analytisches, logisches sowie ein intuitives, emotionsbasiertes. Die Beziehung zwischen beiden ist nicht antagonistisch in

3 Manche Verhaltensökonomen diskutieren daher sogar die ethische Frage, ob man Individuen, die unter dem Einfluss übermächtiger Emotionen stehen, nicht vor sich selbst und anderen schützen sollte (Elster 2006).

dem Sinne, dass das erste die rationale Hälfte darstellt und das zweite die irrationale Hälfte. Vielmehr ergänzen sie sich gegenseitig, ja spielen ineinander, wobei Emotionen weniger stören, als dass sie vernünftige Entscheidungen befördern. Oft wählt man eine bestimmte Option aufgrund eines Bauchgefühls, ja es gibt „a subconscious emotional process that is manifested in physical sensations" (Peterson 2007: 70).

Es existieren zumindest zwei Quellen für Belege der Theorie der Bauchgefühle. Erstens ist Anekdoten einiger erfolgreicher Finanzinvestoren zu entnehmen, dass sie bei Investmententscheidungen auf ihren Bauch (bzw. auf ihren Körper) hören. Ein prominentes Beispiel hierfür ist George Soros, dessen Sohn berichtet: „The reason he changes his position [Verkauf oder Kauf von gehaltenen Wertpapieren] on the market or whatever is because his back starts killing him. It has nothing to do with reason. He literally goes into a spasm, and it's his early warning sign" (Peterson 2007: 70).

Zweitens existieren einige wenige Untersuchungen, die sich tatsächlich mit Emotionen im professionellen Finanzmarkt und nicht mit denen von Finanzlaien, d. h. von leicht zu rekrutierenden Probanden, beschäftigen. Eine solche Ausnahme findet sich innerhalb der experimentalen Verhaltensökonomie, die sich üblicherweise nicht in die ‚natürlichen' Habitate des Finanzhandels begibt, sondern ihre Versuchspersonen im Labor mit Spielgeld ausstattet. Um herauszufinden, inwieweit Emotionen an den Kauf- und Verkaufsentscheidungen beteiligt sind, wurden die physiologischen Merkmale (Hautanspannung, Blutdruck, Herzschlag, Schweißabsonderung, Körpertemperatur) in einem Finanzhandelsraum gemessen. Parallel dazu zeichnete man die Echtzeit-Preisinformationen auf, die Händler auf den Bildschirmen verfolgen konnten (Lo/Repin 2002). Die Autoren berichten nun von statistisch signifikanten Korrelationen zwischen volatilen Preisfluktuationen und erhöhten physiologischen Messwerten, was sie zum Schluss bringt: „Our findings, and that of those in the extant cognitive science literature, suggest that decisions based in the intuitive judgements require not only cognitive but also emotional mechanisms" (Lo/Repin 2002: 332). Und sie fügen noch eine evolutionistische Überlegung hinzu: Im Markt seien diejenigen Händler dauerhaft erfolgreich, die gelernt hätten, ihre Emotionen zum Zwecke finanzieller Entscheidungen zu kultivieren. „Emotion", so die Folgerung, „is a significant determinant of the evolutionary fitness of financial traders" (Lo/Repin 2002: 333).

Noch konkretere Hinweise auf die spezifische Bedeutung der Emotionen enthält eine psychologische Interviewstudie, der sich insgesamt 116 Händler und 2 Händlerinnen aus Investmentbanken in der Londoner City unterzogen, wobei die Stichprobe vieles abdeckte: „traders from a range of markets: trading in stocks, bonds and derivatives" (Fenton-O'Creevy et al. 2011: 1048). Fast alle der interviewten HändlerInnen berichten, dass Intuition, ja ihr Bauchgefühl, ein wichtiger Aspekt spekulativer Finanzgeschäfte ist. Sie sprechen davon, dass intuitive Gefühle „as a radar for opportunities" (Fenton-O'Creevy et al. 2011: 1054) fungieren und ihrem Träger „a nose for opportunities" (Fenton-O'Creevy et al. 2011: 1054) verleihen. Allerdings stellen die Studienautoren einen Unterschied zwischen erfahrenen, sehr erfolgreichen und erfahrenen, weniger erfolgreichen Händlern fest. Die High-Performer reflektieren mehr über ihre intuitiven Gefühle und geben an, diese mit anderen Mitteln der Analyse zu kombinieren, während Low-Performer Intuition mystifizieren. Der Studie zufolge sollte das Bild von Emotionen als entscheidungsverzerrend insbesondere in verstandesdominierten Bereichen wie den Finanzmärkten korrigiert werden. „The best traders", so die Autoren, „are able to regulate emotions effectively, and incorporate relevant emotions as information signals, or a kind of radar that contain information about risks" (Fenton-O'Creevy et al. 2011: 1059).

6.2 Captain Kirk schlägt Mister Spock – aber wie?

Für meine Frage nach der Relevanz von Emotionen für die Einschätzung von Marktinformationen und das Prozessieren von Finanzentscheidungen sind vor allem zwei Überlegungen der bislang diskutierten Literatur aufschlussreich. Erstens die innerhalb der ökonomischen Forschung relativ neue Idee, dass Gefühle das rationale Fassen wirtschaftlicher Entschlüsse fördern und nicht behindern: Händler ticken nicht wie Mr. Spock, sondern eher wie Captain Kirk, die zweite Hauptfigur aus „Star Trek", die dazu neigt, auf Ereignisse emotional zu reagieren. Anders als Spock, der jede Situation vollständig analysiert, kommt Kirk aufgrund seiner Bauchgefühle zu schnellen, gleichwohl angemessenen Entscheidungen. „Emotion", so Ackert et al. (2003: 33), „allows Kirk to focus and enhances his ability to make critical decisions". Zweitens spreche ich von dem Ansatz, nach dem Finanzinvestoren somatische Vorgänge nutzen, um intuitiv zwischen Alternativen zu wählen (Peterson 2007: 33). Aus dieser Sicht nimmt die leiblich-affektive Komponente von Emotionen in Finanzmarktkontexten eine ebenso wichtige Rolle ein wie die kognitive. Dass Finanzhändler auf die am Bildschirm beobachteten Echtzeit-Preisfluktuationen mit somatischer Erregung reagieren (Lo/Repin 2002), spricht dafür, dass die Überwachung und Verarbeitung der Finanzinformation nicht nur kognitiv vollzogen werden. Da jenes proportionale Verhältnis sowohl bei weniger erfahrenen HändlerInnen als auch bei sehr erfahrenen gemessen wurde, folgern Lo und Repin, dass Emotionen gleichsam zur Überlebensausrüstung am *Trading Desk* gehören. So stützt die neuroökonomische Perspektive auf Emotionen in Finanzmärkten also die Vermutung, dass Gefühle Teil des praktischen Wissens und Könnens professioneller Marktteilnehmer sind. Allerdings bleiben wichtige Fragen ungeklärt: Welche Emotionen sind relevant, wenn Finanzhändler auf Marktereignisse am Bildschirm reagieren? Wie werden sie ausgedrückt? Sind sich die Teilnehmenden der Relevanz ihrer Emotionen für den Vollzug spekulativen Handelns bewusst? Und welcher Konnex zwischen Emotionen, Marktdeutungen und Transaktionsentscheidungen besteht?[4] Ein erster Schritt für die Beantwortung dieser Fragen

4 Einige Hinweise zur Beantwortung dieser Fragen liefert die oben erwähnte qualitative Interviewstudie von Fenton O'Creevy et al. (2011), die, wie gesagt, u. a. ergab, dass Finanzhändler sich ihrer Bauchgefühle bewusst sind und diese als „radar for opportunities" unter großem Zeitdruck ansehen. Wie

liegt darin, Emotionen und deren symbolischen Ausdruck durch die Teilnehmenden, als Verweise auf eine finanzhandelsspezifische Transformation ihres Leibs zu fassen.

6.3 Leibliche Emotionen

> K., ein Derivatehändler, verfolgt sichtlich angespannt die Preisbewegungen eines Basiswerts auf seinem Bildschirm, die dazu führen, dass sich seine Position verschlechtert, i. a. W. die von ihm gehaltenen Derivate an Wert verlieren. Er wirft beide Arme in die Höhe und brüllt in einem ärgerlich-weinerlichen Tonfall: „Aua! Es fällt. Das ist ja wie verhext!" Sichtlich leidend fügt er hinzu: „Das tut weh!"

Zwei Aspekte dieser Feldnotiz sind in Bezug auf Emotionen zu beachten: Zum einen nimmt K. seine verlustreiche Position offensichtlich nicht unbewegt und bloß kalkulierend wahr, sondern ungehemmt emotional. Ich werde später auf diesen Punkt zurückkommen. Wichtiger ist im Moment der zweite Aspekt, der die Art und Weise betrifft, wie K. seine Emotionen ausdrückt. Zunächst äußert er reflexartig ein „Aua!", als ob er sich die Finger an einer Herdplatte verbrannt hätte. Später sagt er sogar, dass ihm dieser Marktübergang („Es fällt") wehtut. Wie kann es sein, dass K. Schmerzen verspürt, obwohl sein biologischer Körper zu diesem Zeitpunkt dem Anschein nach keinen Schaden nimmt?

Hilfe bei der Beantwortung der Frage liefert ein Verständnis von Emotionen, das diese nicht nur als diskursive Phänomene begreift. Zum Beispiel beschreibt Katz (1999) Gefühle als eine besondere Form der Thematisierung leiblicher Erfahrungen, wozu ihn seine ethnografische Untersuchung des Autofahrens führt. Das Fahren des eigenen Autos gehe in der Bedienung eines technologischen Objekts nicht auf, sondern bringe eine Identitätsvermischung von Fahrer und Auto mit sich. Es entstehe eine Art Personen-Ding, ein menschliches Auto oder umgekehrt: eine automobilisierte Person.

Katz (1999) schlägt eine Unterscheidung zwischen einem phänomenologischen Körperbegriff und einem materiellen Körperbegriff vor. Der phänomenologische Körper, der im Deutschen mit dem Begriff des Leibs gefasst werden kann, umschreibt im Gegensatz zum materiellen nicht die physischen, sondern die sinnlichen und affektiven Komponenten körperlichen Erlebens. Man sehe sich die Szene mit einem Autofahrer/einer Autofahrerin an, der/die von einem anderen Verkehrsteilnehmenden geschnitten wird und diese Erfahrung mit den Worten „I have been cut off" zum Ausdruck bringt: „While nothing happens to his or her physiological body – to that body as a thing described in isolation from its use in context – the driver does not

ich im Zusammenhang mit der Theorie der Charakterpaarung zeigen werde, ist ebenso den Teilnehmern im Derivatehandel der hohe Stellenwert von Leibemotionen bewusst. Infolge der Beschränkung auf Interviews bei Fenton O'Creevy et al. (2011) fehlen dort Angaben dazu, wie sich Gefühle während der Tätigkeit des Spekulierens zeigen bzw. von den Teilnehmenden zum Ausdruck gebracht werden.

doubt the sensual reality of the fact that *he or she*, i.e. his or her lived or phenomenological body, has been cut off" (Katz 1999: 33; Herv. i. O.).

Legt man das Augenmerk darauf, wie Teilnehmende über ihre Beziehungen zu den nichtmenschlichen Objekten, die sie umgeben, reden, stellt man fest, dass sie immer auch auf ihren „phenomenological body", ihren Leib, zu sprechen kommen.[5] Laut Katz thematisieren und evaluieren leibliche Emotionen diese Verbindungen aber in einer spezifischen Weise. Es handelt sich um Einschätzungen, die nicht als Teil eines Diskurses erfolgen, sondern als Praktiken, die leiblich vollzogen werden. „Emotions", so Katz (1999: 7),„which have so often been treated as opposed to thinking, are paradoxically self-reflective actions and experiences. But the self-reflection in emotions is corporal rather than a matter of discursive reasoning".

In methodologischer Hinsicht ist es daher sinnvoll, Teilnehmerausdrücke, die emotionale Einverleibungserfahrungen kommunizieren, ernst zu nehmen. Wenn Finanzhändler das Erleben eines finanziellen Verlusts mit der verbalen Reaktion „Das tut weh!" transparent machen, bedarf es der Prüfung, wie es sein kann, dass Händler körperlichen Schmerz verspüren, obwohl ihrem biologischen Körper kein Schaden zugefügt wird.

Diese Überlegungen sensibilisieren dafür, dass die Teilnahme am Finanzmarkt, d. h. die Beobachtung von Preisen und das Eingehen sowie Schließen von Handelspositionen, leiblich vollzogen wird. Rechtlich gesehen investieren die Händler zwar nicht ihr eigenes Geld in die Positionen. Trotzdem betrachten sie sie als Teile ihrer Leiber. Sie identifizieren sich dermaßen mit den Positionen, dass sie gar keine sprachliche Trennung zwischen sich als Händler (Subjekt) und der Position (Objekt) vornehmen. Das Spekulieren fassen sie, um Erich Fromm (1998/1976) zu paraphrasieren, nicht in ein Vokabular des Habens, sondern des Seins.[6] Wenn Teilnehmende Indexzertifikate kaufen, die den DAX Future abbilden, könnte man theoretisch auch davon sprechen, dass sie eine Gekauft-Position *haben*. Auf steigende Kurse spekulierend sagen Teilnehmende aber realiter, dass sie „long im Markt" *sind*. Spekulieren sie auf fallende Kurse, *sind* sie „short im Markt". Im folgenden Ausschnitt aus einem ethnografischen Interview erklärt mir eine Händlerin ihren Handelsticker, ein Bildschirmfenster, das alle laufenden Positionen ihrer Gruppe visualisiert (siehe Abb. 8).

---

5 In diesem Sinn interpretieren Knorr Cetina und Bruegger (2002: 940) die emotionalen Reaktionen von HändlerInnen im Währungsmarkt als Ausdruck für deren körperliche Immersion in eine „screen world". Ohne auf Katz' Überlegungen Bezug zu nehmen, stellen sie implizit die Frage: Was bedeutet es, wenn Händler finanzielle Verluste, die sie im Markt machen, in Termini sexueller, gegen den eigenen Körper gerichteter Gewalt zum Ausdruck bringen? Zum Beispiel durch Ausrufe wie „I got shafted", „I got bent over", „I got raped", „I got fucked". Knorr Cetina und Bruegger behaupten, dass die emotionalen, derart verbalisierten Gewalterfahrungen der HändlerInnen darauf hindeuten, dass sich diese „as plugged into the reality of the screen market" (Knorr Cetina/Bruegger 2002: 940) erleben.

6 Es ist nicht ohne Ironie, dass sich gerade der spekulative Finanzhandel das Vokabular der Existenzweise, des Seins angeeignet hat, obwohl er im öffentlichen Diskurs gerne auf die grenzenlose Gier nach dem Besitz immer größerer Geldsummen reduziert wird.

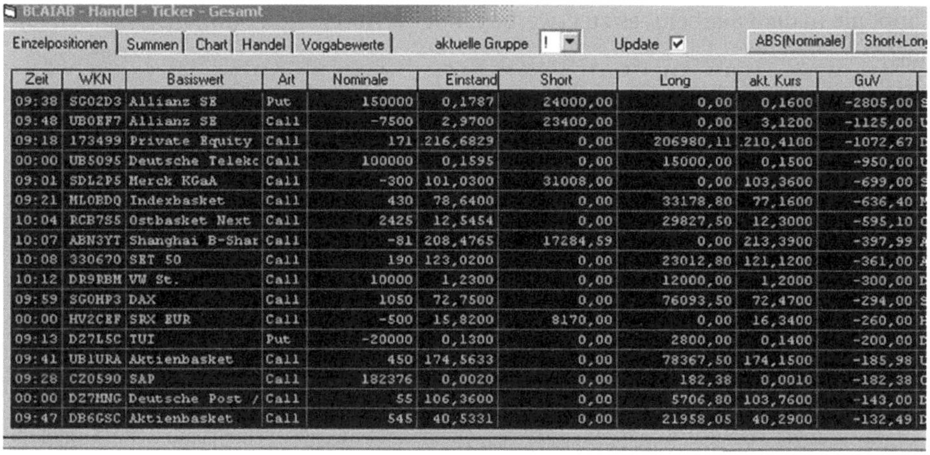

Zeit	WKN	Basiswert	Art	Nominale	Einstand	Short	Long	akt. Kurs	GuV
09:38	SG02D3	Allianz SE	Put	150000	0,1787	24000,00	0,00	0,1600	-2805,00
09:48	UB0EF7	Allianz SE	Call	-7500	2,9700	23400,00	0,00	3,1200	-1125,00
09:18	173499	Private Equity	Call	171	216,6829	0,00	206980,11	210,4100	-1072,67
00:00	UB5095	Deutsche Telekc	Call	100000	0,1595	0,00	15000,00	0,1500	-950,00
09:01	SDL2P5	Merck KGaA	Call	-300	101,0300	31008,00	0,00	103,3600	-699,00
09:21	ML0BDQ	Indexbasket	Call	430	78,6400	0,00	33178,80	77,1600	-636,40
10:04	RCB7S5	Ostbasket Next	Call	2425	12,5454	0,00	29827,50	12,3000	-595,10
10:07	ABN3YT	Shanghai B-Shar	Call	-81	208,4765	17284,59	0,00	213,3900	-397,99
10:08	330670	SET 50	Call	190	123,0200	0,00	23012,80	121,1200	-361,00
10:12	DR9RBM	VW St.	Call	10000	1,2300	0,00	12000,00	1,2000	-300,00
09:59	SG0HP3	DAX	Call	1050	72,7500	0,00	76093,50	72,4700	-294,00
00:00	HV2CEF	SRX EUR	Call	-500	15,8200	8170,00	0,00	16,3400	-260,00
09:13	DZ7L5C	TUI	Put	-20000	0,1300	0,00	2800,00	0,1400	-200,00
09:41	UB1URA	Aktienbasket	Call	450	174,5633	0,00	78367,50	174,1500	-185,98
09:28	CZ0590	SAP	Call	182376	0,0020	0,00	182,38	0,0010	-182,38
00:00	DZ7MNG	Deutsche Post /	Call	55	106,3600	0,00	5706,80	103,7600	-143,00
09:47	DB6GSC	Aktienbasket	Call	545	40,5331	0,00	21958,05	40,2900	-132,49

Abb. 8: Positionen einer Händlergruppe (eigene Darstellung).

Der Gesprächsausschnitt ist auch insofern aufschlussreich, als ich intuitiv ein Vokabular des Habens benutze, während die Teilnehmerin das Betreuen ihrer Positionen mit einem Vokabular des Seins ausdrückt:

S. L.: Am Handelsticker kannst du alle Positionen, die du hast [sic!], beobachten?

H.: Ja. Guck. [zeigt mit den Finger auf den Schirm] Das ist ein Dax [Future Index]. Da steht Call dran. Den *bin ich long*. Deshalb ist da blau. Hier. [zeigt auf einen andere Zeile] Das ist ein Produkt auf den Tec-Dax [Index]. Den *bin ich short*, der ist grün. Also blau long, short grün, egal ob put oder call. Ich sortiere meistens nach long oder short. Weil, wenn die Basiswerte sich bewegen, dann musst du entscheiden, was du eben sofort zumachst.

Die Händlerin spricht über das Spekulieren mit Finanzkontrakten so, als ob diese gar keine ökonomischen Güter seien, sondern ein Teil ihrer leiblichen Existenz. Wertpapiere zu kaufen oder zu verkaufen erscheint hier wie zwei unterschiedliche Varianten dessen, wie Händler im Markt *sein* können. Obwohl die Händlerin vor dem Handelsticker-Schirm sitzt und sich für ihren biologischen Körper – „that body as a thing described in isolation from its use in context" (Katz 1999: 33) – nichts verändert, befindet sich ihr Leib offensichtlich im Markt und kann über den Bildschirm beobachtet werden.

6.4 Der epistemologische Korporalismus des Derivatehandels

Was einen guten Händler ausmacht ist das, was die Teilnehmenden mit „Gespür für den Markt" umschreiben. Erfahrene und talentierte Händler verfügen über dieses Gespür, Neulinge im Handelsraum besitzen es (noch) nicht und werden z. T. überhaupt nie in der Lage sein, es zu erwerben. Ein Derivatehändler (M.) im Gespräch mit mir:

> M.: Du solltest auch das Gespür für den Markt haben, das eignest du dir auch an, in den ersten drei bis vier Jahren, so was lernt man.
>
> S. L.: Was meinst du mit „Gespür für den Markt"?
>
> M.: Deine Positionen machst du ja nicht alle immer gleich bezahlt, sondern so ein bisschen das Gefühl dafür haben, soll ich Positionen aufs Buch knallen, soll ich sie nicht aufs Buch knallen, wann stell' ich sie glatt.
>
> S. L.: Aber ich dachte, man kann Preisbewegungen nicht prognostizieren?
>
> M.: Ja, aber so kurze Bewegungen, da kriegst du irgendwann einmal ein Gespür dafür. Es gibt oft den Fall, dass der DAX-Future zwanzig, dreißig Punkte macht und einer von den Kollegen sagt „Der fällt nochmal zehn". Das ist dann letzten Endes so eine Gespürsache. Das eignest du dir einfach im Laufe der Zeit an. Das kann man jetzt nicht irgendwie mit Zahlen belegen oder sonst was. Das kommt mit der Zeit.

„Gespür für den Markt" lässt sich aus Sicht von M. nicht mathematisch erklären bzw. berechnen. Was es eigentlich genau ist und vor allem: wie es praktisch vollzogen wird, können M. und andere HändlerInnen mir gegenüber sprachlich nicht mitteilen. Die Antworten, die ich auf diesbezügliche Fragen bekomme, sind höchst tautologisch: eben ein Gespür haben für den Markt. Der Ausdruck, so viel ging aus den Gesprächen mit Teilnehmenden hervor, ist zum einen eine Umschreibung von Entscheidungen, die auf Intuition beruhen. Die Unfähigkeit, „Gespür für den Markt" zu explizieren, spricht zum anderen dafür, dass es sich um implizites Wissen handelt, um ein praktisches Können, das zwar durch Erfahrung angeeignet, jedoch nur unzulänglich verbal vermittelbar ist.

Obwohl die Teilnehmenden das „Gespür für den Markt" mystifizieren, zeigt es sich im praktischen Umgang mit ihren Positionen. Im Folgenden beschreibe ich drei Formen, „Gespür" für den Markt und die eigenen Positionen in ihm zu zeigen: Schmerzensschreie, das Bedauern verpasster Chancen und Freudenschreie. Diesen ist gemein, dass Empfindungen wie Wut, Enttäuschung oder Enthusiasmus finanzielle Verluste oder Gewinne reflektieren und damit zukünftige oder verpasste Gelegenheiten für finanzielle Entscheidungen thematisieren. Zentral ist dabei: Veränderungen der einverleibten Position im Markt werden mithilfe von leiblichen Emotionen zum Ausdruck gebracht und evaluiert. Die Art der Bewertung, die dabei ins Spiel kommt, kann man mit Gugutzer (2006: 40) „epistemologischen Korporalismus" nennen. Gugutzer bestimmt ihn als Alternative zu traditionellen Erkenntnisformen, denkt dabei aber in erster Linie an wissenschaftliches Wissen. Der „epistemologische Korporalismus" setzt darauf, „Nähe zum Forschungsgegenstand zulassen, sich auf ihn einlassen, sich von ihm leiblich-affektiv berühren zu lassen" (Gugutzer 2006: 40) und auf „leiblichem Wege gewonnene Erkenntnisse“ (Gugutzer 2006: 40) zu produzieren. Mit anderen Worten: Der „Körpereigensinn“ der Forschenden ist Dreh- und Angelpunkt, und zwar „in der Hinsicht, dass er als spürbarer Widerstand Handlungen anleitet“ (Gugutzer 2006: 22). Deutlich wird die Besonderheit dieser körperlich-affektiven Erkenntnisvariante durch den Gegensatz zu herkömmlichen epistemologischen Strategien. Die traditionelle Erkenntnistheorie baut auf der Annahme auf, dass Beobachtung ein kognitives, objektives und emotionsloses Unterfangen ist. Deutlich wird dies bei einem positivistischen Wissenschaftsverständnis, das voraussetzt, dass wissenschaftliche Praktiken wie Beobachten, Analysieren, Bewerten oder Entdecken die „Ausschaltung der Subjektivität, d. h. der Gefühle“ (Hillmann 1994: 621) verlangen oder zur Folge haben. Ich möchte nun eingehend darlegen, dass die Überwachung und Einschätzung von Positionen im Finanzhandel nicht einer derartigen Vorstellung von emotionsloser Objektivität entspricht. Sie sind untrennbar mit leiblichen Emotionen verbunden und diese entstehen, weil die Händler aus phänomenologischer Perspektive tatsächlich *im* Markt *sind*, sich seinen wechselhaften und gefährlichen Bewegungen aussetzen und diese Bewegungen hautnah spüren.

6.4.1 „Das tut weh!“

Perioden starker Preisschwankungen begleiten die HändlerInnen oft mit Kommentaren wie „Das ist hier wie im Krieg“ oder „Das ist voll brutal“. In einem Kampf besteht kein geringes Verletzungsrisiko. Wenn man wie Katz (1999) die Metapher vom Krieg ernst nimmt, kann man nach weiteren Belegen dafür Ausschau halten, dass Teilnehmenden leiblich wahrgenommene Gewalt widerfährt. Einen solchen liefern die von mir sogenannten Schmerzensschreie. Als stark emotionale Äußerungen thematisieren sie die Verluste, genauer: zu Verlusten führende Marktbewegungen als gegen den eigenen Körper gerichtete Kräfte und als Schmerzerleben. Dabei richtet sich die Gewalt, um mit Katz (1999: 33) zu sprechen, nicht gegen die Physis i. e. S., sondern gegen den Leib der Teilnehmenden. In der folgenden Sequenz (siehe Transkript 9) erlebt S., ein Derivatehändler, wie eine seiner Positionen im Zuge eines Marktübergangs binnen weniger Sekunden stark an Wert verliert:

Transkript 9: AU, FUCK, – Das tut weh.

S.: (ärgerlich, weinerlicher Tonfall) **Au**, es fällt. Das ist ja wie verhext! [5.4] (leidend) **AU, FUCK**, es fällt schon wieder! **Das tut weh.** [8.2] (wütend) **A::::H, FUCK**, die ganzen Nebenwerte, fuck you. (S. schlägt mit den Handflächen auf seine Tastatur.) OA::::H! Salzgitter, 10 Cent Unterschied! Junge was hasse ich diese Scheiß-Nebenwerte, das gibt es doch wohl nicht. (S. schließt die Salzgitter Position.)

S. verwendet offensichtlich ein Schmerzvokabular. Die (in seinem Erleben) ihm selbst vom Markt zugefügten finanziellen Einbußen bringt dieses Vokabular als leibliche Schmerzerfahrung zum Ausdruck. Es besteht im Fall von S. aus den Wortfolgen „Au“, „Au, fuck!“ und „Das tut weh!“. Neben diesen Schmerzvokabeln sind eine Reihe nichtlexikalischer Schmerzensschreie wie „A : : : h!“ und auch somatische Expressivität, auf die ich noch zu sprechen kommen werde, zu vernehmen. Außerdem wird das Vokabular durch entsprechende Mimik und Gestik ergänzt: verzerrte Gesichtsausdrücke, nach hinten geworfene Oberkörper und Köpfe oder auf die Tischplatte hämmernde Fäuste. Hervorzuheben ist, dass der gebrauchte Wortschatz zwar auf semantischer Ebene mit der Deutung des Marktgeschehens als Krieg, Schlacht und Gemetzel verbunden sein mag.[7] Mindestens ebenso relevant ist aber die Implikation dieses Schmerzvokabulars für die sinnlich-konkrete Lage der Teilnehmenden, die es verwenden: Sich im Markt zu positionieren umfasst mehr als einen technischen Vorgang. Nehmen Händler eine Position im Markt ein, begeben sie sich buchstäblich mit ihrem Leib dorthin und setzen ihn damit den Angriffen des Marktes aus.

Wie helfen Schmerzensschreie die Spekulation anzuleiten oder zumindest eine Orientierungsgrundlage für diese zu schaffen? Händler nutzen sie als Warnzeichen, die vor zu vielen Verlusten bewahren sollen. Das zeigt sich darin, dass Finanzentscheidungen oft direkt nach Schmerzensschreien getroffen werden. In der folgenden Szene (siehe Transkript 10) beobachtet J. eine dramatische Verschlechterung seiner Position im Markt:

Transkript 10: Ich stell’ das jetzt glatt.

```
J.:   Verdammt, der Scheiß-Markt geht runter wie Sau. Voll brutal ist das.
      [3,4] Ich glaub ich spinn, das ist auch immer das gleiche. Aa:::ah!
      (wirft die Hände in die Höhe) [2,3] Ich stell’ das jetzt glatt.
```

Bemerkenswert ist nicht nur, dass J. die beobachtete Preisfluktuation mit Beschimpfungen des Marktes quittiert (siehe Kapitel 4.3.1). Nachdem er deutlich zeigt, dass ihn die jüngste Marktentwicklung schmerzt – er stößt mit „Aa : : : ah!“ einen Schmerzensschrei aus und wirft die Hände in die Höhe –, expliziert er auch seine anschließende Entscheidung: „Ich stell das jetzt glatt“. Damit kündigt er den Handlungsschritt vorab an.

Die nächste Szene (siehe Transkript 11), in der L. ein Derivat der Sparda Bank handelt, informiert darüber, wie Schmerzensschreie Entscheidungsoptionen aufwerfen. Es kommt hier allerdings noch eine Besonderheit hinzu: Der Verlust wird durch den Händler als somatische Veränderung des eigenen Zustands beschrieben:

---

7 Siehe Hassoun (2005) für eine ähnliche Beobachtung im Open Outcry-Handel.

Transkript 11: Mir wird ganz Ü : BEL

```
L.:    Die Sparda Bank ist ja 13 Prozent im Minus, hab ich gerade gesehen.
       Mir wird ganz Ü:BEL … vielleicht sollte ich sie zumachen?
```

L. verbalisiert, was auf seinem Handelsticker-Monitor aktuell zu sehen ist: Seine Position im Markt hat sich deutlich verschlechtert, da der Preis des Basiswerts (die Aktie der „Sparda Bank") gesunken ist („13 Prozent im Minus"). Danach expliziert er sein Befinden angesichts dieses Ereignisses („ganz Ü : BEL"), um danach zu fragen, was als Nächstes zu tun sei („zumachen?"). Wenig später schließt L. die Handelsposition, ohne eine Antwort seiner KollegInnen oder des verantwortlichen Händlers an seinem Desk abzuwarten.

Mit Katz (1999: 5 f), der von „emotions as situation-responsive narratives" spricht, kann man Schmerzensschreie als Artikulation der leiblichen Metamorphose verstehen, die die Praxis der Finanzspekulation mit sich bringt. Sie verweisen auf die Verwandlung im Wege der Kommunikation leiblich erlebter Schmerz- und Gewalterfahrungen. Finanzielle Einbußen werden auf diese Weise nicht distanziert und objektiv, persönliche Gefühle ausklammernd, registriert, vielmehr als der eigenen Person vom Markt angetanes Übel.

Darüber hinaus können das Praktizieren von Schmerzensschreien und das anschließende Explizieren von Entscheidungen oder Entscheidungsoptionen als Mittel gegen den in der Behavioral-Finance-Literatur verhandelten *Disposition Effect* gesehen werden. Dieser versucht, wie oben erwähnt, das Phänomen zu erklären, dass Anleger ohne rationale Motive an Positionen festhalten, die konstant an Wert verlieren. Als Grund für ein solches Verhaltensmuster gilt, dass sie fürchten, Fehler einzugestehen: „avoiding regret" (Peterson 2007: 72). Verluste sind im Trade-X-Handelsraum, wie in jedem anderen, jedoch etwas Alltägliches und werden, solange es sich um kleinere Summen handelt, nicht als unbedingt zu vermeidendes Missgeschick von Teilnehmenden, sondern als notwendig erachtet. Ein tatsächlich als Fehler zu beurteilendes Verhalten wäre das Halten einer verlustreichen Position dann, wenn Händler sich „festklammern" (Teilnehmerausdruck), obwohl deren Werte konstant (im Fall des kurzfristigen Derivatehandels: mehrere Stunden lang) abnehmen. Durch die Praxis von Schmerzensschreien lernen Teilnehmende, sich für Verluste nicht zu schämen, sondern diese zuzugeben, um damit noch größere Schäden zu vermeiden. Sie auszuüben, dient keineswegs dem Eingeständnis von begangenen Fehlern, vielmehr sollten schmerzhafte Verluste so gering gehalten werden. Anders formuliert: Mit Schmerzensschreien setzen Teilnehmende die wichtige Anweisung im Handelsraum um, sich nicht sinnlos in verlustreiche Positionen zu verbeißen.

6.4.2 „Schon wieder zu früh zugemacht!"

Neben Schmerzensschreien nimmt das Bedauern verpasster Gelegenheiten einen prominenten Platz im emotionalen Ausdrucksrepertoire des Derivatehandels ein. Damit meine ich affektive Äußerungen, die ungenutzte Chancen vor dem Hintergrund aktueller Preisentwicklungen reflektieren. Emotionale Reaktionen evaluieren also nicht nur die Dringlichkeit, offene Positionen zu schließen, sie indizieren auch, wie die Händler die aktuellen Kurse im Bewusstsein bereits gefasster Entschlüsse bewerten. Das folgende Transkript (siehe Transkript 12) schildert eine derartige Evaluierung durch C., der ein Derivat mit dem Goldpreis als Basiswert handelt:

Transkript 12: Gold hätt' jetzt zehn Mill gebracht.

C.: (blickt auf den Reuters-Monitor) **UU:::H!. Gold hätt' jetzt zehn Mill gebracht.**

C. reagiert hier auf eine Preisverschiebung mit einem erregten Ausruf („UU : : : H!"), dem eine enttäuscht geäußerte Feststellung folgt: Hätte er seine Positionen nicht vor ein paar Minuten geschlossen, dann lieferte ihm der momentane Kurs einen Gewinn von zehntausend Euro. So macht er seiner Einsicht Luft, dass er sich um einen Erfolg gebracht hat, und gesteht ein, dass er zuvor eine suboptimale Entscheidung getroffen hat. Beachtlich an seiner Reaktion ist die Offenheit aus eigenen Stücken: Er gibt die verpasste Gelegenheit lautstark zu, ohne dass ihn jemand danach gefragt hätte.

Hier handelt es sich nicht um eine Ausnahme oder eine Seltenheit. Gleich Schmerzensschreien ist das emotional aufgeladene, dramatische Bedauern verpasster Gelegenheiten ein fixer Bestandteil der Marktbeobachtung. In den folgenden Szenen verknüpfen verschiedene Teilnehmende die Beobachtung der Höhe von aktuellen Basiswerten mit der Enttäuschung angesichts zu früher Transaktionsentscheidungen. Im ersten Beispiel (siehe Transkript 13) geht es um den F-DAX Index:

Transkript 13: Das gibt's doch nicht.

S.: **Das gibt's doch nicht.** Da mach' ich es bezahlt und dann kommt so eine Riesen-fucking-Kerze. Das gibt's doch nicht.

In der zweiten Szene (siehe Transkript 14) ist der beobachtete Basiswert wieder der Goldpreis:

Transkript 14: SCHON WIEDER ZU FRÜH ZUGEMACHT.

J.: A::CH, DAS GO:OLD! **SCHON WIEDER ZU FRÜH ZUGEMACHT.** Jetzt long gehen.

Welche Funktionen hat das Bedauern über verpasste Chancen? Zunächst ergibt sich ein bemerkenswerter Widerspruch zum *Disposition Effect*. Die Behavioral-Finance-Studien erklären, wie schon gesagt, das Zu-lange-Halten verlustreicher Positionen mit einem psychischen Bestreben: *Avoiding Regret*. Marktteilnehmende wollen das Bedauern von Fehlern bis über das vernünftige Maß hinaus vermeiden, aus der Angst heraus, Fehler (vor anderen) eingestehen zu müssen, was dazu führt, dass sie erst recht fehlerhafte, sprich: verlustreiche Spekulation betreiben. Die Häufigkeit und drastische Emotionalität, mit der HändlerInnen bei Trade X derartige Versäumnisse bedauern, zeichnet ein anderes Bild: Teilnehmende nehmen sich kein Blatt vor den Mund und bewerten emotional sowie lautstark die Entwicklung von Marktpreisen – auch und gerade in Relation zu bereits getätigten Kauf- oder Verkaufsentscheidungen.

In Form dieser Offenheit entsteht das Potenzial, die eigene Spekulationsstrategie anzupassen. Ein Beispiel bietet die zitierte Szene mit J.: Nachdem der Derivatehändler bemerkt, dass der Goldpreis erneut ansteigt und er „SCHON WIEDER ZU FRÜH ZUGEMACHT" hat, sagt er „Jetzt long gehen". Mit diesen Worten verbalisiert er eine Strategie, die er in der momentanen Preissituation für ökonomisch gewinnbringend hält. Reaktionen der anderen Mitglieder seiner Gruppe unterbleiben, sind aber auch nicht nötig: Jene wissen dank J.s lauter Äußerung jetzt, dass ihr Kollege mit dem Gedanken spielt, eine entsprechende Position einzugehen. Sie gestehen ihm zu, sich in den kommenden Sekunden nur auf die Beobachtung des Goldpreises zu konzentrieren und übernehmen die Überwachung seiner anderen offenen Positionen.

6.4.3 „Das Öl spritzt!"

Widmen sich Teilnehmende wie J. in der Szene zuvor nur der Beobachtung und Handhabung einer offenen Position im Markt und überantworten sie die Bearbeitung ihrer anderen Positionen anderen Gruppenmitgliedern, zeigen sie damit die Schwierigkeit und das Risiko der entsprechenden Spekulationsentscheidung an. Wie beim Kleinhalten von Verlusten spielt auch beim Erzielen von Gewinnen der richtige Augenblick eine maßgebliche Rolle. Selbst wenn Händler mit ihrer Position „richtig zum Markt" liegen, müssen sie einen Zeitpunkt wählen, an dem sie die Position schließen, um die Einkünfte zu realisieren. Das hier auftauchende Pendant zu Schmerzensschreien nenne ich Freudenschreie. Enthusiastisches Verhalten im Handelsraum expliziert und thematisiert die Herausforderung, den richtigen Moment für die Trennung von einer gewinnträchtigen Position abzupassen. In der folgenden umfassenden Sequenz spekuliert Sebastian auf einen fallenden Preis des Brent Crude Öl Future Index. Neben seinen Freudenschreien und der Verbalisierung seiner Optionen fallen auch Äußerungen von Teilnehmenden im Hintergrund und, ganz am Ende des Transkripts (siehe Transkript 15), ertönen Reaktionen von Isabell und David aus seiner Gruppe:

Transkript 15: Hu-hu-hu, der Ölpreis.

	[Öl Future Kurve schlägt nach unten aus]
Sebastian:	(freudig überrascht) **O:AH, O:::AH! Hu-hu-hu, der Ölpreis.** =
Händler 1:	DAS Ö::L!
Sebastian:	= **Ich glaub ich mach's mal zu.**
Händler 2:	(aus der Nachbarreihe) DAS Ö::L SPRITZT!
	(Sebastian loggt sich aus dem Orderbearbeitungssystem aus, um sich ausschließlich der Überwachung seiner Position zu widmen. Solange er ausgeloggt ist, werden die Order von den anderen beiden Teilnehmenden der Commerzbankgruppe namens Isabell und David bearbeitet; Sebastian beobachtet intensiv und angespannt einen Echtzeit-Chart des Brent Crude Öl Future Index auf dem Reuters-Schirm; sein Oberkörper ist deutlich vorgebeugt, sodass seine Augen nur etwa 20 Zentimeter vom Bildschirm entfernt sind; nachdem der Preis des Öl-Futures etwa eineinhalb Minuten nicht mehr weiter gefallen ist, beginnt er, mit dem Oberkörper vor- und zurückzuwippen)
Sebastian:	**Yo, Baby und ich mach's jetzt trotzdem gleich zu.**
	[Öl Future Kurve schlägt nach unten aus]
	Das fällt ja immer weiter. DER Ö::LPREIS!
Händler 1:	Scheiße, Scheiße, Scheiße.
Sebastian:	ALLE MAL TANKEN FAHREN BITTE.
Isabell:	(lacht)
Händler 2:	Hab ich schon gestern.
Sebastian:	GESTERN. DA WARS DOCH NOCH VIEL ZU HOCH, HA HA.
	[Öl-Future-Kurve schlägt nach unten aus]
Händler 2:	HA::::AH! FUCK.
Sebastian:	**HUA::AH! LECK MICH AM ARSCH! OH GOTT, OH GOTT**, es fällt immer weiter. **A:::::::H** (steht auf, klatscht in die Hände, Augen auf Reuters gerichtet) ACHTUNG, ACHTUNG, ACHTUNG. Jetzt wird es gleich steigen wie Sau. (hämmert auf Tastatur, um die Position zu schließen; steht auf und ballt die Faust) **WOAH, WOAH WOAH!**
Isabell:	Wieviel hast du gemacht?
Sebastian	War das ein Intraday-Revearsal! Ich wart den ganzen Tag bei –
David:	18 Mille! Stark.
Sebastian:	**JA:A. Weißt du, ich hab den ganzen Tag auf die Fresse gekriegt, mit den Scheiß-Longs. Da hab ich gedacht: So, jetzt gehst du nochmal aufs Tagestief. Und da ist es durchgebrochen.**
Isabell:	Fein, Fein, Fein.
Sebastian:	(zu Isabell, seine Hand auf seinen Brustkorb drückend) **Mein Herz, bu::h.**
Isabell:	Ja, ich glaub's dir!

Sebastians Ausdrucksrepertoire besteht aus drei Teilen: Erstens sind da die Freudenschreie, die zum Ausdruck bringen, dass er mit seiner Position „richtig zum Markt liegt“. Hierzu zählen sein gleich zu Beginn der Szene geäußertes „O : AH, O : : : AH! Hu-hu-hu, der Ölpreis“ und das etwa eineinhalb Minuten später erfolgende „HUA : : AH! LECK MICH AM ARSCH! OH GOTT, OH GOTT, es fällt immer weiter. A : : : : : : : : H“. Begleitet werden seine Freudenschreie von Gesten wie Lachen, Aufstehen und Klatschen. Zweitens verfügt sein Ausdrucksinventar über Selbstverbalisierungen der eigenen Entscheidungsoptionen. Gleich an die ersten Jubelrufe schließt die an ihn selbst gerichtete Aussage an: „Ich glaub ich mach’s mal zu“. Damit meint er das „Glattstellen“ seiner offenen Position, also die Realisierung des momentanen Gewinnes. Auch der mehr als 90 Sekunden später geäußerte Satz „Yo, Baby und ich mach’s jetzt trotzdem gleich zu“ ist ein Beispiel für die Selbstverbalisierung von Entscheidungsoptionen. Drittens bettet Sebastian, nachdem er seine Position endlich geschlossen hat, seinen einträglichen Entschluss narrativ in die ihm zugrunde liegenden Intuitionen ein. Nach einigen Verlusten („den ganzen Tag auf die Fresse gekriegt“) habe er sich entschieden, entgegen den bisherigen Tagestrends auf einen Richtungswechsel des Ölpreises zu spekulieren. Alle drei Register zusammen – Freudenschreie, Selbstverbalisierung von Entscheidungsoptionen und die Erzählung des seine Entscheidung fundierenden Gespürs für den Markt – bilden eine einprägsame Dramatisierung des Handlungsschritts.

Auch Freudenschreie stellen „situation-responsive-narratives“ im Sinn von Katz (1999: 5 f) dar, so sie die affektiv-leiblich gewonnenen Evaluierungen in einen narrativen Kontext fügen. Sebastians Erzählung handelt von schwierigen Entscheidungen bei extremer Ungewissheit. Einen Höhepunkt erreicht sie, wenn der Händler den Eindruck vermittelt, komplett aus dem Häuschen zu sein, aufsteht, in die Hände klatscht und in schier ekstatischer Aufregung „LECK MICH AM ARSCH! OH GOTT, OH GOTT“ ruft. So wie Schmerzensschreie als Strategie gegen das von der Behavioral-Finance-Forschung beschriebene Letting-Losers-run-Phänomen betrachtet werden können, erscheinen Freudenschreie als Strategie zur Vermeidung des Cutting-Winners-short-Phänomens. In ethnografischen Interviews betonen die HändlerInnen, dass das Offenlassen von gewinnreichen Positionen angesichts starker Preisbewegungen Mut erfordere. Freudenschreie wie jene Sebastians fördern die mutige Einschätzung risikoreicher Optionen. Im Verlauf der Szene verbalisiert Sebastian zweimal die Absicht, seine Position „zuzumachen“. Nachdem der Preis ein erstes Mal fällt, sagt er „Ich glaub ich mach’s mal zu“, wartet aber noch und starrt weiterhin konzentriert auf den Reuters-Schirm. Nach einer längeren Beobachtungsphase gibt er erneut an, die Position schließen zu wollen („Yo, Baby und ich mach’s jetzt trotzdem gleich zu“). Das Adverb „trotzdem“ bezieht sich auf die Zweifel, ob er nicht doch noch mehr Gewinn herausholen könnte. Wichtig ist: Die Begeisterung und Erregung Sebastians verzerren oder stören sein Handeln keineswegs. Im Gegenteil: Freudenschreie kompensieren die extreme Ungewissheit durch vertrauensbildende intuitive Unterstellungen („Das fällt ja immer weiter“ und – kurz vorm Verkauf – „Jetzt wird es gleich steigen wie

Sau“). Sie tragen außerdem dazu bei, dass der naheliegenden Option, die Position rasch zuzumachen, nicht sogleich nachgegeben, sondern dass diese immer wieder hinausgezögert wird.

6.5 Markteinverleibung als Marktaufmerksamkeit

Schmerzensschreie, Freudenschreie und das Bedauern verpasster Chancen thematisieren die eigene Lage im Markt, und zwar ganz offen und lautstark vor der Handelsraumöffentlichkeit. Verglichen mit anderen risikoreichen beruflichen Tätigkeiten, die im Team ausgeführt werden – man denke etwa an chirurgische Teams oder das Team aus Fahrer und Beifahrer im Rallyesport –, veranstaltet der Derivatehandel eine große emotionale Dramatisierung seiner Arbeit, die im Operationssaal oder im Rallyeauto als unangemessen angesehen würde. Die Frage ist, weshalb der epistemologische Korporalismus des Derivatehandels eine derart dramatisierte, handelsraumöffentliche Form annimmt. Warum dämpfen die Händler vor anderen in ihrer Gruppe und im Handelsraum ihre spontanen, emotionalen Reaktionen auf Marktbewegungen nicht?

Die Beantwortung dieser Frage hat den doppelten Modus der Marktteilnahme der Derivatehändler zu berücksichtigen. Jene befinden sich – aus phänomenologischer Perspektive – nicht nur im Markt, wo sie sich mit ihren Positionen den wechselhaften und ungewissen Kursen aussetzen, sie sitzen zudem vor Bildschirmen und im Handelsraum unter einem rigiden Regime der Wachheit und Aufmerksamkeit. Goffman (1978: 799), dessen Argumentation im vorhergehenden Kapitel bereits im Zusammenhang mit Aufmerksamkeitsrufen aufgegriffen wurde, weist darauf hin, dass emotionale Reaktionsrufe wie „Scheiße“ oder „Verdammt“ die soziale Situation adressieren und nicht zwangsläufig andere anwesende Personen. Laut Goffman existiert hier die kulturelle Norm der Wachheit und Aufmerksamkeit. Wie ich oben gezeigt habe, etabliert der Derivatehandel ein bis ins Extreme gesteigertes Aufmerksamkeitsregime, das seine Teilnehmenden dazu verpflichtet, lautstark die eigene Involvierung anzuzeigen. In dieser Hinsicht erbringen Schmerzensschreie, Freudenschreie und das Bedauern verpasster Chancen eine wichtige Leistung: Sie markieren die Schwierigkeit risikoreicher finanzspekulativer Entscheidungen und machen damit die anderen Händler zu Zeugen. So werden Spekulationen im Handelsraum nicht individuell, stumm und leise durchgeführt, sondern deutlich vernehmbar und emotional angekündigt, hinterfragt und bedauert, in jedem Fall: in Szene gesetzt. Auf diese Weise können sie zum Thema und Gegenstand von Kollegenäußerungen im Handelsraum werden.

Im Handelsraum werden Schmerzensschreie und die anschließende Thematisierung risikoreicher Optionen angesichts von Verlusten kaum je von den anderen HändlerInnen kommentiert, sondern still zur Kenntnis genommen. Verbale Empfehlungen vonseiten der KollegInnen kommen i. d. R. nur dann vor, wenn es sich um vergleichsweise unerfahrene Teilnehmende, um Neulinge im Derivatehandel handelt:

beispielsweise „Mach's jetzt zu“ oder „Stell's glatt“. Erfahrene Händler erhalten keine derartigen Anweisungen. Das stützt die These, dass das ständige, schmerzbetonte Explizieren finanzspekulativer Entscheidungen eine allgemeine Norm ist und nicht nur etwas, das unerfahrene Neulinge um des Rates willen zu tun haben. Verluste und die dadurch ausgelösten Emotionen, ja Bauchgefühle („Mit wird ganz übel“), werden generell handelsraumöffentlich ausgestellt. Intuition ist hier keine stille Privatangelegenheit, vielmehr ist sie eine handelsraumöffentliche Darstellung.

Ebendies ist den verantwortlichen Teilnehmenden und dem Chefhändler der Derivateabteilung bei Trade X bewusst, der in einem Interview berichtet:

> G.: Einen, der still oder mehr so verschlossen ist, für sich ist, der würde hier nicht so gut reinpassen zu uns. Du musst halt schon zeigen, dass du da mitlebst bis zu einem gewissen Grade, gerade was das Umgehen mit den Positionen anbelangt.
>
> S. L.: Ist das wichtig, um ein guter Händler zu sein?
>
> G.: Ja, klar. Und es ist auch wichtig, weil man dadurch weiß, ah, was geht da drüben vor bei dem, wie läuft's.

Schmerzensschreie haben also eine doppelte Signalfunktion: Sie sind einerseits erkenntnistechnische Signale im Rahmen eines epistemologischen Korporalismus. Anderseits sind sie auch soziale Signale. Auf letztere hebt der Chefhändler ab, wenn er erläutert, dass die offenen Gefühle in Reaktion auf Verluste oder Gewinne das Positionsmanagement der Händler transparenter machen. In diesem Sinne sind Schmerzensschreie kein Eingeständnis von Fehlern, sondern ein handelsraumöffentliches Zeugnis der ungebrochenen eigenen Involvierung und Wachheit. Ein Fehler wäre hingegen, dass Teilnehmende ihre Einbußen nicht als Schmerzen erleben und entsprechende Positionen schließen, ohne dies emotional und handelsraumöffentlich anzuzeigen.

Auch Freudenschreie signalisieren, dass ihre Urheber mit einer risikoreichen Entscheidung befasst sind, und bereiten positive Sanktionierung seitens der anderen Gruppenmitglieder sowie der Vorgesetzten vor. Man denke an die oben zitierte Szene mit Sebastian (siehe Transkript 15). Indem er seine Freude handelsraumöffentlich und lautstark kundtut, informiert er über seine anstehende risikoreiche Transaktionsentscheidung und macht den Handelsraum zum Zeugen. Die Zeugenschaft stellt Händler 2 unter Beweis, indem er auf Sebastians Ausruf „ALLE MAL TANKEN FAHREN BITTE“ erwidert: „Hab ich schon gestern“. Des Weiteren wird Sebastian, nachdem er schließlich seine Position mit dem Gewinn von 18 000 Euro – im kurzfristigen Spekulationsgeschäft mit niedrigen Summen ein relativ hoher Profit – geschlossen hat, von seiner unmittelbaren Sitznachbarin gefragt: „Wie viel hast du gemacht?“. Sebastian versteht diese Frage als Aufforderung zur Auskunft über seine Beweggründe und der damit verbunden Aufregung („Mein Herz, bu : : h“). Wie ein Abfahrtsläufer, der sich gerade siegreich eine gefährliche Piste hinuntergestürzt hat und nun im Zielraum interviewt wird, vermittelt Sebastian den Eindruck, eine besonders risikoreiche Strategie verfolgt zu haben, die am Ende aufgegangen ist: „So, jetzt gehst du noch mal aufs Tagestief. Und da ist es durchgebrochen.“ Die Transparentmachung seiner Entscheidung bleibt damit nicht unbelohnt: Sebastian wird sowohl von Isabell gelobt als auch von David, dem verantwortlichen Händler der Gruppe. Noch bevor er die Gewinnsumme nennen kann, zeigt David, dass ihm der Erfolg seines Kollegen nicht entgangen ist, indem er einwirft: „18 Mille! Stark“.

Das Aufmerksamkeitsregime umfasst aber nicht nur die handelsraumöffentliche Darstellung schwieriger und risikoreicher Entscheidungen. Es betrifft auch die ständige Evaluierung und Reevaluierung der eigenen Performance im Markt. Ärger und Enttäuschung, so sie erkennbar für andere sind, geben diesen Selbstbewertungen einen Ausdruck, der relevante Information für die Kollegen (in der Gruppe) bereithält: Man ist in der Lage, getätigte Entscheidungen vor dem Hintergrund momentaner Preisentwicklungen zu beurteilen und verpasste Gelegenheiten zu identifizieren. Das lautstarke, affektiv aufgeladene Bedauern von Versäumnissen („A : : CH, DAS GO : OLD! SCHON WIEDER ZU FRÜH ZUGEMACHT“) kann als eine Form der handelsraumöffentlichen Selbstkritik aufgefasst werden. Dadurch stellen Händler klar: Sie sind sich bewusst, sich zu einem suboptimalen Schritt entschlossen zu haben und es besser hätten machen zu können. Das Aufmerksamkeitsregime des Handelsraums erstreckt sich also über die Überwachung des Marktes und der eigenen Positionen hinaus auf eine zweite Form der Selbstbeobachtung: die laufende und handelsraumöffentliche Evaluierung der finanzspekulativen Performance im Markt.

6.6 Nervöse Paarungen

Wie Urs Stäheli in seiner historischen Studie über das „Populäre der Ökonomie“ ausführt, sind die symbolischen „Gleichsetzungen von Weiblichkeit und Markt“ (2007: 265) sowie die Erotisierung der Finanzspekulation für die diskursive Konstruktion des Spekulanten am Ende des 19. Jahrhunderts entscheidend. „Ich muss zum männlichen Spekulanten werden, um der weiblichen Spekulation begegnen zu können“, so fasst Stäheli (2007: 273) das bereits zitierte Credo zusammen. Die weiblichen Konnotationen rühren auch, wie gesagt, von der Klassifikation des Marktes als Kreatur mit Affekten und Stimmungsschwankungen. Nun stellt sich die Frage: Sind die einem derart bestimmten Markt gegenübergestellten Praktiken des Spekulierens und der Beobachtung immer noch so männlich besetzt, wie Stäheli es für das ausgehende 19. und beginnende 20. Jahrhundert festhält? Verlangen Risikobewusstsein und Aufmerksamkeitsregime des Derivatehandels ruhige, kalkulierende, vom Markt distanzierte und frei von Gefühlen agierende Teilnehmende? Erfordern sie, um es mit anderen Worten zu sagen, Spekulanten, die dem nervösen und sprunghaften, dem volatilen und wechselhaften Markt ja nicht zu ähnlich sind?

Der epistemologische Korporalismus des Derivatehandels deutet darauf hin, dass es in dieser Hinsicht zu einer grundlegenden Verschiebung gekommen ist. Zeitgenössische Teilnehmende des professionellen Derivatehandels preisen Bauchgefühle, ihr intuitives „Gespür für den Markt". Sie identifizieren sich leiblich mit den von ihnen gehaltenen Wertpapieren: Erleiden sie Verluste, werfen sie die Arme in die Höhe und rufen etwa „Aua! Ich falle. Das tut weh!". Offensichtlich will der Derivatehandel gerade die hör- und sichtbare emotionale Involvierung und Immersion in den Markt.

Unterstrichen und präzisiert wird der Wandel der Anforderungen an das spekulierende Subjekt durch eine Teilnehmertheorie, die besagt, dass Derivatehändler umso besser sind, je mehr ihre Wesensart dem zugeschriebenen Charakter des Derivatemarkts ähnelt. Ich nenne diese Vorstellung Theorie der Charakterpaarung. Einen ersten Eindruck dessen, wie das Konzept die Beziehung zwischen Markt und Teilnehmenden fasst, vermittelt der folgende Interviewausschnitt. Er stammt aus einem Gespräch mit einem ehemaligen Aktienhändler bei Trade X, der, seitdem er aus der Aktienhandelsabteilung des Unternehmens ausgeschieden ist, administrative Aufgaben übernimmt. Dennoch befindet sich sein Schreibtisch wohlgemerkt direkt im *Trading Room*, sodass er einen hervorragenden Posten zur Beobachtung aller Handelsabteilungen einnimmt. Ihm fallen insbesondere die Unterschiede zwischen den verschiedenen Handelsabteilungen bzw. zwischen den dort tätigen Händlertypen auf:

> H.: Wir haben da schon Kreislaufschwächen bei welchen [im Derivatehandel] gehabt. Das sind aber komischerweise immer die Gleichen. Es gibt welche, die nervöser sind, bei denen kommt so was schon vor.
>
> S. L.: Womit hängt das zusammen, ob manche Händler nervöser sind als andere?
>
> H.: Einerseits durch die Technologie. Weil, es ist auch durch die Technologie ein anderer Typus von Händler. Früher war das relativ ruhig, man wusste, was man tut. Man hat nicht so viel Information um die Ohren gehabt wie heute. Man hat in der Regel weniger Papiere [geringere Vielfalt an Wertpapieren] gehabt. Und dann gibt es Unterschiede zwischen den Derivaten und den Anleihen zum Beispiel. [...] Beim Anleihenhandel kann man länger überlegen was man tut, auch mal ein paar Minuten lang. Aber wenn man ein Derivat auf den Dax handelt, muss man schnell sein, weil der [Basiswert] springt oft zehn oder fünfzehn Punkte in einer Minute. Also die Derivatehändler sind sicherlich meistens ein Stück nervöser, als ein Anleihenhändler, bei dem das eben alles langsamer geht.

H. führt zwei Gründe für die gesteigerte Nervosität von Derivatehändlern an. Zunächst stellt er einen Zusammenhang zwischen der eingesetzten Preisinformations- sowie Handelstechnologie und dem „Typus von Händler" her. Er meint, dass man früher im Gegensatz zu heute „wusste, was man tut". Diese Ansicht ist bemerkenswert, denn traditionellen ökonomischen Handlungstheorien zufolge handeln Akteure idealerweise aufgrund von vollständigen Informationen. H.s Alltagstheorie weist dagegen in die Richtung, die Knorr Cetina vorschlägt, wenn sie in Bezug auf den Finanzhandel die Relevanz von „unthinking responses" gegenüber „exclusively cognitive and deliberative decision making frameworks" (2009: 76) betont. Ungeachtet dessen, dass H., wie er später im Interview klarmacht, diesen Beschleunigungseffekt von Finanztechnologien eher negativ sieht, legt seine Aussage nahe, dass Finanzhändler in Märkten, in denen sie fortdauernd „viel Information um die Ohren" haben und unter dem Druck schneller Entscheidungen stehen, eher aufgrund eines epistemologischen Korporalismus und der Intuition statt wohlüberlegt und stets kalkulierend handeln.

Derivatehändler agieren demgemäß definitiv nicht frei von (auf den Markt gerichteten) Gefühlen. Mehr noch: Der Typus des jeweiligen Finanzmarkts und der in ihnen gehandelten Produkte impliziert einen ganz bestimmten emotionalen Händlerhabitus. Derivatehändler sind nach dieser Auffassung „nervöser" bzw. fahriger als Anleihen- und Aktienhändler, weil der Derivatemarkt dies voraussetzt und fördert. Grund dafür ist, um die Erklärung von H. zu paraphrasieren, dass die Preise „schneller [...] springen" als in anderen Bereichen.

Genau diese Korrelation bezeichne ich als Charakterpaarung. Bei einer solchen verschmelzen die wahrnehmbaren Eigenschaften eines Objekts mit den wahrnehmbaren Eigenschaften eines Subjekts. Es geht wohlgemerkt nicht um die Frage, ob und inwiefern sich einzelne Teilnehmende in das Kollektiv der Händlerkollegen einfügen, also über entsprechende zwischenmenschliche Kompetenzen verfügen. Bei Charakterpaarungen kommt es auf den Grad der Übereinstimmung zwischen einem Finanzmarkt als einer Kreatur und den Händlern an, die sich mit dieser Kreatur befassen, sie beobachten und auf sie reagieren. Je mehr Ähnlichkeit, desto besser.

Diese Vorstellung ist nicht so obskur, wie sie auf den ersten Blick erscheinen mag. Varianten von Charakterpaarungen finden sich auch außerhalb des Finanzbereichs. Besonders im Alltag ist die Überzeugung der gegenseitigen Prägung von Menschen und nichtmenschlichen Gebilden gut dokumentiert. Ein deutliches Beispiel für eine (unterstellte) Paarung des Charakters eines Autos mit dem seines Fahrers gibt Katz (1999: 42): „‚At the age of twenty-five', Alexander says that ‚his car gives him ‚big balls" and makes ‚his dick automatically grow three inches'. When I reported this passage in class, one male student was moved to ask, with no apparent touch of irony, ‚What kind of car was he driving?'".

Dass es sich um eine Alltagstheorie handelt, die wohl kaum einer wissenschaftlichen Überprüfung standhält, ist hier zu vernachlässigen. Alexander nutzt die Beziehung zu seinem Auto als Teil der Selbstkonzeption seiner männlichen Persönlichkeit. Selbst wenn Beobachter vorgeben, nicht der Alltagstheorie der Charakterpaarung anzuhängen, scheuen sie sich wie Katz' Student nicht, das Verhalten anderer unter Rückgriff darauf zu erklären.

Auch in Camus' Roman „Der Fremde" (1999/1942) werden wahrgenommene Eigenschaften eines Menschen mit denen nichtmenschlicher Akteure gepaart. In der ausgewählten Passage beschreibt der Ich-Erzähler die wechselseitige Prägung von seinem Nachbarn und dessen Hund:

> Beim Hinaufgehen bin ich auf der dunklen Treppe mit dem alten Salamano zusammengestoßen, meinem Flurnachbarn. Er hatte seinen Hund bei sich. Seit acht Jahren sieht man sie zusammen. Der Spaniel hat eine Hautkrankheit, die Räude glaube ich, von der ihm fast das ganze Fell ausgeht und die ihn mit braunen Flecken und Schorf überzieht. Durch das Zusammenleben mit ihm, zu zweit allein in einem kleinen Zimmer, ist der alte Salamano ihm schließlich ähnlich geworden. Er hat rötlichen Schorf im Gesicht und schütteres gelbes Haar. Der Hund hat von seinem Herrchen eine Art gebeugten Gang angenommen, mit vorgestreckter Schnauze und gerecktem Hals. Sie sehen aus wie ein und dieselbe Rasse, und dabei hassen sie sich.
> (Camus 1999: 23)

Finanzhändler können zwar keine biologischen Krankheiten an den Markt übertragen, indes sind sie überzeugt, dass der emotionale Charakter oder Habitus von Händlern jenen dem Finanzmarkt attestierten Verhaltenseigenschaften nahekommt. Der Finanzhandel betreibt also nicht nur, wie Kapitel 3 am Beispiel des Derivatemarktes zeigt, die Übertragung von Handlungsträgerschaft an den Markt. Die Theorie der Charakterpaarung verortet Teilnehmende auch in einer Art symbiotischen Beziehung mit dem jeweiligen Finanzmarkt, in dem sie tätig sind. Dabei können den Zuschreibungen eines ähnlichen Charakters verschiedene Differenzierungen zugrunde liegen. Im Folgenden unterscheide ich daher generelle Charakterpaarungen und spezielle Charakterpaarungen. Erstere trennen auf der Ebene verschiedener Finanzmärkte: Das wahrgenommene oder zugeschriebene Verhalten von Aktien- versus Anleihen- versus Derivatemärkten wird gekoppelt mit dem emotionalen Charakter von Aktien- versus Anleihen- versus Derivatehändlern. Spezielle Charakterpaarungen hingegen nehmen Differenzierungen innerhalb eines Finanzmarkts vor, indem sie jeweils einzelne Finanzprodukte mit dem zuständigen Händler in Hinblick auf die gemeinsamen (emotionalen) Eigenschaften in Beziehung setzen.

6.6.1 Markt-Händler-Paarungen

Auf welche Weise verbinden generelle Charakterpaarungen Finanzmärkte und Finanzhändler? Und wie nutzen Finanzhandelsunternehmen das theoretische Konzept dahinter? Anders als Aktien oder Anleihen gelten Derivate als besonders volatil, d. h. sie unterliegen beständigeren und größeren Preisschwankungen als andere Finanzinstrumente. Die Zuschreibung einer generellen Charakterpaarung postuliert, dass diese Instabilität und Flüchtigkeit den zuständigen Händlern buchstäblich in Fleisch und Blut übergeht. Der Derivatehandel mit seinen Unberechenbarkeiten, nervösen Stimmungen und blitzschnellen Bewegungen sei damit besser von Händlern zu bewältigen, die ebenfalls unberechenbar, nervös und schnell sowie frei von Angst vor risikoreichen Entscheidungen sind.

Eine solche Paarung von Markt und Händler beeinflusst zunächst das Selbstbild von Derivatehändlern. Sie sehen den Grund für ihre Nervosität bzw. die der Kollegen in der Volatilität ‚ihres' Marktes. Einmal bemerkt ein Händler von Trade X meine Verwunderung angesichts der fahrigen Art, in der er und die anderen Teilnehmenden auf einen Ausschlag des Leitindex reagieren:

> Plötzlich schlägt die F-Dax-Preiskurve am Reuters Schirm nach unten aus. Die Teilnehmenden reagieren darauf mit Dax-Rufen und mit merkwürdigen Lautgebärden. Der Händler neben mir brüllt „HO-HO-HO-HO-HO!" und hört erst auf, als sich die Preiskurve wieder horizontal bewegt. Joe wiehert wie ein Pferd. Mark ruft: „Wah, was macht der Dax?" Die Aufregung scheint keine Grenzen zu kennen. Nach wenigen Sekunden ist das Lautgewitter vorüber. Mark, der meine Verwunderung bemerkt hat, blickt kurz zu mir herüber und meint: „Wir sind hier alle verrückt. Wenn der Markt verrückt spielt, dann drehen wir durch".

Bei den anderen Handelsabteilungen von Trade X sucht man vergeblich nach einer solchen Selbstcharakterisierung. Keiner der Aktien- oder AnleihenhändlerInnen beschreibt sich selbst und die eigene Handelsabteilung als „verrückt" oder nervös. Diese Attribute machen alleine die Typisierungen der DerivatehändlerInnen aus, auch im Falle von Fremdzuschreibung: Selbst die Anleihen- und AktienhändlerInnen bei Trade X erachten die Angehörigen der Derivateabteilung nämlich als „nervös", während sie sich selbst als „ruhiger", „nicht so gehetzt" oder „stiller" empfinden. Außerdem verweist Mark in der zitierten Szene auf die feldinternen Klassifikationen, die den Derivatemarkt als „nervös", „verrückt" oder „gefährlich" darstellen (siehe Kapitel 3). Im folgenden Interviewausschnitt zieht ein weiterer Derivatehändler (N.) eine Verbindung zwischen dem „nervösen" Markt und der habituellen Prägung, die der fortdauernde Kontakt mit jenem bewirkt:

> N.: Ich könnte mir nicht vorstellen, einen Normalo-Bürojob zu machen, das wäre mir zu langweilig. Das Spannende hier ist, dass der Markt immer anders ist, der ist nie gleich.
>
> S. L.: Und das Schreien, diese Aufregung?
>
> N.: Das gehört halt dazu. Mit der Zeit wirst du einfach so, wenn du immer diesen Markt um dich herum hast. Wir sind so eine verrückte Gemeinschaft, ich glaub, solche wie uns kannst du auch nirgendwo anders mehr hinsetzen, in so einen normalen Bürojob, mit Kundenkontakt oder was weiß ich.

Bezeichnenderweise kontrastiert N. die Verrücktheit (der Gemeinschaft) des Derivatehandels mit der Langweile (der Inhaber) eines „Normalo-Bürojob[s]". Einem fortlaufenden Kundenkontakt setzt er die permanente Berührung mit dem Markt im Handelsraum gegenüber, dessen kontinuierlicher Verhaltensfluss unberechenbar und der selbst eben von Zeit zu Zeit „verrückt" ist. Es wäre verfehlt, die wahrgenommenen habituellen Paarungen und Anpassungen („Mit der Zeit wirst du einfach so") bloß als ein Resultat der zwischenmenschlichen Gemeinschaftsbildung, sprich: der wechselseitigen Assimilation in der Derivateabteilung, abzutun. Jene entstehen vielmehr im Zuge der fortwährenden Befassung mit dem Derivatemarkt. Die „verrückte Gemeinschaft" ist ohne den „verrückten" Markt nicht denkbar.

Finanzhandelsunternehmen nutzen das Bewusstsein dafür, dass unterschiedliche Finanzmärkte emotional bzw. charakterlich mit ihnen korrelierende Händler verlangen. Es hilft bei der Frage, ob und in welcher Handelsabteilung Personen einzusetzen sind. Chefhändler und Verantwortliche der Gruppen beziehen dieses Kriterium in die Überlegungen mit ein, ob ein Bewerber sich für den Derivatehandel eignet oder besser im Aktien- oder Anleihenhandel aufgehoben ist. Im Rahmen dieser Zuordnung von Händler zu Markt spielen bei Trade X aber auch Selbstbeobachtung und Selbstselektion der Neulinge, die im Zuge eines mehrmonatigen Praktikums alle Handelsabteilungen des Unternehmens durchlaufen, eine wichtige Rolle. Im folgenden Gespräch, in dem zunächst gar nicht so klar ist, wer hier wen interviewt, berichtet ein Derivatehändler, der seit einem Jahr bei Trade X arbeitet, über seine diesbezüglichen Erfahrungen:

> M.: Und was für einen Eindruck hast du vom Derivatehandel?
>
> S. L.: Dass es hier bei euch bei den Derivaten so rundgeht mit dem Schreien und so, das hätte ich nicht erwartet. Ist nicht so ruhig wie im Anleihenbereich.
>
> M.: Ja gut, bei den Anleihen. Ich saß da auch mal dabei [während seines Schnupperpraktikums], das ist überhaupt nichts für mich. Wenn die eine Order abarbeiten, müssen die zehn Banken anrufen, bis sie 'ne Order wegkriegen. Da braucht man drei bis fünf Minuten, das ist dann schon mal die normale Zeit für eine Order. Die handeln zwar große Sizes, aber die Scheine bewegen sich fast nicht. Ist mir zu wenig Action.

Der Typ von Markt und der Typ von Händler müssen, wie M. betont, zusammenpassen. Nun, da er bereits sieben Monate in der Derivateabteilung arbeitet, erinnert er sich mit Widerwillen an seine Zeit als Praktikant im Anleihebereich. Drei bis fünf Minuten für den Abschluss eines Geschäfts zu benötigen und dabei auch noch mehrere Teilnehmende anderer Banken oder Handelsunternehmen anrufen zu müssen, ist ihm zu langwierig. Umgekehrt gibt es auch HändlerInnen, die von der Derivateabteilung zum Anleihenbereich gewechselt haben, da sie laut einem Gruppenchef nicht mit dem Aufmerksamkeitsregime und dem immensen Tempo zurechtkamen.

6.6.2 Derivate-Derivatehändler-Paarungen

Neben generellen Charakterpaarungen, d. h. der Zuordnung eines bestimmten Finanzmarkts und seines wahrgenommenen Verhaltens zu einem bestimmten emotionalen Händlerhabitus, sind auch spezielle Charakterpaarungen präsent. Es handelt sich also um Charakterpaarungen, die auf einer Ebene unterhalb der Unterscheidung von Finanzmarkttypen wirksam werden, genauer: in der Differenzierung zwischen Derivaten basieren. Bei Trade X werden rund 300 000 verschiedene Derivate gehandelt und die HändlerInnen betonen die Variabilität innerhalb der Sparte. So gilt zum

Beispiel das Preisverhalten von Zertifikaten auf DAX-Nebenwerte als besonders volatil und unberechenbar, wie A., der zuständige Händler, im Interview erklärt:

> S. L.: Was ist das Besondere an den Nebenwerten?
>
> A.: Die Nebenwerte sind eher schwierig. In den Dax Top Five kannst du davon ausgehen, dass die Optionspreise mit den Basiswerten übereinstimmen. Aber die zweite Reihe [die Nebenwerte] sind mit Vorsicht zu genießen. Bei diesen Werten weißt du nicht, ob die jetzt wirklich mit den Basiswerten übereinstimmen, da hast du wenig Vergleichsmöglichkeiten. Also eine BMW- oder eine Deutsche-Bank-Aktie, wenn der DAX-Future fällt, fallen die zumeist auch. Aber bei der Post [Nebenwert] zum Beispiel, da ist das anders. Die Optionen sind da total unberechenbar, die machen, was sie wollen.

A. als Person weist einige Parallelen mit dem von ihm geschilderten Verhalten der Optionen für Nebenwerte auf. Wie ich beobachten konnte, gebärdet auch er sich sehr impulsiv und unberechenbar. Unter den DerivatehändlerInnen zählt er zu den lautesten und launischsten. Dessen scheint er sich selbst bewusst zu sein, denn er stellt diese Charaktereigenschaften stolz an seinem Desk zur Schau: Einen seiner Bildschirme ziert das von ihm angebrachte Motto „Achtung. Choleriker bei der Arbeit!".

Ist es ein Zufall, dass der launische A. und die launischen Nebenwerte ‚gepaart' werden? Aus Sicht seines Vorgesetzten (L.) jedenfalls nicht:

> L.: Ich glaube nicht, dass jeder den Optionshandel gleich gut machen kann. Wenn du zum Beispiel nur Aktien machst, das ist viel langsamer, du brauchst eh nur rüberzugucken, da ist tote Hose bei denen.
>
> S. L.: Ja, ich hab mir die Aktien angesehen, dort ist es viel ruhiger als bei euch.
>
> L.: Bei den Optionen ist halt immer was los. Und bei den Nebenwerten, da ist die Bewegung im Moment sehr krass. Da muss man sehr genau aufpassen, was man tut. Da brauchst du einen Typen wie den A., der da mitkommt.

Hier wird deutlich, dass auch speziellen Charakterpaarungen wie jener von A. und den Derivaten auf DAX-Nebenwerte ein Wissen über spezifische Subjektanforderungen innewohnt. Die Kenntnis wird genutzt, um zu begründen, dass nicht alle Derivate dieselben Kompetenzen aufseiten der Händler voraussetzen, sondern je nach Produkt Spezialisierungen erforderlich sind. Diese betreffen nicht nur das finanztheoretische Wissen um das jeweilige Finanzinstrument, sondern insbesondere einen auf dessen Verhalten, Stimmungen und Charakter abgestimmten emotionalen Händlerhabitus.

Charakterpaarungen, ob in ihrer generellen oder speziellen Ausprägung, lassen kaum Zweifel daran, das Finanzmärkte differenzierter, komplexer und heterogener sind, als es die Rede von *dem* Finanzmarkt suggeriert. Unterschiede zwischen verschiedenen Finanzmärkten und -produkten bilden einen festen Bestandteil der Finanzwelt und steuern die Fremdselektion sowie Selbstselektion für die Teilnahme am professionistischen Geschäft. Was bei Trade X auffällt, ist die Geschlechterverteilung auf die verschiedenen Sparten (Aktien, Anleihen, Derivate). Hier lässt sich ein deutlicher Unterschied in der geschlechtlichen Zuordnung zu den jeweiligen Finanzmärkten erkennen. Am höchsten ist der Frauenanteil im Anleihenhandel: Von insgesamt zwölf Teilnehmenden sind dort sechs weiblich, während im Aktienhandel vier Frauen auf vierzehn Männer kommen. Am geringsten ist der Anteil im Derivatehandel: Zwei weibliche Angehörige im Verhältnis zu dreiunddreißig männlichen. Natürlich sind diese Daten zu wenig aussagekräftig, um mehr als die bloße Vermutung zu stützen, dass generelle Charakterpaarungen die Durchmischung in den jeweiligen Sparten von Finanzmärkten mitbestimmen. Der selbst zwar weiblich konnotierte Derivatemarkt scheint nur für wenige Frauen attraktiv zu sein: Er ist „nervös“, „verrückt“, seine Preise „zucken die ganze Zeit“ – und er bedingt daher auch eine „nervöse“ und „cholerische“ Händlerpersönlichkeit. Ein solcher erwünschter Habitus zeigt sich in Schmerzens- und Freudenschreien, im Fluchen und Beschimpfen eines ungünstigen Verlaufs, in einem expressiven Repertoire an Aufmerksamkeitsrufen sowie in einer Praxis des wechselseitigen Herausforderns und Testens. Vor letzterem bleibe auch ich, wie der methodologische Anhang dieser Untersuchung ausführt, nicht verschont.

6.7 „Gespür für den Markt“

Die in diesem Kapitel vorgelegte Analyse bestätigt psychologische und neuroökonomische Einschätzungen (Fenton-O’Creevy et al. 2011; Lo/Repin 2002), laut denen Emotionen und Intuition eine relevante und bislang unterschätzte Handlungsressource der Finanzspekulation darstellen. Ein Problem dieser bisherigen Studien ist allerdings, dass sie nicht ausreichend zwischen dem Finanzhandel in verschiedenen Märkten, also zwischen Aktien-, Anleihen- und Derivatehandel, differenzieren. Sie erzeugen den Eindruck, dass intuitives Entscheiden in allen drei Bereichen als gleich wichtig erachtet und auch in gleicher Weise handlungspraktisch vollzogen wird. Immerhin merken Fenton-O’Creevy et al. am Ende ihrer Untersuchung an, dass es zwei die sonst vernachlässigte Disparität betreffende Bedingungen gibt, die die Reichweite ihrer allgemeinen Aussagen einschränken: „The relative importance of intuition and analysis vary with the task characteristics such as time span and decision making“ (Fenton-O’Creevy et al. 2011: 1058). Des Weiteren halten sie fest: „We also heard many stories of people transferring between trading areas and needing time to re-contextualize expertise before their intuitions could be considered reliable“ (Fenton-O’Creevy et al. 2011: 1058). Mein Vorschlag ist, diesen nur am Rande geäußerten Abweichungen größeres Gewicht zu geben und als konstitutiv für die unterschiedlichen Finanzhandelsbereiche zu begreifen. Anders als bei psychologischen und neuroökonomischen Analysen, die zumeist auf der Ebene eines methodologischen Individualismus operieren, ist der Blickwinkel der vorliegenden Studie dezidiert soziologisch: Emotionen und emotionsgeleitetes Handeln werden als Merkmale nicht einzelner Teilnehmender oder Typen von Teilnehmenden aufgefasst, sondern der gesamten Praxisgemeinschaft in einem ausgewählten Finanzhandelsbereich. Diese Perspektive sensibilisiert für die Brüche zwischen den Sparten und ihren Angehörigen. In diesem Sinne gehe ich davon aus, dass der epistemologische Korporalismus spezifisch für den Derivatehandel und ihm ähnliche Finanzhandelsbereiche ist, so sie auf vergleichsweise kurzfristige Zeithorizonte des Spekulierens ausgerichtet sind und extremen Zeitdruck auf die Teilnehmenden ausüben.

MacKenzie (2011) hat das Konzept der „evaluation cultures" vorgeschlagen, um einen wesentlichen Aspekt der Aktivität in Finanzmärkten zu erklären. Mit Evaluierung meint MacKenzie „efforts to determine the economic worth of financial instruments" (2011: 2), wobei er diese Aktivitäten so breit wie möglich verstanden wissen will. Evaluierungs- bzw. Bewertungspraktiken in Finanzmärkten reichen demnach von der Einschätzung des intrinsischen Wertes von Finanzpapieren bis zur (versuchten) Prognose eines Anstiegs oder Fallens von Preisen (MacKenzie 2011: 2). Das Konzept der „evaluation cultures" beugt, worin sein großer Vorteil liegt, einer vorschnellen Homogenisierung verschiedener Finanzmarktbereiche vor und weist Unterschiede zwischen jenen als konstitutiv aus. In diesem Sinne können die emotionalen Verhaltensregister des Derivatehandels, genauer: die Schmerzensschreie, Freudenschreie sowie das Bedauern verpasster Chancen, als Element einer finanzmarktspezifischen „evaluation cultures" verstanden werden. (Leibliche) Emotionen helfen, die Preisentwicklung zu antizipieren, indem sie die Positionen der Händler im Markt beständig thematisieren und Entscheidungsoptionen identifizieren. Auffallend ist, dass die Mutmaßungen über zukünftige Bewegungen sehr oft in Form somatischer Phänomene nach außen dringen. Wenn Teilnehmende Verluste als physischen Schmerz zum Ausdruck bringen, stimulieren sie damit auch ein Gespür dafür, ob der Preis steigen oder fallen wird. Charakterpaarungen zeigen darüber hinaus, dass das Feld der Finanzmärkte über eine Teilnehmertheorie verfügt, wonach verschiedene Märkte und selbst verschiedene Instrumente innerhalb ein und desselben Marktes einen speziell darauf abgestimmten emotionalen Händlerhabitus beanspruchen. In Übereinstimmung mit diesem Ansatz beschreiben sich DerivatehändlerInnen als „verrückte", „nervöse" und „cholerische" Gemeinschaft. So gelten sie als die besseren Spekulanten, da sie aufgrund einer Art ‚Wesensähnlichkeit' mit dem Markt in der Lage sind, mit ihm zu verschmelzen, ihm ganz nahe zu sein, ihn hautnah zu spüren.

7 Schluss: Spekulieren mit Leib und Körper

Dieses Buch entwickelte Antworten auf die Frage, wie der Finanzhandel (im Speziellen: der Derivatehandel) bildschirmmediatisierte Preise sowie andere Marktinformationen verfolgt und auf der Grundlage dieser Beobachtungen finanzspekulative Entscheidungen trifft. Statt Preise im Sinn der Finanzökonomie als einfach gegebene numerische Informationssignale zu begreifen, ging ich den sozialen, technologischen und materiellen Bedingungen der Beobachtung und Beobachtbarmachung von Finanzmärkten nach. Ausgangspunkt der Analyse war die Hypothese, dass Preis- und Marktbeobachtung im Finanzhandel Praxisgemeinschaften voraussetzt (Preda 2009b: 82f). In diesem Sinn portraitierte die Untersuchung den Derivatehandel als Arena, in der fallspezifische „Wissenspraktiken" (Kalthoff 2009: 266) von herausragender Bedeutung sind. Die Identität der Teilnehmenden dieser Wissenspraktiken wurde nicht von vornherein festgelegt, sondern inspiriert von einer praxistheoretisch fundierten Soziologie als empirisch zu klärende Frage behandelt. Dank diesem Vorgehen ließ sich herausfinden, dass in Finanzmärkten durchaus überraschende „Partizipanden" (Hirschauer 2004) mitwirken. Um das virtuelle Marktgeschehen beobachtbar zu machen, rekrutiert die soziale Praxis des Derivatehandels neben digitalen Bildschirmmedien auch den Körper und den Leib der Marktteilnehmenden, die materielle Ausstattung des Handelsraums ebenso wie die symbolische Klassifikation des Markts als „nervöse" Kreatur.

In diesem Kapitel skizziere ich abschließend den Beitrag der vorliegenden Untersuchung zur Erweiterung des soziologischen Verständnisses von Finanzmärkten. Ich gliedere das Kapitel nach zentralen Erkenntnissen der Arbeit, die ich im Folgenden kurz umreiße: Erstens (7.1) zeigt meine Untersuchung, dass die Mediatisierung von Finanzmärkten auch in hohem Maße den Körper und den Leib der Marktteilnehmenden beteiligt und fordert. Zweitens (7.2) liefert die Studie Belege dafür, dass die hier beschriebenen Organisationsweisen und Praktiken der Marktbeobachtung und Marktaufmerksamkeit den Finanzhandel systematisch von seinem ‚Außen' abschirmen und damit auf bislang kaum diskutierte Art ‚entkoppeln'. Indem die vorliegende Untersuchung den Finanzhandel als körperliche und leibliche Wissenspraxis begreift, trägt sie drittens (7.3) dazu bei, das vorherrschende Verständnis von „Wissensarbeit" als Kopf- und Geistestätigkeit zu revidieren. Und viertens (7.4) verdeutlicht die Untersuchung, dass die Entwicklung sozialwissenschaftlicher Alternativen zur Tendenz, Finanzmärkte zu homogenisieren, notwendig ist. Vor diesem Hintergrund schlage ich die Einführung und Weiterentwicklung des Begriffs *Finanzmarktkulturen* vor.

7.1 Marktteilnahmekompetenz

Ein zentrales Interesse der Wirtschaftssoziologie betrifft die Koordination von Märkten und von Markthandeln. Traditionell wird in diesem Zusammenhang die These der

Einbettung (Granovetter 1985) von Wirtschaftstransaktionen in soziale Strukturen, insbesondere in soziale Netzwerke, vertreten. Trotz vereinzelter Kritik ist die heutige empirische Wirtschaftssoziologie deutlich vom Netzwerkkonzept geprägt (z. B. Baker 1990; Baker et al. 1998; Di Maggio/Louch 1998; Uzzi 1997; White 2002). Jedoch ist der von mir untersuchte Finanzmarkt nicht mehr primär durch soziale Netzwerke koordiniert, sondern durch „skopische" Bildschirmmedien (Knorr Cetina 2003; Knorr Cetina/Preda 2007). Digitale Kommunikations- und Informationstechnologie machen hier tatsächlich einen Unterschied. Ob Händler mit anderen Händlern vor allem über das Telefon kommunizieren oder über den Bildschirm, bestimmt die Wahrscheinlichkeit, dass sie sich von Angesicht zu Angesicht kennen(lernen), sowie die Notwendigkeit, diese persönlichen Beziehungen zu pflegen, um (erfolgreiche) Transaktionen zu tätigen.[1] So legt Muniesas (2008) Untersuchung nahe, dass das Ausmaß des Telefongebrauchs ein guter Indikator dafür ist, ob Teilnehmende die (menschliche) Gegenseite kennen, i. a. W. also für die Nichtanonymisierung von Handelsparteien. Gemäß meinen Beobachtungen und den Schätzungen der befragten Teilnehmenden werden mittlerweile über 90 Prozent der Transaktionen mittels Bildschirmtechnologie durchgeführt. Teletechnologie verbindet die DerivatehändlerInnen bei Trade X permanent mit automatisierten Handelssystemen anderer institutioneller Marktteilnehmender. Über dieses System, im Handelsraum „Handelsmaschine" genannt, lassen sich Transaktionen sehr schnell durch die Eingabe eines Kauf- oder Verkaufspreises und der automatisch vermittelten Antwort der Gegenpartie abwickeln. Nur wenn ein technischer Fehler die „Handelsmaschine" außer Gefecht setzt oder das finanzielle Volumen den vorher zwischen Trade X und der Gegenseite festgelegten Rahmen übersteigt, was nur bei etwa einer von zehn Transaktionen vorkommt, wird zum Telefon gegriffen. Bei einer derartig bildschirm- und preisbasierten Abwicklung sind die sozialen Beziehungen mit anderen Teilnehmenden vernachlässigbar. Auch der gegenseitige Austausch von Wissensgaben, wie er in der chatförmigen Kommunikation zwischen HändlerInnen im Währungsmarkt auftritt (Knorr Cetina/Bruegger 2002: 941 ff) ist in so einer Marktkonstellation weniger wahrscheinlich. Ebenso bedarf es keiner Herstellung von Face-to-Face-Kontakten, um stabile Transaktionsoptionen zu etablieren. Wenn überhaupt, dann folgen persönliche Treffen den anonymen Geschäften am Monitor nach, oft zu viel späteren Zeitpunkten.[2] Im untersuchten Handel bereiten die Bildschirme so gut wie alle für die Marktteilnahme relevanten Informationen

1 Laut Muniesa (2008: 309) prägt die Form der Handelstechnologie auch verschiedene Theorien zur Erklärung von Markthandeln: „The telephone is likely to be a vital ingredient in constructing the kind of markets preferred by social network analysis, whereas this technology could somewhat hamper an attempt at configuring markets the way game theory likes them. Are markets composed of actors who know one another personally? Or are they rather composed of agents who communicate only through prices?".

2 Einmal im Jahr laden die Market Maker, d. h. die institutionellen Marktteilnehmenden die Trade-X-HändlerInnen zu einem Treffen ein. Wie man mir berichtet, dienen diese Zusammenkünfte auch dazu, sich auf informeller Ebene kennenzulernen, wobei der Alkoholkonsum nicht zu kurz komme.

auf (Status der Preise und der Positionen, News usw.). Entscheidend ist, dass sich gerade mit der skopischen Mediatisierung des Finanzhandels auch die Teilnehmerkompetenzen wandeln. Während die Aufrechterhaltung der sozialen Verbindungen technologisch ausgelagert wird, erhält die Entwicklung multipler Sensibilitäten zur Erfassung des ungewissen Marktgeschehens gesteigerte Bedeutung. Gefragt ist eine multisensorische, d. h. nicht rein visuelle Marktbeobachtung, die den Körper und Leib des Händlers wesentlich einbezieht: Bringen sich Teilnehmende beim Eingehen von Positionen leiblich und emotional gleichsam selbst in den Markt ein, sorgen die Disziplinierung und Stillstellung der Physis vor den Bildschirmen dafür, dass der auf die Finanzpositionen ausgedehnte Händlerleib im Takt der Kurse beobachten, reflektierten und evaluieren kann. Diese körperlichen und leiblichen Teilnahmekompetenzen sind insbesondere hinsichtlich des in volatilen Finanzmärkten virulenten Problems der zeitlichen Koordination der Marktteilnahme unverzichtbar. Im skopisch koordinierten Derivatehandel müssen die Teilnehmenden über ein ganzes Bündel an verkörperten Praktiken der Aufmerksamkeit und Beobachtung verfügen: ein Sehen und Hören, ein Gestikulieren, Deuten und Entscheiden im Gleichschritt mit dem Markt.

Besonders deutlich wird der ausgreifende Umfang dieser Marktteilnahmekompetenz, wenn man die Praxisgemeinschaft des Derivatehandels mit nichtprofessionistischen KleinanlegerInnen vergleicht. Zu letzteren zähle ich hier nicht private *Day Trader* (Preda 2009a), die sich mit Finanzspekulation via Laptop ihren Lebensunterhalt verdienen, sondern all jene, „die Geld investieren, auf das sie nicht angewiesen sind“ (Schimank/Stopper 2012: 251), wobei sie „ihre Anlageentscheidungen weitestgehend selbst treffen und dabei auch kontinuierlich am Ball bleiben“ (Schimank/Stopper 2012: 251). Zwar ging laut einer Erhebung des „Deutschen Aktieninstituts“ in Deutschland die Zahl solcher KleinanlegerInnen nach dem Einsetzen der Finanzkrise im Herbst 2008 zurück, doch lag sie im ersten Halbjahr 2011 immer noch 50 Prozent höher als 1997 (Schimank/Stopper 2012: 246). Aus diesen Daten lässt sich schließen, dass auch nichtprofessionistische Teilnehmende komplexe Finanzinstrumente für sich entdeckt haben und sich die spekulative Mehrung von privatem Geldvermögen vermutlich in der Tat als ein „Massenphänomen“ (Deutschmann 2008: 7) etabliert hat. Die wenigen empirischen Studien zu KleinanlegerInnen (Harrington 2008; Legnaro et al. 2005; Schimank/Stopper 2012) verdeutlichen nun, dass diese die Ungewissheit und Komplexität der Finanzmärkte unter gänzlich anderen Voraussetzungen, nach einer grundlegend anderen Finanzsozialisation bewältigen als die institutionalisierte Praxisgemeinschaft des Derivatehandels. Ihnen fehlen praktische Kenntnisse und Techniken wie ein hohes *Risikobewusstsein*, also das Wissen um die Nichtkontrollierbarkeit des Marktes. Außerdem fehlt ihnen das im untersuchten Handel wirksame *Aufmerksamkeitsregime*. So ist es fraglich, ob KleinanlegerInnen, die nicht hauptberuflich spekulieren, eine ununterbrochene Überwachung der höchst volatilen Finanzlage zu leisten imstande sind. Anders als institutionalisierte Akteure assoziieren sie zudem Verkaufen (Schließen einer Position) mit Verlieren, während für sie nur „die mögliche [aber unvorhersehbare] Entgrenzung des Kursanstiegs nach oben [...] außerordentlich emotional und wohl auch libidinös besetzt“ (Legnaro et al. 2005: 102) ist. Dies ist ein klassisches Beispiel für den in Kapitel 6 diskutierten *Disposition Effect*: Selbst wenn der Verkaufswert über dem Einkaufswert liegt, also das Schließen einen Gewinn brächte, neigen Kleinanleger aus Angst vor Fehlern dazu, sich an Positionen festzuklammern. Professionistische Marktteilnehmende lernen hingegen, emotionale Leiberfahrungen wie die beschriebenen Schmerzensschreie als Warnzeichen zu interpretieren, Verkäufe nicht zu lange aufzuschieben und Verluste offen zu akzeptieren.

In seiner historischen Studie über die Institutionalisierung der Finanzmärkte argumentiert Preda (2009b), dass man deren Geschichte als zunehmende Etablierung von Grenzen zwischen Finanzexperten und Finanzlaien begreifen kann. Das nötige theoretische und handlungspraktische Wissen, wie es die selbstständige Durchführung der Transaktionen in digitalen Finanzmärkten erfordert, wurde in professionistischen Finanzkreisen monopolisiert. Infolgedessen mangelt es an „public, widespread, and sustained education in finance of the kind made necessary by global financial markets“ (Preda 2009b: 248). Während z. B. Physik und Biologie etablierte Bestandteile des öffentlichen Schul- und Fortbildungssystems sind, stecken Versuche der Integration von Finanz- und Spekulationswissen in den Kinderschuhen. Institutionen wie die „Österreichische Nationalbank“ beginnen erst langsam entsprechende Pilotprojekte zu entwickeln.[3] Was sich aus der vorliegenden Untersuchung ableiten lässt, ist die Einsicht, dass nicht bloß eine allgemeine Finanzbildung fehlt, sondern auch das nötige praktische Wissen und Können der Marktbeobachtung. Solange Nachfrage nach Formen der Finanzspekulation existiert, die von extrem kurzfristigen Kursänderungen leben und damit einen Ausgleich der ökonomischen Ungewissheit durch körperliche, leibliche und affektive Anpassungsleistungen erzwingen, ist es für die Finanzbranche rational, diese zu gewährleisten und als Wettbewerbsvorteil gegenüber Finanzlaien aufrechtzuerhalten.

7.2 Entkoppelungen

Heutige Finanzmärkte gelten ihren Kritikern als ‚entfesselt‘. Im Zentrum steht dabei vor allem die Entkoppelung von Finanzwirtschaft und Realwirtschaft. Finanzmärkte hätten sich, so die verbreitete Annahme, weit von ihrer ursprünglichen Funktion, das Wirtschaften in Produktionsmärkten zu unterstützen, entfernt. Anstatt Investitionen zu ermöglichen oder Unsicherheiten der Produktion zu kompensieren, stellt der Handel mit Finanzprodukten mittlerweile tatsächlich ein eigenständiges Geschäftsfeld dar, in dem auf nahezu alles gesetzt werden kann, ohne diese Wetten an reale

3 Aufgrund der festgestellten Defizite an Finanzwissen in Schulen schuf die Österreichische Nationalbank ein Online-Tool, das den Zusammenhang von Ertrag und Risiko vermitteln soll, und bewirbt entsprechende Fortbildungsseminare für interessierte Jugendliche sowie private Spekulanten: http://help.orf.at/stories/1714397/ (Zugriff am 20.6.2013).

Werte binden zu müssen. Derivate sind ein Paradebeispiel: Ursprünglich wurden sie an Warenterminbörsen eingeführt und gehandelt, um das Risiko von Ernteausfällen oder einer Verteuerung der Einkaufskosten, z. B. von Fleisch oder Öl, abzusichern (Zaloom 2003: 17 ff). Mittlerweile wird die Spekulation mit Derivaten, deren Basiswert derartige Waren sind, betrieben, ohne am Erwerb dieser Waren interessiert zu sein. Zum anderen gibt es heutzutage so gut wie auf alle Werte, die an Börsen gehandelt werden, Derivate. Als Basiswerte fungieren dabei nicht mehr nur Waren, sondern bereits auch Finanzindizes, Warenindizes, Aktien, Währungen u. v. m. Einigen ÖkonomInnen in der Tradition Keynes (z. B. Krugman 2009), die dessen bekannten Vergleich der Finanzmärkte mit einem von der Realwirtschaft abgetrennten Spielkasino aufgreifen, gilt diese Ungebundenheit als einer der Gründe für Finanzkrisen im Allgemeinen und für die Finanzkrise ab 2008 im Speziellen.

Die Soziologie der Finanzmärkte ist gespalten, was die Einschätzung der Beziehung von Real- und Finanzwirtschaft anbelangt. Zwar erkennt die (neuere) Wirtschaftssoziologie die oben beschriebene (Tendenz zur) Entkoppelung als Faktum an, unterstreicht aber mit der Einbettungsthese die wechselseitigen Verflechtungen zwischen Finanzmärkten und anderen wirtschaftlichen wie gesellschaftlichen Bereichen. Obgleich ein Blick auf das politische Geschehen der letzten Jahre schnell verdeutlicht, wie sehr Bankenpleiten oder Staatsbankrotte im Sinn der Wirtschaftssoziologie als sozial eingebettet zu begreifen sind, wird diese These den Eigenlogiken der Finanzwelt weniger gerecht. Doch gerade Letztere ermöglichen es besonders gut, die Loslösung von Finanzmärkten auf der Ebene ihrer Teilnehmerpraktiken, oder besser gesagt: als Konsequenz dieser Praktiken verständlich zu machen.

In diesem Zusammenhang ist die Rede von der Finanzwelt als einem mammonistischen „Paralleluniversum" (Honegger et al. 2010a: 313) insofern anregend, als sie soziologische Aspekte der Entkoppelung der Finanzwelt beleuchtet. Allerdings sind die Mechanismen dieses Paralleluniversums mit der „Jagd nach möglichst hohen Gewinnen" (Honegger et al. 2010a: 213) nur unzureichend erklärt. Ich möchte hier einen anderen Punkt in Bezug auf die angesprochene Entfesselung starkmachen, der unmittelbar mit der in diesem Buch analysierten soziotechnologischen Organisation der Marktbeobachtung zusammenhängt: Die institutionalisierte Abschottung aller Störungen von ‚draußen' ist finanzhandelsspezifischen Aufmerksamkeits- und Beobachtungspraktiken geschuldet.

Diese Abschottung zeigt sich auf mindestens vier Ebenen:

1. Irrelevante Marktinformationen werden ausgeblendet. Maßgeschneiderte „skopische Medien" (Knorr Cetina 2003) liefern dem Finanzhandel nur jene passgenauen Informationen, die er auch benötigt. Wie Kapitel 5 zeigt, verdichtet und vervielfältigt das lokale, verkörperte Aufmerksamkeitsregime im Handelsraum die Darstellung dieser Informationen, wobei jene nicht nur visuell, sondern mittels Aufmerksamkeitsrufen auch akustisch prozessiert werden. Irrelevante oder störende Informationen, z. B. Hungersnöte, Umweltzerstörungen oder der

Abbau des Sozialstaats als etwaige Auswirkungen von Finanzspekulation, gelangen nicht in den Fokus des Aufmerksamkeitsregimes.

2. Die in Kapitel 3 erläuterte symbolische Klassifikation des Marktes als Kreatur begünstigt eine Sicht auf das Marktgeschehen, die sich nur dann für das Außen des Handels interessiert, wenn dies dem erfolgreichen Umgang mit der Marktkreatur dient. Marktbeobachtung wird durch die Kreaturmetapher auf die Fragen konzentriert, die hier zählen: Wann bewegt sich der Markt? Was kann ihn bewegen? Wie bedrohlich ist das für die eigene Position im Markt?
3. Die physische Seite der Händler, insofern sie eine potenzielle Störung der Beobachtungstätigkeit darstellt, wird unterdrückt. Den menschlichen Körper, der sich üblicherweise durch seine Bedürfnisse nach Nahrung, Erholung oder Erleichterung bemerkbar macht, lässt das Aufmerksamkeitsregime des Handelsraums so weit disziplinieren, dass er als probates Beobachtungsinstrument an den Eigenrhythmus des Derivatemarkts gekoppelt werden kann. Was ich in Kapitel 4 als systematisches ‚Vergessen' des Körpers beschreibe, kann man auch als Entkoppelung der Finanzwelt samt ihren Teilnehmenden von ihrem Außerhalb beschreiben: Die physischen Grundbedürfnisse sind nicht Teil des Handelsraumhabitats, sie bleiben ‚draußen'.
4. Die Marktbeobachtungspraxis entgrenzt den Leib der Händler, indem sie ihn aufs Engste mit dem Finanzgeschehen verbindet und ihn dadurch von der Außenwelt umso mehr entfernt. Wie Kapitel 6 zeigt, erleben sich die Teilnehmenden als leiblich innerhalb des Marktes agierend, ja präsent. Positionen im Markt einnehmen bedeutet, den eigenen Leib den sprunghaften, unruhigen und nervösen Preisbewegungen auszusetzen, die Entwicklungen quasi sinnlich-konkret zu spüren und diese Erfahrungen lautstark im Handelsraum kundzutun. Die Immersion in den Markt sieht auch die Theorie des Feldes vor, die eine möglichst hohe Ähnlichkeit der zugeschriebenen emotionalen Persönlichkeit von Händlern mit dem als „nervös" und „wechselhaft" befundenen Wesen des Derivatemarkts annimmt. Dieser Ansatz fließt in die Konstruktion von Subjektanforderungen ein: Man brauche, so der Tenor im Handelsraum, für so einen „wilden" und „launenhaften" Markt entsprechend gepolte Menschentypen, die mit dem wechselhaften Takt zurechtzukommen.

Betrachtet man die Finanzwelt unter Berücksichtigung der beschriebenen Abschottungen, ergibt sich insgesamt ein differenzierteres soziologisches Bild des „Paralleluniversums" (Honegger et al. 2010a: 313) der Finanzmärkte. Ihre Entkoppelung kann aus Sicht der vorliegenden Untersuchung nicht nur mit dem Streben der Akteure nach Profitmaximierung erklärt werden. Vielmehr sind es vom Finanzhandel selbst forcierte Praktiken, die eine intensive Bindung zwischen Händler und Markt fordern und gleichzeitig das potenziell beeinträchtigende Außen der Märkte ausblenden.

7.3 Körperlich-leibliche Wissensarbeit

Eine etablierte (aber durchaus kritisierte[4]) sozialwissenschaftliche Bestimmung der Gegenwartsgesellschaft gipfelt im Begriff der „Wissensgesellschaft". Als deren Kennzeichen gilt die Ausbreitung von Expertenwissen, wissenschaftlichen Methoden und Technologien in alle Bereiche des sozialen Lebens (Bell 1975; Drucker 1993; Stehr 1994). Auf dieser Folie gehen Finanzmärkte als beispielhafte Erscheinung der Wissensgesellschaft durch, da sie mit der Erzeugung, Zirkulation und Rezeption von Finanzexpertise eng verknüpft sind. Eine eigene Profession – die Finanzanalyse – widmet sich der Aufgabe, dieses Finanzwissen herzustellen und aufzubereiten (Wansleben 2013). Derivative Finanzprodukte (z. B. Zertifikate) sind hoch komplex, weshalb selbst professionelle Händler nicht immer alle ihre Funktionsbedingungen kennen. Zudem prägen die Performanz der Kurse komplexe finanzmathematische Formeln (MacKenzie 2003) und teletechnologische Bildschirmmedien (Knorr Cetina 2003). Im Finanzhandel einen Bereich der „Wissensarbeit", in den Finanzhändlern „Wissensarbeiter" zu sehen, ist vor diesem Hintergrund durchaus begründet. Mehr noch: Die in dieser Studie analysierten Praktiken der Markbeobachtung sprengen die gängigen Vorstellungen von „Wissensarbeit".

Diese speisen sich vor allem aus zwei Forschungsperspektiven. Die erste thematisiert „Wissensarbeit" als sozial- und berufsstrukturellen Wandel. Ein einschlägiges Beispiel:

> Mit der Bildungsexpansion und der Ausweitung des Dienstleistungssektors nahmen auch die wissensbasierten Tätigkeiten zu. Machlup (1962) schätzte den Anteil der „Informationsarbeiter" auf 32 % aller Beschäftigten (1958). Bell (1985: 221) schätzt den Umfang der neuen „Wissensklasse" – hierunter versteht er die erwerbstätigen Hoch- und Fachhochschulabsolventen und die höheren Angestellten, Beamten und Geschäftsinhaber – auf ein Viertel der amerikanischen Bevölkerung.
> (Heidenreich 2003: 36)

Der Vorteil derartiger Schätzungen liegt in der Bereitstellung grober sozialstruktureller Orientierungshilfen zu Fragen des sozialen Wandels.[5] Demnach stellen Wissensarbeiter eine neue, immer größer werdende Kategorie von Erwerbstätigen dar. Einschlägige Bezeichnungen lauten „Wissensklasse" oder „Kognitariat" (Toffler 1995: 60).

Die zweite Forschungsperspektive charakterisiert „Wissensarbeit" im Gegensatz zu manuellen und körperlichen Tätigkeiten als Geistes- und Kopfarbeit. Sie zeichnet sich aus dieser Sicht durch die kognitive und diskursive Herstellung bzw. Anwendung von Expertise aus und ist damit eine Form immaterieller Arbeit (Hard/Negri 2003:

---

4 Siehe beispielsweise Liessmann (2007).

5 Eine weitere Spielart des sozialstrukturellen Modells ist die Beschäftigung mit der Frage, inwieweit „Wissensarbeit" eine prekarisierte Variante von Berufsarbeit und damit einen Machtverlust der Arbeitnehmer im Vergleich mit klassischen Professionen darstellt (vgl. Pernicka et al. 2010).

300 ff), vollzogen von „Symbolanalytikern" (Reich 1992: 176). Als Vorbild für eine solche Modellierung dient mitunter die idealisierte Vorstellung von Wissenschaft als „sphere of argumentation/discourses" (Schreyögg/Geiger 2007: 85). Demnach unterscheiden sich Bereiche der „Wissensarbeit", sei es in der Wissenschaft oder in anderen Expertenbereichen, von der „naive life world" (Schreyögg/Geiger 2007: 85) durch das höhere Ausmaß an reflexiven und diskursiven Tätigkeiten, wie sie angeblich im wissenschaftlichen Feld schon lange dominieren.

Beide Betrachtungsweisen erzeugen ein reduktionistisches Bild. Sozialstrukturelle Annäherungen an das Phänomen bieten zwar grobe Orientierungshilfen, blenden konkrete Inhalte und Kontexte von „Wissensarbeit" aber völlig aus. Kognitivistische und diskursivistische Modellierungen idealisieren „Wissensarbeit", indem sie diese als immaterielle Denktätigkeit beschreiben. Überdies führt die konzeptionelle Trennung einer „naive live world" (Schreyögg/Geiger 2007: 85) von der „sphere of argumentation/discourses" (Schreyögg/Geiger 2007: 85) zur irreführenden Annahme, dass Praktiken der „Wissensarbeit" expliziter geregelt seien oder rationaleren Kriterien folgten als Alltagspraktiken.

Der Reduktionismus ist aus zwei Gründen problematisch. Erstens vermittelt und verfestigt die Konzeption von „Wissensarbeit" als rein kognitiver bzw. diskursiver Tätigkeit und von „Wissensarbeitern" als Angehörigen eines „Kognitariats" den Eindruck, dass die Entstehung von Wissensgesellschaften schlicht die Ausweitung geistiger und das Verschwinden körperlicher Arbeit bedeutet. Die potenzielle Relevanz des Körpers für epistemische Anstrengungen wird völlig ignoriert.[6] Zwar wurde der Begriff der „Wissensarbeit" eingeführt, um die Herausbildung von neuen Arbeitsformen in den Blick zu rücken, die den Umgang mit informationstechnologisch vermitteltem Experten- und Spezialkenntnissen voraussetzen. Doch daraus folgt nicht, dass „Wissensarbeit" per definitionem als rein geistig-diskursive Tätigkeit anzusehen ist, bei der der Körper und seine Handlungskompetenzen nachrangig geworden sind.

Zweitens ist problematisch, dass sowohl sozialstrukturelle als auch kognitivistische bzw. diskursivistische Konzeptionen von „Wissensarbeit" angemessen zu differenzieren verabsäumen. Dieses Defizit betrifft nicht nur konkrete Inhalte, sondern auch die Spielarten von „Wissensarbeit" in ein und demselben gesellschaftlichen Teilbereich. Ein gutes Beispiel, das von unmittelbarer Relevanz für die vorliegende

---

6 Ein Beispiel bietet die folgende Charakterisierung der Wissensgesellschaft: „Neu ist die große Zahl der Berufspositionen, die wissensfundierte Arbeit erfordern, während die Zahl der Arbeitsplätze, die geringe kognitive, also geistige Fähigkeiten verlangen, rapide zurückgeht. Immer weniger Menschen sind damit beschäftigt, Dinge materiell herzustellen oder zu bewegen" (Stehr 2001: 9). Dagegen redet gerade Peter F. Drucker, der mit anderen die Begriffe der Wissensgesellschaft und der „Wissensarbeit" in den 1960er- und 1970er-Jahren geprägt hat, einer derartigen Tendenz hin zur ‚Vergeistigung' von Arbeitstätigkeiten keineswegs das Wort. Im Gegensatz zu Stehr charakterisiert er „Wissensarbeiter" als „as much manual workers as they are knowledge workers" (Drucker 2002: 165). „In fact", so Drucker, „they usually spend far more time working with their hands than with their brains" (Drucker 2002: 165).

Untersuchung ist, bietet Wilkes (1998: 173 ff) Beschreibung von „Finanzdienstleistungen als Wissensarbeit". Zwar gibt Wilke zu, dass Finanzdienstleistungen „ein weites Feld" (1998: 173) seien, das vom „Verkauf einer Glasbruchversicherung über die Finanzierung von Industriekomplexen und die Verwaltung millionenschwerer Privatvermögen bis zum ‚Rating' ganzer Volkswirtschaften" (1998: 173) reicht. Dennoch postuliert er Wissensarbeit als gemeinsames Merkmal all dieser unterschiedlichen Tätigkeiten, fügt immerhin aber hinzu, dass die Teilnahme an Finanzmärkten mittlerweile „hochgradig erfahrene Beobachter" (Wilke 1998: 174) erfordere. Unklar bleibt trotz allem, was die Marktbeobachtung als Praxis ausmacht. Worin besteht das spezifische Wissen und Können, mit dem diese Beobachter „dem Chaos vielschichtiger Fluktuationen relevante Information entlocken" (Wilke 1998: 174)?

Die vorangegangenen Kapitel bringen etwas Klarheit in Bezug auf diese Fragen. Die im Derivatehandel präsenten Praktiken der Beobachtung und Verarbeitung von bildschirmmediatisierter Finanzinformation legen eine grundsätzliche Revision der dominanten Vorstellung von Wissensarbeit nahe. Entgegen der Annahme einer Substitution von materieller und körperlicher Aktivität durch immaterielle Geistesarbeit beteiligt und fordert der Derivatehandel gerade den Körper als Träger von Wissensarbeit. Als Marktbeobachter lernen Teilnehmende ihren Körper auf ganz bestimmte Weisen einzubringen (vgl. Kapitel 4): Der disziplinierte Körper leistet die im Handelsraum notwendige Kontrolle physischer Bedürfnisse, der handelnde Körper eine Form des blitzartigen Handelns und (Re-)Agierens aufgrund inkorporierter Kenntnisse. Der sensorische Körper ergänzt die visuelle Überwachung von Preisen durch den Einsatz des Hörsinns. Und der technologisch erweiterte Körper wirkt als technische Verlängerung von Marktteilnehmern: Monitore expandieren und modifizieren in diesem Sinn die menschlichen Fähigkeiten, den Markt zu beobachten.

Angesichts der fortschreitenden Technologisierung der Finanzmärkte drängt sich damit eine Frage auf: Wenn das, was ich als Vergessen des physischen Körpers beschrieben habe, so zentral ist, warum hält man dann überhaupt noch am menschlichen Händlerkörper fest? Wieso setzt man nicht auf algorithmisch programmierte Handelsmaschinen an seiner statt? Gegen die Ersetzung spricht die zweite eminente Weise, in der der Körper im Derivatehandel vorkommt: als Leib. Als Quelle von Affekten und Intuitionen ist der Leib die Basis für das, was ich in Kapitel 6 als den epistemologischen Korporalismus des Derivatehandels bezeichne. Im Handel mit Derivaten geht es m. a. W. nicht nur um die Adaption und Disziplinierung der Physis. Die Marktteilnahme umfasst auch den Einsatz des Leibes, des, wenn man so will, phänomenologischen Körpers samt seinen (emotionalen) Empfindungen. Deutlich wird dieses Element bei Schmerzensschreien, Freudenschreien und dem Bedauern über verpasste Gelegenheiten. Denn alle drei Markteinverleibungspraktiken reflektieren den Zustand und die Veränderung des Händlerleibs: Er verschmilzt in der Selbst- wie Fremdwahrnehmung mit den im Markt gehaltenen Positionen und bringt deren Fluktuation als eigene somatische Empfindungen zum Ausdruck.

Darüber hinaus trägt zur Schärfung des sozialwissenschaftlichen Verständnisses von Wissensarbeit die Teilnehmerklassifikation des Derivatemarkts als Kreatur bei. Wie ist die Übertragung von Handlungsträgerschaft an einen Markt innerhalb einer Wissensgesellschaft einzuordnen, die von Expertenwissen, wissenschaftlichen Methoden und Spezialtechnologien durchdrungen ist? Wissensgesellschaften dürfen nicht auf instrumentelle Subjekt-Objekt-Beziehungen beschränkt werden. Animistische und anthropomorphisierende Denkweisen sind im Licht der vorliegenden Studie dezidiert kein ausschließliches Kennzeichen einer „primitive society“ (Lane 1966: 653). Die vorangegangene Analyse legt vielmehr nahe, dass die Semantik des Marktes als Kreatur eine finanzhandelsinterne Variante ist, finanzökonomische Ungewissheit zu kompensieren. Sie verheißt zwar keine (absolute) Kontrolle des Marktes, unterstützt aber erfolgsversprechende Modi der Beobachtung und eine Form der Organisation von Aufmerksamkeit. Zukünftige Untersuchungen von Wissensarbeit und wissensbasierten Expertentätigkeiten könnten von den vorliegenden Ergebnissen profitieren, indem sie Spielarten der Sozialität mit Objekten als konstitutiv für Wissensgesellschaften anerkennen.

7.4 Finanzmarktkulturen

Eine Gefahr sozialwissenschaftlicher Forschung besteht darin, soziale Welten zu homogenisieren. Das liegt auch daran, dass sozialwissenschaftliche Methodologien traditionellerweise nicht dafür konzipiert sind, Gleichzeitigkeiten, Brüche und Differenzen zu erfassen.[7] Die Finanzmarktsoziologie bildet hier keine Ausnahme. Zwar wird in der Soziologie gelegentlich darauf hingewiesen, dass die Finanz- und Bankenwelt in hohem Grad ausdifferenziert ist (z. B. Honegger et al. 2010b: 29). Allerdings fehlen, sieht man von dem bereits im vorhergehenden Kapitel erwähnten Vorschlag MacKenzies (2011) ab, theoretische Bemühungen, die inhomogenen Elemente der Finanzmärkte soziologisch ernst zu nehmen.

Obwohl die vorliegende Untersuchung auf das Feld des Derivatehandels konzentriert ist, blendet sie andere Finanzhandelsbereiche sowie Variationen unter Derivaten und Derivatehändlern nicht aus. Diesbezüglich sehr hilfreich war mir die Option von *Revisits*, die mich in die Lage versetzte, der Komplexität des Feldes zumindest ansatzweise gerecht zu werden.

7 Vor dem Hintergrund poststrukturalistischer Theorien kritisiert Clarke (2005) in diesem Sinne die *Grounded Theory*. Problematisch findet Clarke, dass sich die *Grounded Theory* implizit an einem Ideal der Normalverteilungskurve orientiert und damit die sozialen Welten, die sie untersucht, a priori homogenisiert. „[D]ifferences, complexities, multiplicities“ (Clarke 2005: 23) bleiben dabei tendenziell unberücksichtigt. Ähnlich argumentiert Reckwitz (2008: 281), der mit Verweis auf den Poststrukturalismus auf die Schwäche sozialwissenschaftlicher Methodologie hinweist, Brüche oder Widersprüche innerhalb sozialer Praktiken zu übersehen.

Die erste Stufe der Komplexität ergibt sich aus der Binnendifferenzierung innerhalb des Derivatehandels. Diese betrifft weniger die Unterschiede zwischen einzelnen Händlern denn die Paarung bestimmter Unterarten von Derivaten mit bestimmten Typen von Teilnehmenden. Bereits während des ersten Aufenthalts im Handelsraum fiel mir auf, dass Gruppierungen hinsichtlich der Größe (Anzahl von zugehörigen Personen) und der Weise, in der sie mir von den HändlerInnen beschrieben wurden, divergieren. In den späteren Feldforschungsphasen verlieh ich der Erwägung, dass diese Binnendifferenzierungen konstitutiv für das soziologische Verständnis und für den praktischen Vollzug des Derivatehandels sind, mehr Gewicht. Das Kapitel über Emotionen und das „Gespür für den Markt" geht auf diese Ungleichartigkeiten im Abschnitt über spezielle Charakterpaarungen explizit und systematisch ein.

Die zweite Form der Komplexität ergibt sich aus den Abweichungen zwischen einzelnen Subbereichen des Finanzhandels. Wie bereits in der Einleitung erwähnt wurde, beherbergen Handelsräume wie jener von Trade X meistens mehrere Abteilungen. Vor der zweiten Feldforschungsperiode erschien es mir wichtig, mehr über die Gemeinsamkeiten und Unterschiede dieser Subfelder herauszufinden. Meine Reflexionen über die Daten, die ich im Verlauf der *Revisits* sammeln konnte, führten nach und nach dazu, den Differenzen zwischen Derivatehandel auf der einen Seite und dem Aktien- und Anleihenhandel auf der anderen Seite verstärkt Rechnung zu tragen. Mit Fortdauer der Untersuchung sah ich die grundlegende Bedeutung der Diskrepanzen immer mehr ein. In der vorliegenden Arbeit führte ich dies am Beispiel des ‚Vergessens' des physischen Körpers und seiner Disziplinierung zu einem stillgestellten Beobachtungsinstrument aus. Die in Kapitel 4 geschilderten körperlichen Praktiken sind speziell auf den volatilen Takt und die Dynamik des Derivatemarktes abgestimmt. So ist es, anders als etwa im Anleihenmarkt, unerlässlich, die Unterdrückung des Harndrangs zu erlernen. Außerdem suchen sich die Teilnehmenden selbst explizit von den anderen Handelsbereichen zu Distinktionszwecken abzuheben. So bezeichnen DerivatehändlerInnen den kaum volatilen Anleihenhandel als „langweilig", „zu wenig turbulent", während AnleihenhändlerInnen den Derivatehandel als „hysterisch" und seine Teilnehmenden als „nahe am Kreislaufkollaps" schildern.

Obwohl die Vergleiche des Derivatehandels mit anderen Finanzhandelsbereichen in dieser Untersuchung nicht systematisch, sondern gelegentlich und selektiv erfolgten, legen die nichtsdestoweniger eruierten Differenzen es nahe, Finanzmärkte als Finanzmarktkulturen zu begreifen. Den dabei avisierten Kulturbegriff verstehe ich dezidiert als nichtessenzialistisch. Damit grenze ich mich u. a. von Mol (2002: 80) ab, die moniert, der Kulturbegriff konzipiere Sozialität als Einheit, „coherent inside and different from what is elsewhere". Der von mir gebrauchte Terminus der Finanzmarktkulturen steht aber per definitionem im Plural und setzt den Akzent damit auf Vielheit und Diversifizierung statt auf Einheitlichkeit und Essentialisierung. Anders gesagt: Es geht mir darum, nicht Finanzmärkte zu exotisieren (Said 1979) und als eine von außen fremde, andersartige, in sich aber völlig homogene Kultur zu sehen, sondern die Vielfalt und Komplexität der Finanzmärkte herauszustellen. In diesem Sinne ist der Begriff der Finanzmarktkulturen inspiriert von Knorr Cetinas (2002) Vorschlag, die Naturwissenschaften als Gewebe differenter „Wissenskulturen“ zu betrachten. Darunter versteht Knorr Cetina (2002: 11) Praktiken, die in einem bestimmten Bereich fixieren, was die Teilnehmenden wissen und vor allem *wie* sie wissen. Finanzmarktkulturen legen in diesem Sinn die Praktiken fest, mit deren Hilfe die Teilnehmenden Märkte, Preise, Finanzinstrumente usw. wissen. Die von MacKenzie (2011) hervorgehobene Aktivität der Bewertung von Finanzinstrumenten, die er mit dem Begriff der „evaluation cultures“ fasst, ist aus dieser Sicht zwar ein wichtiger, aber nicht der einzige oder bestimmende Aspekt von Finanzmarktkulturen. Vielmehr eröffnet ein Verständnis von Finanzmärkten als Kulturen den Blick nicht nur für symbolische, technologische und materielle Elemente von Finanzbewertung, sondern insbesondere für ihre wechselseitige Verwobenheit.

Aus diesem Grund griffe es sozialtheoretisch zu kurz, Finanzmarktkulturen nur auf einer symbolischen Ebene zu verorten. Dies wäre so verfehlt wie eine Vorstellung von Kultur als ausschließlich materieller Infrastruktur (siehe hierzu auch Knorr Cetina 2002: 22). Dagegen sollte Kultur als soziale Praxis gesehen werden, als systematisches Konglomerat symbolischer und materieller Praktiken. Die vorliegende Studie konzipiert deshalb die materiellen und leiblichen Marktbeobachtungstechniken des Derivatehandels als Implikationen der symbolischen Klassifikation des Derivatemarkts als einer von anderen Märkten sich deutlich unterscheidenden Kreatur.

Der Gewinn einer Auffassung von Finanzmärkten als sich unterscheidende und teils überlappende Kulturen kann an dieser Stelle zumindest angedeutet werden: Die vorliegende Studie legt den Schluss nahe, dass sich sowohl die symbolische Bestimmung von Finanzmärkten als auch die körperlich-leiblichen Bemühungen der Teilnehmenden, diese Märkte zu beobachten und zu deuten, je nach Finanzmarktbereich anders ausprägen. Etwa erscheint der epistemologische Korporalismus als Spezifikum des Derivatehandels und ihm ähnlicher Sparten, in denen relativ kurzfristige Intervalle des Spekulierens extremen Zeitdruck auf die Teilnehmenden ausüben. Ähnliches lässt sich für das ‚Vergessen‘ des physischen Körpers vermuten: In Märkten, die nicht so volatil und wechselhaft sind, muss die Stillstellung vor den Finanzbildschirmen nicht in der rigiden und durchgreifenden Weise erfolgen wie im Derivatehandel.

Darüber hinaus verdeutlicht der Begriff der Finanzmarktkulturen, dass Sozialität mit dem Markt als Akteur umso wahrscheinlicher wird, je weniger die Teilnehmenden zwischenmenschliche Beziehungen pflegen bzw. je mehr sie rein vermittels digital verfügbarer Preise kommunizieren. In zunehmend anonymisierten Märkten wie dem hier untersuchten tritt damit jene Interaktionsform, die Goffman (1981b) „strategische Interaktion“ nennt, in den Hintergrund. Unter „strategischer Interaktion“ versteht Goffman (1981b: 89) ein Handeln, bei dem „jeder Spieler seine Entscheidung von dem Wissen beeinflussen lassen [muss], dass die anderen Spieler wahrscheinlich versuchen, seine Entscheidung im voraus auszuknobeln [...]. Handlungen oder Züge geschehen dann im Lichte der eigenen Gedanken über die fremden Gedanken über einen selbst“.

Strategische Interaktion nach Goffman hat also die laufende gegenseitige Einschätzung der Mitspieler zur Grundlage. Bedenkt man meine Hypothese von Finanzmarktkulturen, stellt sich die Frage, wie ausgeprägt strategisches Interagieren in spezifischen Finanzbereichen ist. Im Derivatemarkt fehlt der Faktor der gegenseitigen Einschätzung von Händlern nicht zur Gänze. Es gibt Preisverschiebungen, die die Händler vor den Monitoren durch Identifikation der Gegenseite zu deuten versuchen. Allerdings schränkt die anonymisierte und preiszentrierte Marktteilnahme das erheblich ein, was Goffman für strategische Interaktion als besonders wichtig erachtet: Das Senden von Mitteilungen. Derivatehändler schicken keine Ankündigungen, Versprechen oder Drohungen an ihre Mitspieler aus – allesamt Mitteilungsformen, die Goffman als charakteristisch für strategische Interaktion anführt. Die eingesetzte Handelstechnologie sieht diese Möglichkeiten nicht vor: 90 Prozent der Gebote werden über die Eingabe eines Kauf- oder Verkaufspreises sowie den sofortigen Erhalt der automatisierten Antwort der Gegenseite abgewickelt. Telefonische Kontaktaufnahme findet, wie bereits erwähnt, höchst selten statt, lediglich bei technischen Fehlern oder Überschreitung vereinbarter finanzieller Volumina. Daher können die Spieler im Spiel des Derivatehandels nur eingeschränkt zu einer wechselseitigen Einschätzung im Sinn Goffmans beitragen. Dies mündet in die Einsicht: Wenn Händler sich nicht kennen und anonym via Preise kommunizieren, ist eine Form der Sozialität mit dem Markt wahrscheinlicher als die zwischenmenschliche strategische Interaktion.

Untersuchungen, die solchen Vermutungen systematischer nachgehen, könnten untermauern, dass die Rede von *dem* Finanzmarkt der Vielfalt der Finanzwelt nicht gerecht wird. Sie könnten verdeutlichen, dass ihre Komplexität es erfordert, Finanzmärkte als Finanzmarktkulturen zu begreifen.

Abbildungsverzeichnis

Literatur

Abolafia, Mitchel (1996): Making Markets: Opportunism and Restraint on Wall Street. Harvard: Harvard University Press.
Abolafia, Mitchel (2005): Interpretative Politics at the Federal Reserve. S. 207–228 in: Knorr Cetina, K./Preda A. (Hg.): The Sociology of Financial Markets. Oxford: Oxford University Press.
Ackert, Lucy F./Church, Bryan K./Deaves, Richard (2003): Emotion and Financial Markets. Federal Reserve Bank of Atlanta Economic Review 88 (2): 33–41.
Agar, Michael (1980): The Professional Stranger: An Informal Introduction to Ethnography. New York: Academic Press.
Amann, Klaus/Hirschauer, Stefan (1997): Die Befremdung der eigenen Kultur. Ein Programm. S. 7–52 in: Amann, K./Hirschauer, S. (Hg.): Die Befremdung der eigenen Kultur. Zur ethnographischen Herausforderung soziologischer Empirie. Frankfurt am Main: Suhrkamp.
Arminen, Ilkka (2010): Review Essay: Who's Afraid of Financial Markets? International Sociology 25 (2): 170–183.
Atkinson, J. Maxwell/Heritage, John (Hg.) (2003): Structures of Social Action: Studies in Conversation Analysis. Cambridge University Press.
Baker, Wayne E. (1990): Market Networks and Corporate Behavior. American Journal of Sociology 96 (3): 589–625.
Baker, Wayne E./Faulkner, Robert R./Fisher, Gene A. (1998): Hazards of the Market: The Continuity and Dissolution of Interorganizational Market Relationships. American Sociological Review 63 (2): 147–177.
Barberis, Nicholas/Thaler, Richard H. (2002): A Survey of Behavioral Finance. Social Science Research Network (SSRN) eLibrary. Download unter: http://ssrn.com/paper=327880.
Becker, Howard S. (1954): A Note on Interviewing Tactics. Human Organization 12 (4): 31–32.
Becker, Howard S. (1993): How I Learned What a Crock Was. Journal of Contemporary Ethnography 22 (1): 28–35.
Becker, Howard S. (1998): Tricks of the Trade: How to Think about Your Research While You're Doing It. Chicago: University of Chicago Press.
Becker, Howard S. (2007): Writing for Social Scientists: How to Start and Finish Your Thesis, Book, or Article. Chicago: University of Chicago Press.
Beckert, Jens (1996): Was ist soziologisch an der Wirtschaftssoziologie? Ungewissheit und die Einbettung wirtschaftlichen Handelns. Zeitschrift für Soziologie 25 (2): 125–146.
Beckert, Jens (2011): Where Do Prices Come From? Sociological Approaches to Price Formation. Socio-Economic Review 9 (4): 757–786.
Beckert, Jens/Deutschmann, Christoph (Hg.) (2009): Kölner Zeitschrift für Soziologie und Sozialpsychologie, Sonderheft 49: Wirtschaftssoziologie. Wiesbaden: VS.
Bell, Daniel (1975): Die nachindustrielle Gesellschaft. Frankfurt am Main & New York: Campus.
Berg, Eberhard/Fuchs, Martin (1999): Kultur, soziale Praxis, Text. Die Krise der ethnographischen Repräsentation. Frankfurt am Main: Suhrkamp.
Beunza, Daniel/Stark, David (2003): The Organization of Responsiveness: Innovation and Recovery in the Trading Rooms of Lower Manhattan. Socio-Economic Review 1 (2): 135–164.
Bourdieu, Pierre (1976): Entwurf einer Theorie der Praxis auf der ethnologischen Grundlage der kabylischen Gesellschaft. Frankfurt am Main: Suhrkamp.
Bourdieu, Pierre (2001): Meditationen. Zur Kritik der scholastischen Vernunft. Frankfurt am Main: Suhrkamp.
Bruegger, Urs (1999): Wie handeln Devisenhändler? Eine ethnographische Studie über Akteure in einem globalen Markt. Dissertation: Universität St. Gallen.

Bull, Michael (2001): The World According to Sound: Investigating the World of Walkman Users. New Media Society 3 (2): 179–197.
Burawoy, Michael (1998): The Extended Case Method. Sociological Theory 16 (1): 4–33.
Calhoun, Craig (2002): Practice and Practice Theory. S. 379 in: Calhoun, C. (Hg.): Dictionary of the Social Sciences. Oxford: Oxford University Press.
Callon, Michel (1998): Introduction: The Embeddedness of Economic Markets in Economics. S. 1–57 in: Callon, M. (Hg.): The Laws of the Market. Oxford: Blackwell.
Callon, Michel/Latour, Bruno (1992): Don't Throw the Baby out with the Bath School! A Reply to Collins and Yearly. S. 343–368 in: Pickering, A. (Hg.): Science as Practice and Culture. Chicago: University of Chicago Press.
Callon, Michel/Millo, Yuval/Muniesa, Fabian (Hg.) (2007): Market Devices. Special Issue of the Sociological Review Monograph Series. Malden: Blackwell.
Camus, Albert (1999): Der Fremde. Reinbeck: Rowohlt [zuerst 1942].
Carruthers, Bruce G./ Kim, Jeong-Chul (2011): The Sociology of Finance. Annual Review of Sociology 37 (1): 239–259.
Clarke, Adele E. (2005): Pushing and Being Pulled Around the Postmodern Turn. S. 1–36 in: Clarke A. E.: Situational Analysis: Grounded Theory after the Postmodern Turn. London: Sage.
Clifford, James/Marcus, George E. (1986): Writing Culture. The Poetics and Politics of Ethnography. Berkeley: University of California Press.
Collins, Harry (2010): Humans not Instruments. Spontanous Generations. A Journal for the History and Philosophy of Science 4 (1): 138–147.
Deutschmann, Christoph (2008): „Der kollektive ‚Buddenbrooks-Effekt'. Die Finanzmärkte und die Mittelschichten". MPIfG Working Paper 08/05. Max-Planck-Institut für Gesellschaftsforschung, Köln. Download unter: http://www.mpi-fg-koeln.mpg.de/pu/workpap/wp08-5.pdf.
Di Maggio, Paul/Louch, Hugh (1998): Socially Embedded Consumer Transactions: For What Kinds of Purchases Do People Most Often Use Networks? American Sociological Review 63 (5): 619–637.
Drucker, Peter F. (1993): Die postkapitalistische Gesellschaft. Düsseldorf: Econ.
Drucker, Peter F. (2002): The Next Society. S. 163–205 in: Drucker, P. F.: Managing the Next Society. Oxford: Elsevier.
Eberle, Thomas (2007): Ethnomethodologie. S. 93–110 in: Buber, R./Holzmüller, H. (Hg.): Qualitative Marktforschung: Konzepte – Methoden – Analysen. Wiesbaden: Gabler.
Egger de Campo, Marianne/Laube, Stefan (2008): Barrieren, Brücken und Balancen. Gefühlsarbeit in der Altenpflege und im Call-Center. Österreichische Zeitschrift für Soziologie. (Themenheft: Soziologie der Emotionen) 2 (33): 19–42.
Ehrenreich, Barbara (2007): Dancing in the Streets: A History of Collective Joy. New York: Metropolitan.
Elster, Jon (2006): Emotions and Behavioral Economics. The Oslo Seminars in Behavioral and Experimental Economics. Download unter: http://www.frisch.uio.no/behave_seminar/papers/Elster.pdf 1–31.
Emerson, Robert M./Fretz, Rachel I./Shaw, Linda L. (1995): Writing Ethnographic Fieldnotes. Chicago: University of Chicago Press.
Erlmann, Veit (Hg.) (2004): Hearing Cultures: Essays on Sound, Listening and Modernity. English. Oxford: Berg.
Fama, Eugene (1970): Efficient Capital Market: A Review of Theory and Empirical Work. Journal of Finance 25 (2): 383–417.
Fenton-O'Creevy, Mark/Soane, Emma/Nicholson, Nigel/Willmen, Paul (2011): Thinking, Feeling and Deciding: The Influence of Emotions on the Decision Making and Performance of Traders. Journal of Organizational Behavior 32 (8): 1044–1061.

Finnemann, Niels Ole (2011): Mediatization Theory and Digital Media. Communications 36 (1): 67–89.
Fromm, Erich (1998): Haben oder Sein. Die seelischen Grundlagen einer neuen Gesellschaft. München: Dtv [zuerst 1976].
Fuller, Steve (1994): Making Agency Count. American Behavioral Scientist 37 (6): 741–753.
Garfinkel, Harold (1963): A Conception of, and Experiments with, ‚Trust' as a Condition of Stable Concerted Actions. S. 187–238 in: Harvey, O. J. (Hg.): Motivation and Social Interaction. New York: Ronald Press.
Garfinkel, Harold (1967): Studies of the Routine Grounds of Everyday Activities. S. 35–75 in: Garfinkel, H.: Studies in Ethnomethodology. Englewood Cliffs: Prentice Hall.
Garfinkel, Harold/Livingston, Eric/Lynch, Michael (1981): The Work of a Discovering Science construed with Materials from the Optically Discovered Pulsar. Philosophy of the Social Sciences 11 (2): 131–158.
Garfinkel, Harold/Sacks, Harvey (1970): On Formal Structures of Practical Action. S. 337–366 in: McKinney, C./Tiryakin, E. A. (Hg.): Theoretical Sociology. Perspectives and Developments. New York: Appleton-Century-Crofts.
Geertz, Clifford (1978): The Bazaar Economy: Information and Search in Peasant Marketing. The American Economic Review 68 (2): 28–32.
Geertz, Clifford (1988): Works and Lives: The Anthropologist as Author. Stanford: Stanford University Press.
Gell, Alfred (1998): Art and Agency: An Anthropological Theory. Oxford: Oxford University Press.
Gell, Alfred (1999): The Language of the Forest: Landscape and Phonological Iconism in Umeda. S. 232–258 in: Gell, A.: The Art of Anthropology: Essays and Diagrams. Oxford: Berg.
Goffman, Erving (1963): Behavior in Public Places: Notes on the Social Organization of Gatherings. New York: Free Press.
Goffman, Erving (1978): Response Cries. Language 54 (4): 787–815.
Goffman, Erving (1981a): Forms of Talk. Oxford: Blackwell.
Goffman, Erving (1981b): Strategische Interaktion. München: Hanser [zuerst 1969].
Goffman, Erving (1982): Die Territorien des Selbst. S. 54–96 in: Goffman, E.: Das Individuum im öffentlichen Austausch. Mikrostudien zur öffentlichen Ordnung. Frankfurt am Main: Suhrkamp.
Goffman, Erving (1989): On Fieldwork. Journal of Contemporary Ethnography 18 (2): 123–132.
Goffman, Erving (1999): Das Individuum im öffentlichen Austausch: Mikrostudien zur öffentlichen Ordnung. Frankfurt am Main: Suhrkamp.
Goffman, Erving (2005a): Erwiderungen und Reaktionen. S. 73–150 in: Goffman, E.: Rede-Weisen: Formen der Kommunikation in sozialen Situationen. Konstanz: UVK.
Goffman, Erving (2005b): Reaktionsrufe. S. 151–198 in: Goffman, E.: Rede-Weisen: Formen der Kommunikation in sozialen Situationen. Konstanz: UVK.
Granovetter, Mark (1985): Economic Action and Social Structure: The Problem of Embeddedness. American Journal of Sociology 91 (3): 481–510.
Granovetter, Mark/Swedberg, Richard (Hg.) (2001): The Sociology of Economic Life. Boulder: Westview Press.
Gray, Chris Hables (Hg.) (1995): The Cyborg Handbook. New York: Routledge.
Gugutzer, Robert (2006): Der body turn in der Soziologie. Eine programmatische Einführung. S. 9–56 in: Gugutzer, R. (Hg.): body turn. Perspektiven der Soziologie des Körpers und des Sports. Bielefeld: Transcript.
Haraway, Donna (1988): Situated Knowledges: The Science Question in Feminism and the Privilege of Partial Perspective. Feminist Studies 14 (3): 575–599.
Hard, Michael/Negri, Antonio (2003): Empire. Die neue Weltordnung. Frankfurt am Main: Campus.

Harrington, Brooke (2008): Pop Finance. Investment Clubs and the New Investor Populism. Princeton, NJ: Princeton University Press.
Hassoun, Jean Pierre (2005): Emotions on the Trading Floor. S. 102–120 in: Knorr Cetina, K./Preda, A. (Hg.): The Sociology of Financial Markets. Oxford: Oxford University Press.
Hayduk, Leslie A. (1976): Formulations in Police Work: Some Observations and Related Theoretical Concerns. Canadian Journal of Sociology/Cahiers canadiens de sociologie 1 (4): 463–479.
Hayek, Friedrich A. (1996): Individualism and Economic Order. Chicago: University of Chicago Press [zuerst 1948].
Heath, Christian/Jirotka, Marina/Luff, Paul/Hindmarsh, Jon (1994): Unpacking Collaboration: The Interactional Organisation of Trading in a City Dealing Room. Computer Supported Cooperative Work (CSCW) 3 (2): 147–165.
Heidenreich, Martin (2003): Die Debatte um die Wissensgesellschaft. S. 25–51 in: Böschen, S./ Schulz-Schaeffer, I. (Hg.): Wissenschaft in der Wissensgesellschaft, Wiesbaden: VS.
Hillmann, Karl-Heinz (Hg.) (1994): Wörterbuch der Soziologie. Stuttgart: Kröner.
Hirschauer, Stefan (2001): Ethnografisches Schreiben und die Schweigsamkeit des Sozialen. Zu einer Methodologie der Beschreibung. Zeitschrift für Soziologie 30 (6): 429–451.
Hirschauer, Stefan (2004): Praktiken und ihre Körper. Über materielle Partizipanden des Tuns. S. 73–91 in: Hörning Karl H./Reuter, J. (Hg.): Doing Culture. Zum Begriff der Praxis in der gegenwärtigen soziologischen Theorie. Bielefeld: Transcript.
Hirschauer, Stefan (2008): Körper macht Wissen. Für eine Somatisierung des Wissensbegriffs. S. 974–983 in: Rehberg, K. S. (Hg.): Die Natur der Gesellschaft. Verhandlungen des 33. Kongresses der Deutschen Gesellschaft für Soziologie in Kassel. Frankfurt am Main: Campus.
Hitzler, Ronald (1991): Dummheit als Methode. Eine dramatologische Textinterpretation. S. 295–318 in: Garz D./Kraimer, K. (Hg.): Qualitativ-empirische Sozialforschung: Konzepte, Methoden, Analysen. Opladen: Westdeutscher Verlag.
Hochschild, Arlie R. (1983): The Managed Heart: Commercialisation of Human Feeling. Berkeley: University of California Press.
Honegger, Claudia/Neckel, Sighard/Magnin, Chantal (2010a): Berichte aus der Bankenwelt. S. 15–34 in: Honegger, C./Neckel, S./Magnin, C. (Hg.): Strukturierte Verantwortungslosigkeit. Berichte aus der Bankenwelt. Berlin: Suhrkamp.
Honegger, Claudia/Neckel, Sighard/Magnin, Chantal (2010b): Strukturierte Verantwortungslosigkeit. S. 302–316 in: Honegger, C./Neckel, S./Magnin, C. (Hg.): Strukturierte Verantwortungslosigkeit. Berichte aus der Bankenwelt. Berlin: Suhrkamp.
Jankowski, Nicholas W. (2002): Creating Community with Media: History, Theories and Scientific Investigations. S. 55–73 in: Lievrouw, L. A./Livingstone, S. (Hg.): Handbook of New Media. Social Shaping and Consequences of ICTs. London: Sage.
Johnson, Jim/Latour, Bruno (1988): Mixing Humans and Nonhumans Together: The Sociology of a Door-Closer. Social Problems 35 (3): 298–310.
Kalthoff, Herbert (1997): Fremdenrepräsentation. Über ethnographisches Arbeiten in exklusiven Internatsschulen. S. 240–266 in: Amann, K./Hirschauer, S. (Hg.): Die Befremdung der eigenen Kultur. Zur ethnographischen Herausforderung soziologischer Empirie. Frankfurt am Main: Suhrkamp.
Kalthoff, Herbert (2004): Finanzwirtschaftliche Praxis und Wirtschaftstheorie. Skizze einer Soziologie ökonomischen Wissens. Zeitschrift für Soziologie 33 (2): 154–175.
Kalthoff, Herbert (2005): Practices of Calculation. Economic Representations and Risk Management. Theory, Culture & Society 22 (2): 69–97.
Kalthoff, Herbert (2009): Die Finanzsoziologie: Social Studies of Finance. S. 266–287 in: Beckert, J./ Deutschmann, C. (Hg.): Wirtschaftssoziologie. Kölner Zeitschrift für Soziologie und Sozialpsychologie, Sonderheft 49. Wiesbaden: VS.

Kalthoff, Herbert/Vormbusch, Uwe (Hg.) (2012): Soziologie der Finanzmärkte. Bielefeld: Transcript.
Katz, Jack (1999): How Emotions Work. Chicago: University of Chicago Press.
Keynes, John Maynard (1964): The General Theory of Employment, Interest and Money. New York: First Harbinger.
Knorr Cetina, Karin (1981): The Manufacture of Knowledge: An Essay on the Constructivist and Contextual Nature of Science. Oxford: Pergamon Press.
Knorr Cetina, Karin (1984): Die Fabrikation von Erkenntnis. Zur Anthropologie der Naturwissenschaft. Frankfurt am Main: Suhrkamp.
Knorr Cetina, Karin (1988): Das naturwissenschaftliche Labor als Ort der ‚Verdichtung' von Gesellschaft. Zeitschrift für Soziologie 17 (2): 85–101.
Knorr Cetina, Karin (1997): Sociality with Objects: Social Relations in Postsocial Knowledge Societies. Theory, Culture & Society 14 (4): 1–30.
Knorr Cetina, Karin (2002): Wissenskulturen. Ein Vergleich naturwissenschaftlicher Wissensformen. Frankfurt am Main: Suhrkamp.
Knorr Cetina, Karin (2003): From Pipes to Scopes: The Flow Architecture of Financial Markets. Distinktion. Scandinavian Journal of Social Theory 4 (2): 7–23.
Knorr Cetina, Karin (2007): Economic Sociology and the Sociology of Finance: Four Distinctions, Two Developments, One Field? Economic Sociology. The European Electronic Newsletter 8 (3): 4–10.
Knorr Cetina, Karin (2009): The Synthetic Situation: Interactionism for a Global World. Symbolic Interaction 32 (1): 61–87.
Knorr Cetina, Karin/Bruegger, Urs (2002): Global Microstructures: The Virtual Societies of Financial Markets. American Journal of Sociology 107 (4): 905–950.
Knorr Cetina, Karin/Preda, Alex (Hg.) (2005): The Sociology of Financial Markets. Oxford: Oxford University Press.
Knorr Cetina, Karin/Preda, Alex (2007): The Temporalization of Financial Markets: From Network to Flow. Theory, Culture & Society 24 (7–8): 116–138.
Knorr Cetina, Karin/Preda, Alex (Hg.) (2012): The Oxford Handbook of the Sociology of Finance. Oxford: Oxford University Press.
Kraemer, Klaus (2010): Propheten der Finanzmärkte. Zur Rolle charismatischer Ideen im Börsengeschehen. Berliner Journal für Soziologie 20 (2): 179–201.
Kraemer, Klaus/Nessel, Sebastian (Hg.) (2012): Entfesselte Finanzmärkte. Soziologische Analysen des modernen Kapitalismus. Frankfurt am Main: Campus.
Krotz, Friedrich (2007): Mediatisierung. Fallstudien zum Wandel von Kommunikation. Wiesbaden: VS.
Krugman, Paul (2009): Die neue Weltwirtschaftskrise. Frankfurt am Main: Campus.
Lakoff, George/Johnson, Mark (2003): Metaphors We Live By. Chicago: University of Chicago Press [zuerst 1980].
Lane, Robert E. (1966): The Decline of Politics and Ideology in a Knowledgeable Society. American Sociological Review 31 (5): 649–662.
Langenohl, Andreas (2009): Finanzmarktöffentlichkeiten. Die funktionale Beziehung zwischen Finanzmarkt und öffentlichem Diskurs. S. 245–266 in: Diaz-Bone, R./Krell G. (Hg.): Diskurs und Ökonomie. Diskursanalytische Perspektiven auf Märkte und Organisationen. Wiesbaden: VS.
Langenohl, Andreas/Schmidt-Beck, Kerstin (Hg.) (2007): Die Markt-Zeit der Finanzwirtschaft: Soziale, kulturelle und ökonomische Dimensionen. Marburg: Metropolis.
Langenohl, Andreas/Wetzel, Dietmar J. (Hg.) (2014): Finanzmarktpublika. Moralität, Krisen und Teilhabe in der ökonomischen Moderne. Wiesbaden: Springer.
Latour, Bruno (1983): Give me a Laboratory and I will raise the World. S. 141–170 in: Knorr Cetina, K./Mulkay, M. (Hg.): Science Observerd. Perspectives of the Social Study of Science. London: Sage.

Latour, Bruno/Woolgar, Steve (1986): Laboratory Life: The Construction of Scientific Facts. Princeton: Princeton University Press.
Laube, Stefan (2005): ‚Der Kunde ist König, egal wie dumm er ist'. Professionelle und unprofessionelle Strategien der Gefühlsarbeit im Call-Center. Diplomarbeit: Universität Graz.
Laube, Stefan (2012a): Der Markt als Lebewesen. Zugeschriebene Handlungsträgerschaft als Bearbeitung von Ungewissheit und Informationsarmut in Finanzmärkten. S. 367–384 in: Kraemer, K./Nessel, S. (Hg.): Entfesselte Finanzmärkte. Soziologische Analysen des modernen Kapitalismus. Frankfurt am Main: Campus.
Laube, Stefan (2012b): Im Takt des Marktes. Körperliche Praktiken in technologisierten Finanzmärkten. S. 265–284 in Kalthoff, H./Vormbusch, U. (Hg.) Soziologie der Finanzmärkte. Bielefeld: Transcript.
Laube, Stefan/Schönian, Katja (2013): Same, same but Different. Review of EASST/4S Conference Track ‚Comparing and Connecting Concepts of Practice'. EASST Review 32 (1): 11–13.
Laurier, Eric (2001): Why People Say Where They are during Mobile Phone Calls. Environment and Planning D: Society and Space 19 (4): 485–504.
Legnaro, Aldo/Birenheide, Almut/Fischer, Michael (2005): Kapitalismus für alle. Aktien, Freiheit und Kontrolle. Münster: Westfälisches Dampfboot.
Lewis, Michael (1990): Liar's Poker: Rising through the Wreckage on Wall Street. London: Penguin Books.
Liessmann, Konrad P. (2007): Theorie der Unbildung. Die Irrtümer der Wissensgesellschaft. Wien: Zsolnay.
Link, Jürgen (2012): Subjektivitäten als (inter)diskursive Ereignisse. Mit einem historischen Beispiel (der Kollektivsymbolik von Maschine vs. Organismus) als Symptom diskursiver Positionen. S. 53–67 in: Keller, R./Schneider, W./Viehöver, W. (Hg.): Diskurs – Macht – Subjekt. Theorie und Empirie von Subjektivierung in der Diskursforschung. Wiesbaden: VS.
Lo, Andrew W./Repin, Dmitry V. (2002): The Psychophysiology of Real-Time Financial Risk Processing. Journal of Cognitive Neuroscience 14 (3): 323–339.
Luckmann, Thomas (1970): On the Boundaries of the Social World. S. 73–100 in: Natanson, M. (Hg.): Phenomenology and Social Reality. Nijhoff: The Hague.
Lynch, Michael (1992): Extending Wittgenstein: The Pivotal Move from Epistemology to the Sociology of Science. S. 215–265 in: Pickering, A. (Hg.): Science as Practice and Culture. Chicago: University of Chicago Press.
Lynch, Michael (2011): Harold Garfinkel (29 October 1917–21 April 2011): A Remembrance and Reminder. Social Studies of Science 41 (6): 927–942.
MacKenzie, Donald (2003): An Equation and its Worlds: Bricolage, Exemplars, Disunity and Performativity in Financial Economics. Social Studies of Science 33 (6): 831–868.
MacKenzie, Donald (2011): Evaluation Cultures? On Invoking 'Culture' in the Analysis of Behaviour in Financial Markets. Download unter: http://www.sps.ed.ac.uk/__data/assets/pdf_file/0007/64564/EvalCults11.pdf
Magnusson, Kristof (2010): Das war ich nicht. Berlin: Kunstmann.
Mauss, Marcel (1975): Die Techniken des Körpers. S. 199–220 in: Mauss, M: Soziologie und Anthropologie, Band 2. München: Hanser [zuerst 1935].
Mayall, Margery (2006): ‚Seeing the Market': Technical Analysis in Trading Styles. Journal for the Theory of Social Behaviour 36 (2): 119–140.
Mirowski, Philip, (Hg.) (1994): Natural Images in Economic Thought: ‚Markets Read in Tooth and Claw'. Cambridge: Cambridge University Press.
Mizruchi, Mark S./Stearns, Linda B. (2001): Getting Deals Done: The Use of Social Networks in Bank Decision Making. American Sociological Review 66 (3): 647–671.

Mol, Annemarie (2002): The Body Multiple: Ontology in Medical Practice. Durham: Duke University Press.
Monahan, Torin/Fisher, Jill A. (2010): Benefits of 'Observer Effects': Lessons from the Field. Qualitative Research 10 (3): 357–376.
Muniesa, Fabian (2007): Market Technologies and the Pragmatics of Prices. Economy and Society 36 (3): 377–395.
Muniesa, Fabian (2008): Trading-Room Telephones and the Identification of Counterparts. S. 291–313 in: Pinch, T./Swedberg, R. (Hg.): Living in a Material World: Economic Sociology meets Science and Technology Studies. Cambridge: MIT Press.
Nuckolls, Janis B. (2004): Language and Nature in Sound Alignment. S. 65–86 in: Erlmann, V. (Hg.): Hearing Cultures: Essays on Sound, Listening and Modernity. Oxford: Berg.
Pernicka, Susanne/Reichel, Astrid/Lücking, Stefan (2010): Zur Logik kollektiven Handelns von WissensarbeiterInnen. Industrielle Beziehungen 17 (4): 372–391.
Peterson, Richard L. (2007): Inside the Investor's Brain: The Power of Mind Over Money. Hoboken: Wiley.
Pinch, Trevor/Bijker, Wiebe E. (1989): The Social Construction of Facts and Artfiacts. Or How the Sociology of Science and the Sociology of Technology Might Benefit Each Other. S. 17–50 in: Bijker, T./Hughes, P./Pinch T. (Hg.): The Social Construction of Technological Systems. New Directions in the Sociology and History of Technology. Cambridge: MIT Press.
Pinch, Trevor/Bijsterveld, Karin (Hg.) (2011): The Oxford Handbook of Sound Studies. Oxford: Oxford University Press.
Plumpe, Werner (2007): Die Geburt des ‚Homo Oeconomicus'. Historische Überlegungen zur Entstehung und Bedeutung des Handlungsmodells der modernen Wirtschaft. S. 319–352 in: Reinhard, W./Stagl, J. (Hg.): Menschen und Märkte: Studien zur historischen Wirtschaftsanthropologie. Wien: Böhlau.
Preda, Alex (2001): Sense and Sensibility. Or, how Should Social Studies of Finance Behave: A Manifesto. Economic Sociology. European Electronic Newsletter 2 (2): 15–18.
Preda, Alex (2006): Socio-Technical Agency in Financial Markets. Social Studies of Science 36 (5): 753–782.
Preda, Alex (2007a): The Sociological Approach to Financial Markets. Journal of Economic Surveys 21 (3): 506–533.
Preda, Alex (2007b): Where Do Analysts Come From? The Case of Financial Chartism. The Sociological Review 55 (2): 40–64.
Preda, Alex (2009a): Brief Encounters: Calculation and the Interaction Order of Anonymous Electronic Markets. Accounting, Organizations and Society 34 (5): 675–693.
Preda, Alex (2009b): Framing Finance: The Boundaries of Markets and Modern Capitalism. Chicago: University of Chicago Press.
Preda, Alex (2012): Pandora's Box: Opening Up Finance to STS Investigations. TECNOSCIENZA: Italian Journal of Science & Technology Studies 3 (2): 23–36.
Rammert, Werner (1993): Technik aus soziologischer Perspektive: Forschungsstand, Theorieansätze, Fallbeispiele. Ein Überblick. Opladen: Westdeutscher Verlag.
Reckwitz, Andreas (2000): Die Transformation der Kulturtheorien. Zur Entwicklung eines Theorieprogramms. Weilerswist: Velbrück.
Reckwitz, Andreas (2003): Grundelemente einer Theorie sozialer Praktiken. Eine sozialtheoretische Perspektive. Zeitschrift für Soziologie 32 (4): 282–301.
Reckwitz, Andreas (2008): Praktiken und Diskurse. Eine sozialtheoretische und methodologische Relation. S. 188–209 in: Kalthoff, H./Hirschauer, S./Lindemann, G. (Hg.): Theoretische Empirie. Zur Relevanz qualitativer Forschung. Berlin: Suhrkamp.

Reich, Robert B. (1992): The Work of Nations: Preparing Ourselves for 21st Century Capitalism. New York: Vintage Books.
Rheingold, Howard (2000): The Virtual Community: Homesteading on the Electronic Frontier. Cambridge: MIT Press.
Rom, Daniela (2010): An der Börse stirbt die Handarbeit aus. Der Standard, 19.07.2010. Download unter: http://derstandard.at/1277338196050/Parkett-Signale-An-der-Boerse-stirbt-die-Handarbeit-aus.
Rose, Gillian (2001): Visual Methodologies. An Introduction to Interpreting Visual Objects. Thousand Oaks: Sage.
Sacks, Harvey/Schegloff, Emanuel A./Jefferson, Gail (1974): A Simplest Systematics for the Organization of Turn-Taking for Conversation. Language 50 (4): 696–735.
Said, Edward W. (1979): Orientalism. New York: Vintage Books.
Schäfer, Hilmar (2013): Die Instabilität der Praxis: Reproduktion und Transformation des Sozialen in der Praxistheorie. Weilerswist: Velbrück.
Schafer, R. Murray (1977): The Tuning of the World. New York: Knopf.
Schatzki, Theodore R. (1996): Social Practices: A Wittgensteinian approach to human activity and the social. Cambridge: Cambridge University Press.
Schatzki, Theodore R. (2002): The Site of the Social: A Philosophical Account of the Constitution of Social Life and Change. University Park: Pennsylvania State University Press.
Schatzki, Theodore R. (2003): A New Societist Social Ontology. Philosophy of the Social Sciences 33 (2): 174–202.
Scheffer, Thomas/Schmidt, Robert (2009): Soziologie als modus operandi. Wie interdisziplinaritätsfähig ist die Soziologie? Soziologie. Forum der Deutschen Gesellschaft für Soziologie 38 (3): 291–306.
Schimank, Uwe/Stopper, Silke (2012): Kleinanleger auf dem Finanzmarkt: Praktiken der Hilflosigkeitsabsorption. S. 243–262 in: Kraemer, K./Nessel, S. (Hg.): Entfesselte Finanzmärkte. Soziologische Analysen des modernen Kapitalismus. Frankfurt am Main: Campus.
Schmidt-Beck, Kerstin (2007): Die Börsenkrise als Deutungskrise. Der Imperativ von Vorausschau am Beispiel fundamentalanalytischer Wissenskultur. S. 149–185 in: Langenohl, A./ Schmidt-Beck, K. (Hg.): Die Markt-Zeit der Finanzwirtschaft: Soziale, kulturelle und ökonomische Dimensionen. Marburg: Metropolis.
Schmidt, Robert (2006): ‚Geistige Arbeit' als körperlicher Vollzug. Zur Perspektive einer vom Sport ausgehenden praxeologischen Sozialanalyse. S. 297–319 in: Gugutzer, R. (Hg.): body turn: Perspektiven der Soziologie des Körpers und des Sports. Bielefeld: Transcript.
Schmidt, Robert (2008): Praktiken des Programmierens. Zur Morphologie von Wissensarbeit in der Software-Entwicklung. Zeitschrift für Soziologie 37 (4): 282–300.
Schmidt, Robert (2012): Soziologie der Praktiken. Konzeptionelle Studien und empirische Analysen. Berlin: Suhrkamp.
Schreyögg, Georg/Geiger, Daniel (2007): The Significance of Distinctiveness: A Proposal for Rethinking Organizational Knowledge. Organization 14 (1): 77–100.
Schroer, Markus (2005): Zur Soziologie des Körpers. S. 7–47 in: Schroer, M. (Hg.): Soziologie des Körpers. Frankfurt am Main: Suhrkamp.
Schulz-Schaeffer, Ingo (2010): Praxis, handlungstheoretisch betrachtet. Zeitschrift für Soziologie 39 (4): 319–336.
Schwarz, Ulrich (2012): Politisieren, Vermarkten, Anpassen. Formationen des Agrarmediendiskurses im Österreichischen Bauernbündler 1950–1981. S. 297–345 in: Landsteiner, E. (Hg.): Historische Anthropologie. Kultur, Gesellschaft, Alltag. Thema: Landwirtschaftsstile. Wien: Böhlau.

Shove, Elizabeth/Pantzar, Mika/Watson, Matt (2012): The Dynamics of Social Practice: Everyday Life and How It Changes. London: Sage.
Smith, Charles W. (1981): The Mind of the Market: A Study of Stock Market Philosophies, their Uses, and their Implications. London: Croom Helm.
Smith, Charles W. (1999): Success and Survival on Wall Street: Understanding the Mind of the Market. Lanham: Rowman & Littlefield.
Spradley, James P. (1980): Participant Observation. New York: Holt, Rinehart & Winston.
Stäheli, Urs (2007): Spektakuläre Spekulation. Das Populäre der Ökonomie. Frankfurt am Main: Suhrkamp.
Stäheli, Urs (2009): Die Konstruktion des Finanzpublikums. Eine genealogische Analyse. S. 259–274 in: Stichweh, R./Windolf, P. (Hg.): Inklusion und Exklusion: Analysen zur Sozialstruktur und sozialen Ungleichheit. Wiesbaden: VS.
Stearns, Linda B./Mizruchi, Mark S. (2005): Banking and Financial Markets. S. 285–306 in: Smelser, N. J./Swedberg, R. (Hg.): The Handbook of Economic Sociology. Princeton: Princeton University Press.
Stehr, Nico (1994): Arbeit, Eigentum und Wissen. Zur Theorie von Wissensgesellschaften. Frankfurt am Main: Suhrkamp.
Stehr, Nico (2001): Moderne Wissensgesellschaften. Aus Politik und Zeitgeschichte 36: 7–14.
Strauss, Anselm L. (1994): Grundlagen qualitativer Sozialforschung. Datenanalyse und Theoriebildung in der empirischen soziologischen Forschung. München: Fink.
Suchman, Lucy A. (1987): Plans and Situated Actions: The Problem of Human-Machine Communication. Cambridge: Cambridge University Press.
Tanner, Jakob (2002): Wirtschaftskurven. Zur Visualisierung des anonymen Marktes. S. 129–158 in: Gugerli, D./Orland, B. (Hg.): Ganz normale Bilder. Historische Beiträge zur visuellen Herstellung von Selbstverständlichkeit. Zürich: Chronos.
Toffler, Alvin (1995): Das Ende der Romantik. Zukunftsforscher Alvin Toffler über das Überleben in der Informationsgesellschaft. Spiegel Spezial 3: 59–63.
Traweek, Sharon (1988): Beamtimes and Lifetimes: The World of High Energy Physicists. Harvard: Harvard University Press.
Turkle, Sherry (1995): Life on the Screen. Identity in the Age of the Internet. New York: Simon & Schuster.
Turkle, Sherry (2007): Evocative Objects: Things We Think With. Cambridge: The MIT Press.
Uzzi, Brian (1997): Social Structure and Competition in Interfirm Networks. The Paradox of Embeddedness. Administrative Science Quarterly 1 (42): 35–67.
Wacquant, Loïc (2003): Leben für den Ring. Boxen im amerikanischen Ghetto. Konstanz: UVK.
Wansleben, Leon (2013): Cultures of Expertise in Global Currency Markets. New York: Routledge.
Weber, Max (1988): Der Börsenverkehr. S. 289–322 in: Weber, M. (Hg.): Gesammelte Aufsätze zur Soziologie und Sozialpolitik. Tübingen: UTB [zuerst 1894].
Weber, Max (2000): Commerce on the Stock and Commodity Exchanges [Der Börsenverkehr]. Theory and Society 29 (3): 339–371 [zuerst 1894].
Weihrich, Margit/Dunkel, Wolfgang (2010): Sammelbesprechung: Gefühl und Emotion. Soziologische Revue. Besprechungen neuer Literatur 33 (3): 331–342.
White, Harrison C. (2002): Markets from Networks: Socioeconomic Models of Production. Princeton: Princeton University Press.
Wilke, Helmut (1998): Organisierte Wissensarbeit. Zeitschrift für Soziologie 27 (3): 161–177.
Yanow, Dvora (1996): How Does a Policy Mean? Interpreting Policy and Organizational Actions. Washington, DC: Georgetown University Press.
Zaloom, Caitlin (2003): Ambiguous Numbers: Trading Technologies and Interpretation in Financial Markets. American Ethnologist 30 (2): 258–272.

Zaloom, Caitlin (2006): Out of the Pits: Traders and Technology from Chicago to London. Chicago: University of Chicago Press.
Zwick, Detlev (2005): Where the Action Is: Internet Stock Trading as Edgework. Journal of Computer-Mediated Communication 11 (1): 22–43.

Printed and bound by CPI Group (UK) Ltd, Croydon, CR0 4YY
30/09/2026
14973050-0001